Fundamental Techniques for
Designing English Speaking Tests:
Guidelines for test takers and test administrators

영어 말하기 평가의 기법

응시자와 출제자를 위한 지침 TOEIC Speaking vs. OPIc 시험구조 분석과 응시 전략

초판 1쇄 발행 2023년 5월 29일

지은이 이완기
펴낸이 장길수
펴낸곳 지식과감성#
출판등록 제2012-000081호

교정 한장희
디자인 정윤솔
편집 정윤솔
검수 주경민, 이현
마케팅 정연우

주소 서울시 금천구 벚꽃로298 대륭포스트타워6차 1212호
전화 070-4651-3730~4
팩스 070-4325-7006
이메일 ksbookup@naver.com
홈페이지 www.knsbookup.com

ISBN 979-11-392-1109-2(13740)
값 19,800원

지식과감성#
홈페이지 바로가기

영어 말하기 평가의 기법

응시자와 출제자를 위한 지침

· 이완기 ·

TOEIC Speaking
vs. OPIc
시험구조 분석과 응시 전략

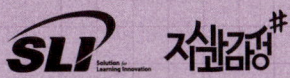

0장. 머리말

필자가 영어 말하기 평가에 관심을 갖게 된 것은 1980년대 중반쯤이었던 것 같다. 1983년에 한국교육개발원에서 '라디오를 통한 전국 중고등학교 영어듣기평가' 시험을 개발하고 시행한 경험이 단초가 되어 석·박사학위 과정에서 한국인을 위한 영어 말하기 평가에 관해 공부하였다. 영어 말하기 평가가 별로 주목을 받지도 못하고 관심도 없었던 시기였다. 그런 시간이 20년 이상 흐른 후, 국가영어능력시험(NEAT) 개발에 참여하면서 우리나라에도 영어 말하기 평가를 시행할 때가 되었다는 것을 실감하였다. 그동안 사회는 많이 변하여 실제로 영어 말하기를 해야 하는 사람이 수적으로 크게 증대하였고 세간의 관심도 매우 커지게 되었다.

그러나 영어 말하기 시험이란, 응시자가 어떤 형태로든 영어를 입으로 표출해야 하는 시험이기 때문에 지필시험만큼 자주 시행하기 어려운 측면이 있다. 그러나 근래에 와서는 컴퓨터를 활용한 영어 말하기 시험이 세계적으로 일반화되어 가고 있는데, 이 컴퓨터 방식은 평가의 타당성, 신뢰성, 실용성, 윤리성의 측면에서 이상과 실제를 적절히 타협한 결과라 할 수 있다.

한국인에게 영어 말하기는 배우기가 매우 어려운 기술이다. 그래도 영어 말하기 시험 성적을 요구하는 기업들이 많아지고, 개인적으로도 영어로 말할 기회가 많아지고 있기 때문에, 영어 말하기 시험공부를 하는 사람들이 이전보다는 훨씬 많아졌다. 이에 필자는 한국인의 영어 말하기 평가에 관한 박사논문[1]을 다시 찾아 정독해 보던 중에, '실행가능'하고 '지속가능'하고, '확장가능'한 영어 말하기 시험의 출제 및 응시 준비 지침서를 써 보기로 결심하였고 그 결과물이 이 책이다.

이 책은 영어 말하기 평가란 도대체 무엇이며, 어떻게 만들어지며, 또 응시 준비는 어떻게 해야 하는지를 안내하는 지침서이다. 특히 시험 현장에서 응시자가 실제로 영어를 말해야 하는 특성을 최우선으로 고려하여 출제와 응시 준비의 요령을 제시하고 있다. 말하기 평가의 이론과 실제를 균형 있게 통합하여 쓴 이 지침서를 먼저 읽고 영어 말하기 연습을 하면 처음부터 <u>그냥 열심히</u> 공부하는 것보다 효용성과 효율성이 훨씬 더 크다는 것을 알게 될 것이다. 영어 말하기 시험에 응시하려고 준비하고 있는 사람은 한번 정독해 보고, 제시된 영어 말하기 시험 준비 요령을 하나씩 끈질기게 실천해 보기 바란다. 지속 불가능한 편법이 아니라 '기본에 충실한' 정면 돌파가 최선의 방법이라고 믿는다.

> **이 책의 활용법** 이 책은 한자리에서 한 번에 읽기보다는 여러 차례 나누어 읽게 될 것이다. 그래서 중요 내용을 적절한 간격을 두고 여러 장에 걸쳐 반복 제시하였다. 독자는 영어 말하기 평가에 관한 중요 내용을 자연스럽게 익혀 나갈 수 있을 것이다. 1, 2, 3, 4장은 주로 언어능력 평가에 관한 이론적인 논의이므로, 평가 이론에 관심이 덜한 사람은 처음부터 5, 6, 7장을 읽어 나가도 좋을 것이다. 그러면 이론과 실제의 통합적 이해를 위해서 1, 2, 3, 4장을 다시 읽어야겠다는 생각이 들 수도 있을 것이다.

---

1 필자의 박사논문 제목은, *A Task-based Approach to Oral Communication Testing of English as a Foreign Language*(1992)이다.

목차

2장. 언어 평가의 원리와 두 갈래의 용도

3장. 말하기 평가의 요건과 말하기 시험의 종류

4장. 영어 말하기 시험의 출제 및 채점 방법

5장. 영어 말하기 시험과제의 실용 모형 예시

6장. TOEIC Speaking과 OPIc 시험의 구조 분석

7장. 영어 말하기 시험 응시 준비 요령

1장.
한국어 말하기와 영어 말하기

1.1 말하기란?

한국인이 한국말을 잘 하는 것은 당연하고 자연스럽다. 한국인은 어떻게 그렇게 한국어를 잘 말하는가? 그것은 기본적으로 한국어의 단어, 문법, 발음, 어법을 어릴 때부터 매일 사용해 오고 있고, 그래서 한국어가 무의식적으로 습득[2](習得, acquisition)되어 있기 때문이다. 영어를 배우는 한국인은 조금 전에 한국어로 했던 말을 그대로 영어로 바꿔 말하려 할 때 잘되지 않는 것을 자주 경험한다. 무슨 말을 해야 할지를 한국어로는 금방 생각하지만, 그 생각을 바로 영어로 바꾸어 말하기는 어렵다. 딱 맞는 영어 단어가 금방 떠오르지 않고, 갑자기 문법도 자신이 없어지고, 발음도 어설프고 영어 어법에도 자신이 없어진다. 영어를 상당히 오래

---

[2] 모국어(한국어)는 빈번한 사용을 통해 무의식적으로 습득(acquisition)되는 것이고, 외국어(영어)는 의식적인 노력으로 공부하여 학습(learning)하는 것이라고 한다. 습득과 학습은 그 결과의 차이가 엄청나게 크다.

배운 사람도 이런 경험을 자주 한다. 그것은 일상생활에서 영어를 사용하지 않고 있고, 영어를 의식적으로 학습(學習, learning)하기 때문에, 영어 자체와 어법에 대한 지식과 사용 기술을 충분히 갖추고 있지 못해서 생기는 결과이다. 즉 영어 지식(知識, knowledge)도 모자라고, 영어 지식 사용 기술(技術, knowledge-using skill)도 모자라기 때문이다. 영어를 습득하면 내면화[3](內面化)되어 쉽게 사용할 수 있지만, 학습으로 배운다면 충분히 자동화[4](自動化)되기 전까지는 쉽게 사용하지 못한다.

이 책은 보통의 일반적인 한국인의 영어 말하기 능력을 평가하는 방법에 관한 것이다. 그래서 이 첫 장에서는 한국어로든, 영어로든 '말을 한다는 것'이 무엇을 의미하고, 말을 하려면 무엇을 어떻게 해야 하는지를 살펴보고자 한다. 이 책의 주제인 영어 말하기 평가의 기법을 논의하기 전에, '말하기'라는 것 → '영어 말하기'라는 것 → '평가'라는 것 → '말하기 평가'라는 것에 대해 먼저 아는 것이 필요하다고 보기 때문이다.

---

3 내면화(internalization)란, 외부의 지식을 자주 반복적으로 접촉하면 그 외부 지식이 자신의 내면(정신세계, 사고 체계)으로 들어와 재구성되어 완전히 자신의 것이 되어 버리는 현상을 가리킨다. 즉 지식이나 기술이 완전히 습득된 상태를 가리킨다.

4 자동화(automatization)란, 외부의 지식이나 기술이 엄청난 반복 학습의 결과 매우 익숙해져서 기억에서 쉽고 빠르게 인출되어 바로 사용이 가능한 상태가 되는 것을 가리킨다. 과잉학습이라 할 정도로 많은 연습을 통해 지식이나 기술이 다른 힘을 빌리지 않고 스스로 움직이거나 작동하게 되는 현상을 가리킨다.

1. 말하기의 특성

'말'은 음성언어이다. 음성을 사용하여 듣고 말함으로써 다른 사람과 의사소통하는 수단이다. 언어를 그냥 '말'이라고 하는 이유는 언어의 본질적 바탕이 말이기 때문이다. 모든 언어의 본질적인 감(感)은 글보다는 말에 있다. 거의 모든 사람이 말을 유창하게 사용하는 것은 참 신비스럽기도 하다. 사람들은 일상적인 말을 주고받는 대화는 큰 어려움 없이 잘 하지만, 어떤 문제에 대해 좀 길게 이어서 혼자 말하는 독백은 좀 어려워하는 경향이 있다. 독백을 하려면 뭔가 의미 있는 말할 거리가 있어야 하고, 말을 이어 가기에 충분할 만큼의 언어 지식과 언어 지식 사용 기술이 있어야 하기 때문이다.

말은 글에 비해 짧은 조각말[5]의 형태로 음성에 실려 발화되는데, 대개 '그것', '거기' 같은 특정하지 않고 쓰는 단어나 어구들을 자주 포함하고 있고, 문법적으로도 조직이 느슨한 편이어서 단위 문장당의 정보 밀도가 글에 비해서 낮은 편이다. 그래서 말에는 중복되고 반복되는 부분이 많다. 말하는 사람은 항상 실시간으로 지체 없이 말을 해야 하고, 의미 중심으로 상대방과 상호작용을 하면서 말을 이어 나가야 한다. 그래서 말하는 사람은 단어와 문장구조를 충분히 내면화 혹은, 자동화하고 있지 않으면 자연스럽게 말을 이어 나갈 수가 없다(Brown & Yule 1983, pp.2-24).

---

5   조각말이란, 주어, 동사를 온전히 갖추지는 않은 짤막한 표현을 가리킨다(예: Good morning. Fine, thank you, and you? Nice to meet you. 등).

그러면 말은 어떤 단계를 거쳐 하게 되는지[6]에 대해 알아보기로 하자.

1) 말하기의 단계

말하기는 일반적으로 사람들 간의 상호작용을 전제로 하기 때문에 상대방의 듣는 활동을 항상 고려해야 한다. 듣기와 말하기는 이해와 표출, 즉 入과 出이라는 상반성을 갖고 있지만, 말하는 사람과 듣는 사람이 시간, 공간을 같이하면서 서로에게 중요하게 영향을 주고받는다. 의사소통 상황에서 말하기는 단지 음성 표출만을 가리키는 것이 아니라 듣기와 말하기를 포함하는 양방향의 과정이다. 그래서 '듣기 + 말하기'나, '구두 상호작용'(oral interaction)이라고 보는 것이 합당할 것이다. 결국, 말하기는 듣기와 완전히 분리하여 논의하기 어렵다.

이유나 목적 없이 그냥 말하는 사람은 없다. 정신이 이상한 사람이 아니면 그렇게 할 수가 없다. 말을 할 이유나 목적은 자신이 처한 환경이나 상황 속에서 뭔가를 보거나 듣거나 읽거나, 혹은 다른 사람이 어떤 말을 했을 때 생겨난다. 이렇게 말을 할 이유나 목적, 동기를 제공하는 환경을 '과업환경'(task cnvironment)이라 한다. 과업환경에 의해 말한 이유나 목적이 생겨나면 말하기는 일반적으로 4단계[7]를 거쳐 진행된다(이완기 2015, pp.162-165, Carroll 1988, Levelt 1989).

---

6 이 부분은 이완기(2015 pp.162-165), Carroll(1988), Levelt(1989)를 참고하여 요약하였다.

7 Levelt(1989) 등은, 말하기의 과정을 goal-formation, planning, execution, monitoring 이란 용어를 써서 설명하였지만, 이 책에서는 이 용어들을 의미계획, 언어계획, 음성발화, 자기점검 이란 용어로 번안하여 사용하였다.

다음 〈표 1〉 말하기의 4단계를 살펴보기로 하자.

〈표 1〉 말하기의 4단계

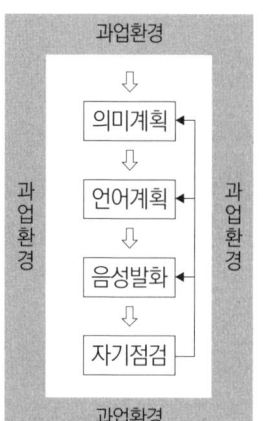

의미계획	말로 표출할 생각(의미)을 계획하는 단계
언어계획	단어와 문법을 구체적으로 계획하는 단계
음성발화	발성기관을 통해 음성으로 발화하는 단계
자기점검	발화된 말의 효과를 자기점검 하는 단계

이 말하기의 4단계를 한국인이 영어로 말하는 경우로 상정하여 논의해 보기로 하자.

(1) 의미계획(意味計劃)

과업환경이 말할 동기를 제공하면, 말하는 사람은 그때의 상황이나 맥락을 고려해서 무슨 말을 할 것인가를 순식간에 정해야 한다. 무슨 말을 해야 할 것인가의 문제는 '의미'에 관한 것인데 한국어 사용자는 이것을 거의 자동적으로 수행한다. 이것을 '의미계획'이라 부르기로 하자. 만약 의미계획이 잘 안된다면 말을 이어 갈 수가 없다. 한국인이 영어로 말할 경우에도 이 의미계획은 대개 빨리 정해진다. 한국어로 오랫동안 그렇게 해 왔던 경험이 영어로 말할 때 그대로 전이되기 때문이다.

(2) 언어계획(言語計劃)

다음은, 자신이 하고 싶은 말의 의미를 정확하게 전달하기 위해서 어떤 단어, 어떤 문법을 동원할 것인가를 계획하는 단계이다. 이것은 의미를 실어 나를 도구인 단어, 문법을 계획하는 단계인데, 이것을 '언어계획'이라 부르기로 하자. 한국어 말하기에서는 대부분의 경우, 필요한 단어와 문법을 매우 빠른 시간 내에 찾아서 동원할 수 있다. 이것은 한국어의 단어, 문법이 거의 내면화되어 있기 때문에 가능한 것이다. 그러나 한국인이 영어로 말할 경우에는 이 언어계획 단계가 그리 쉽게 수행되지 않는다. 그것은 말하는 한국인이 영어 단어와 문법을 충분히 잘 알고 있지 못하거나, 알고 있다 하더라도 그 지식이 충분히 내면화, 자동화, 활성화[8](活性化) 되어 있지 않기 때문이다. 만약 이 언어계획이 잘 안된다면, 적절한 단어를 찾거나 다른 말로 바꾸어 말하기를 시도하는 과정에 시간을 끌게 된다. 그래서 자주 머뭇거리고 망설이고 또 말을 길게 이어 가지도 못하게 된다. 영어 말하기에서 가장 큰 어려움을 주는 것이 바로 이 언어계획 단계이다.

(3) 음성발화(音聲發話)

언어계획에 바로 이어서 발성기관을 통한 발화의 과정이 뒤따른다. 발화는 음성 표출을 가리키는데, 의미계획, 언어계획의 결과가 발성기관을 통하여 음성으로 표출되는 과정이다. 의미를 실을 언어계획이 뇌 속에서 수립되면 그 정보가 발성기관으로 전달되어 의도한 소리를 낼 수 있도

---

8 활성화(activization)란, 수동적 지식이 능동적 지식으로 바뀌는 현상, 즉 알고는 있지만 잘 사용하지는 못하는 수동적 지식이 잘 사용할 수 있는 능동적 지식으로 바뀌는 현상, 혹은 바꾸어 주는 활동을 가리킨다.

록 발성기관의 근육을 움직이게 한다. 한국인이 한국어를 말할 경우엔 언어계획과 음성발화를 거의 동시에 수행하지만, 영어를 말할 경우에는 언어계획을 한 후에 음성발화를 하는 것이 일반적이다. 물론, 영어 말하기에 매우 유창해지면 언어계획과 음성발화를 거의 동시에 할 수 있을 것이다.

음성발화를 할 때엔 더듬거리거나, 망설이거나 말을 멈추는 시간이 자주 나타나는데, 그것은 언어계획이 인지적으로 부담이 커서 생기는 현상이다. 의미계획과 언어계획을 동시에 하지 못하고 한 번에 조금씩 순차적으로 계획하고 발화하는 것을 반복하는 과정에 생기는 것이다. 이 과정에 필요한 단어나 문법이 충분히 내면화, 자동화가 되지 않은 경우에는 더 많은 더듬거림, 망설임, 반복, 말 끊김 현상이 생겨난다. 음성발화가 잘 안되는 경우는, 말하는 사람이 자신의 발음이 영어답지 않다고 느껴서 자신감을 상실하거나, 혹은 빨리 말하려는 욕심 때문에 개별 단어들의 발음을 충실하게 하지 못하고 영어 발음 같지 않은 이상한 발음을 했을 때에 주로 나타난다.

(4) 자기점검(自己點檢)
사람은 말을 하고 나면, 거의 항상 자신이 한 말이 바르게 전달되었는가, 혹은 상대방이 제대로 이해했는가를 자기점검 한다. 이 점검 결과 충분하게 전달되지 않았다고 판단되면 수정하거나 보충하여 처음의 목표가 달성이 되도록 노력한다. 말하는 사람은 언어계획 중에도, 음성발화 직후에도 항상 자신의 말이 바르게 전달되는가에 대해 예민한 관심을 가지고 자기점검을 한다. 자기점검 결과, 자신의 말 속에서 실수의 요소를 감지하면 uh, umm, sorry, I mean… 등의 연결사를 써서 상대방의 관심을 끈 다음 금방 한 말을 수정한다. 사람에게는 실수를 감지하면 바로 수정하려는 욕구가 있기 때문에 실수를 인지한 후엔 바로 발화를 멈추고 수정하는 것이 보통이다. 자기점검이 잘 안되는 경우는 거의 없지만, 인지한 실수를 수정하는 과정에서 어려움을 겪기도 한다.

2) 말하기의 특성과 일반적 성질

말하기는 사람의 입에서 나온 말이 음파에 실려서 듣는 사람의 고막에 가서 닿는 물리적 현상이 실시간으로 일어나는 과정인데, 이때 소리나 음파는 고막에 머물러 있지 않고 금방 사라져 버린다. 이것이 '일시성'이다. 또, 할 말을 즉각 음성발화 하지 못하고 매번 3초나 5초씩 머뭇거린다면, 자연스러운 의사소통은 이루어지지 않을 것이다. 이렇게 머뭇거리지 않고 즉각 말해야 하는 특성이 '즉각성[9]'이다. 이 2가지 특성 때문에 말하기는 말하는 사람에게 시간적 압력과 심리적 부담감을 준다. 말하기의 어려움은 근본적으로 이 2가지 특성에 기인한다고 볼 수 있다. 이런 특성으로 인해 말하기는 다음과 같은 일반적 성질을 가지게 된다(이완기 2015, pp.157-162, Richards 1983, pp.224-227).

---

9 Levelt(1989)는, spontaneity라는 용어를 자발성(自發性), 자동성의 의미로 썼지만, 이 책에서는 말하기가 상대방의 말에 지체 없이 즉각 반응해야 하는 데서 오는 시간적 압력과 심리적 부담 등을 중요하게 고려하여 '즉각성'(卽刻性)이라 부르기로 한다.

① 문장[10]보다는 절[11] 단위로 발화한다. 말은 여러 개의 절(clause)이 and, but 등의 접속사로 연결되어 이어지는 경우가 많다. 즉 종속절보다는 등위절을 쓰는 병렬구문이 많이 쓰인다. 말하는 사람이 이렇게 절 단위로 말을 하면 듣는 사람은 그 절들 간의 관계를 찾아내어 이해해야 한다. 말은 또 문법 구조적으로 느슨하게 조직되는 경향이 크기 때문에 비문법적 표현을 포함하는 경우가 흔히 있다.

② 변질되고 변형된 발음을 표출한다. 정확하고 완전한 발화를 할 수 있기 위해서는 혀가 모든 발성 부위에 확실하게 닿아야 한다. 그러나 혀가 각각의 발성 부위에 가서 닿는 데는 시간이 필요한데 그럴 시간적 여유가 주어지지 않는다. 즉각성 때문에 빠른 속도로 발화를 계속해야 하기 때문이다. 그래서 의미 전달에 별로 중요하지 않은 단어들의 발음은 약화되거나 주변 단어의 발음에 묻혀 들어가 버린다. 이렇게 되어 단어 간의 경계가 허물어지는 동화작용이나 모음, 자음 등의 탈락, 변화가 일어난다. 이것은 단어 수준에서뿐만 아니라 문장 수준에서도 일어난다. 그래서 우리가 개념적으로 알고 있는 발음이 제대로 나지 않고 변질된 형태로 발화되고, 또 주어, 동사, 목적어가 다 갖추어진 완전 문장으로 발화되지 못하고 조각말이나 변형된 형태로 발화되는 경우가 허다하게 생긴다.

---

10 '문장'이란, 독립된 의미를 나타내는, 주어+동사로 구성된 문법적 단위를 가리키는데, 대문자로 시작하고, 끝에는 구두점을 찍는 형태로 되어 있다.

11 '절'이란, 독립적으로 쓰이지 않고 문장의 한 성분으로 쓰이는, 주어+동사로 구성된 문법적 단위를 가리킨다.

③ 가끔 비문법적인 문장을 발화한다. 즉각 계획하고 즉각 발화해서 의미를 전달해야 하는 말하기에서는 문법적 정확성을 꼼꼼히 따져 가면서 발화할 겨를이 없다. 시간에 쫓기고 심리적 부담감을 가진 채 의미를 전달하는 데 집중해야 하기 때문이다. 그래서 많은 경우, 발화 중 혹은 발화 직후의 자기점검 단계에서 딱 맞지도 않은 단어를 썼고, 문법에 맞지도 않은 말을 했다는 것을 알아차리게 된다. 그래서 시간적 압력을 받는 말하기에서는 생각할 시간을 가질 수 있는 글쓰기보다 비문법적 문장이 포함될 가능성이 매우 크다.

④ 가끔 반복과 더듬거림과 실수를 한다. 말을 할 때에는 시간적 압력 때문에 실수로 발화한 말도 많아져서 더듬거리거나, 반복하거나, 수정하는 일이 많아진다. 보통 말하는 시간의 30~50%는 망설이거나, 말 끊김이 발생하는 시간이라고 한다. 말을 하다가 망설이거나 더듬거리거나, 말이 끊어지는 공백이 생기는 것은 대개의 경우 다음에 이어 갈 말을 찾고 있기 때문이다. 말 끊김은 침묵으로 그냥 시간을 보내는 것이 아니라, 대개 Well, Umm, Uh 등의 말 끊김 연결사(hesitation filler)를 사용하여 상대방의 관심과 주의가 끊어지지 않도록 한다.

⑤ 말의 속도는 의미 단락의 수가 결정한다. 어떤 사람의 말이 빠르다 혹은 느리다는 느낌은 말의 의미 단위인 단락(절)의 수가 많고 적음에 따라 달라진다. 이를테면, a) I bought a dog, b) It's a dog I bought, c) But it's a dog I bought의 세 문장은 단어의 수가 각각 다르지만 의미 단락의 수가 2개로 같기 때문에 발화에 걸리는 시간은 거의 같다는

것이 연구 결과 밝혀졌다(Nolasco & Arthur 1987, pp.11-12).

⑥ 특유의 강세와 리듬, 억양을 표출한다. 말을 할 때 의미상으로 중요한 단어의 한 음절에는 '강세'가 주어져서 그 음절을 높고 강하게 발음한다. 강세를 받지 않는 그 밖의 다른 음절들은 약화되는데, 이런 성향이 뚜렷한 영어는 흔히 강세언어[12](stress-timed language)라 불린다. 여러 문장을 발화하는 이어 말하기에서는 이러한 강세가 일정한 간격으로 반복되어 '리듬'을 형성한다. 이런 문장 수준의 리듬을 '억양'이라고 하는데 영어는 영어 특유의 강세, 리듬, 억양을 가지고 있어서 다른 언어와 구별된다.

⑦ 글 문법과 약간 다른 말 문법을 사용한다. 말 문법과 글 문법이 똑같지는 않지만, 그 근간은 원래 같은 것이다. 그러나 말하기는 글 문법과 다른 말 문법(=어법)을 사용하기도 한다. 이를테면, 말에서 쓰는 연결어들은 글에서 쓰는 연결어와 그 성격이나 기능이 다른 경우가 많다. 예를 들면, 많은 사람들이 자신의 말에 자주 덧붙이는 "You know"라는 말은 단지 다음 말을 찾기 위해 쓰는 경우도 있고 또 상대방의 이해 여부를 점검하기 위해 쓰는 경우도 있다. 그러나 글에서는 이런 뜻의 You know란 말은 잘 쓰지 않는다. 또 다른 예로 Me, too. This is him 등을 들 수 있을 것이다.

---

12 이와 대비되는 음절언어(syllable-timed language)는 대개 음절 모두를 다 발음해야 하는 언어이다. 그래서 단어의 강세보다는 음절을 모두 발음하는 것이 중요하다(예: 한국어).

⑧ 정보 밀도가 낮고 중첩된 발화가 자주 일어난다. 말은 시간적 압력 때문에 완전 문장으로 발화되기보다는 짧은 조각말 혹은 불완전 문장으로 발화되는 경우가 많다. 그런데 이 조각말, 불완전 문장들로는 의미를 명확하게 전달하기가 어렵기 때문에 비슷한 말들을 중첩해서 덧붙인다. 그 결과 말은 글에 비해 비슷한 말의 중첩 사용이 훨씬 많다. 그러나 글은 대개 지면이 제한되는 관계로 의미 함축성이 높은 단어, 어구들을 많이 쓴다. 이를테면, 글에서는 전위수식 명사구[13]를 많이 사용하여 간결한 표현으로 많은 양의 정보를 전달하지만, 말에서는 이 전위수식 명사구를 병렬 문장이나 어구들로 연결하여 쉬운 말로 풀어서 사용한다. 결과적으로 말은 단위 문장당 실려 있는 정보의 양이 글에 비해 상대적으로 적다. 이것을 말의 정보 밀도가 상대적으로 낮다고 말한다.

⑨ 듣는 사람과 활발한 상호작용을 한다. 의사소통 시에는 말하는 사람과 듣는 사람 사이에 수많은 언어적, 비언어적 신호가 오간다. 말하는 사람은 듣는 사람의 반응, 이해 정도, 주변의 상황 여건들을 항상 고려하면서 말하지 그냥 일방적으로 말을 쏟아 내지 않는다. 말하는 사람은 듣는 사람이 어떤 사람이고, 어떤 상황에서 듣고 있으며, 왜 듣고 있는지를 미리 알고 말을 한다. 이런 점에서 말하는 사람과 듣는 사람은 상호협조적이며 상호작용적이다. 말하는 사람과 듣는 사람은 대개 같은 시간에 같은 공간에 함께 있기 때문에 주변 환경에 관한 시각적, 지시적 정보를 공유하고 있다. 그래서 가리키는 대상이 구체적이지 않은 단어나 어구(예: it,

---

13 전위수식 명사구란, 수식어가 전위(前位)에, 즉 명사 앞에 놓이는 명사구를 가리킨다(예: That's a made-in-Korea product. A sun-loving snowman might seem a bit silly).

like this, something 등)를 사용해도 소통에 별 문제가 없는 것이다.

말의 형태와 성격에 대해 Brown & Yule(1983, p.4)은 다음과 같이 서술하고 있다. "교육받은 원어민의 말을 글로 옮겨 적어 보면 글과는 닮은 데가 거의 없다. 그들의 말은 문법 구조적으로 글보다 훨씬 단순하고, 단어도 구체적이지 않은 것들이 다수 사용된다. 말은 종속절 사용이 별로 없고 대부분 병렬적 어구들로 연결, 구성되어 있는데, 이것은 어구의 연결 방식이 구문에 의해서라기보다는 말하는 방식에 의해 결정되기 때문이다. 말은 말하는 사람이 전달하고자 하는 의미를 분명히 드러내기 위해 그 언어 특유의 리듬과 포즈(pause), 억양을 사용한다. 말에 구문은 분명히 있지만 글에 비해 간단한 편이다."

2. 말하기 촉진 장치와 책략

말하기를 할 때 화자(=말하는 사람)가 느끼는 부담은, 내적으로는 언어 처리에 시간적 압력을 끊임없이 받고, 외적으로는 다른 사람과 상호작용을 끊임없이 해야 한다는 것이다. 말하기는 미리 계획해서 써 놓은 글을 보면서 하는 것이 아니기 때문에, 상대방과의 관계와 상황에 실시간으로 영향을 받는다. 실시간 말하기의 어려움을 완화하고 지속적으로 말을 이어가기 위해 말하는 사람은 내적으로 받는 시간적 압력에 대해 1)시간압력 완화 장치를 사용하고, 외적으로 받는 상호작용 지속 필요성에 대해서는 2)상호작용 보강 책략을 사용한다.

1) 시간압력 완화 장치

말을 할 때 받게 되는 시간적 압력은 말하는 사람의 표현 능력을 크게 제한한다. 단어와 문장구조가 시간에 쫓겨 계획했던 대로 발화되지 않기 때문이다. 단어의 뜻을 생각하면서 동시에 발화를 하기 때문에 말하려고 생각했던 것(의미)을 잊어버리기도 하고, 앞에 말했던 것을 잊어버리기도 한다. 또, 전달하고자 하는 의미를 체계적으로 조직하기도 어렵고, 길거나 구조가 복잡한 문장을 발화하기도 어렵다. 문법적 실수를 많이 포함하게 되고, 비슷한 말을 반복해서 말하는 경우도 많다. 그래서 말하는 사람은 이런 시간적 압력과 말소리가 금방 사라져 버리는 일시성을 보충하는 여러 가지 시간압력 완화 장치를 사용한다.

① <u>단순한 문장구조를 사용한다.</u> 종속절이 있는 복문 구조 사용을 피하고, 단순한 문장구조를 사용하려 한다. 긴 문장으로 말해야 할 경우에도 짧게 여러 번 끊어서 말한다. 이를테면, and, but, or 등의 등위접속사를 사용하여 이미 말한 문장에 새 문장을 첨가하는 방식으로 말한다.

② <u>불완전 분상이나 생략형을 사용한다.</u> 진달할 의미의 곁가지를 잘라 내고 중요한 의미만 간략하게 말하고, 이를 위해 불완전 문장(조각말)이나 짧은 어구를 사용한다. 말을 할 때 완전문을 쓰지 않고, 문장의 일부를 생략해 버리는 방식으로 간소화한다. 이를테면, Did you enjoy the cinema the other day? → Yes, I did라고 간략하게 말하고, Yes, I enjoyed the cinema the other day 식으로 말하지 않는다.

③ <u>통째로 익힌 표현을 반복 사용한다.</u> 같은 단어, 어구, 같은 표현을 반복적으로 사용하며 말한다. 항상 같은 형태로 누구나 사용하는 굳어진 표현 (formulaic expressions)이나 자주 반복해서 쓰는 틀에 박힌 표현들 (routines)을 많이 사용한다. 사람들이 항상 새로운 표현만 쓴다면 원활한 의사소통이 이루어지기 어려울 것이다. 말하는 사람은 누구나 똑같이 쓰는 이런 표현들을 통째로 익혀서, 통째로 사용함으로써 말하기의 시간 압력을 상당히 줄여 나간다.

④ <u>맞는 단어 찾을 시간을 벌기 위해 허사를 자주 사용한다.</u> 몇몇 틀에 박힌 어구나 표현을 사용하여 말의 끊김을 연결하거나 머뭇거림을 완화시킨다. 즉 적절한 단어를 선택하거나 생각을 조직하기 위해 필요한 시간을 벌기 위해 Well, uhm, you see, kind of, you know 등과 같은 허사를 자주 사용한다.

2) 상호작용 보강 책략

대화 형태로 말하기를 할 경우, 말하는 사람은 말하는 목적과 상황에 맞게 자신의 발화를 민감하게 조정해야 한다. 상대방이 이미 알고 있는 정보와 새롭게 등장하는 정보(주제)에 맞춰 자신의 말을 조정해 나가야 한다. 듣는 사람의 반응에 상관없이 자신이 준비한 말을 끝까지 말해 나간다면, 사회적으로 둔감하다거나, 오만하다거나, 바보스럽다는 인상을 주게 될 것이다. 이에 몇 가지 상호작용 보강 책략을 알아보기로 하자.

① 자기 말을 반복하거나 수정하거나, 상대방의 말을 끌어다 쓴다. 의미 계획을 할 시간을 벌거나, 적절한 단어를 찾을 시간을 벌기 위해서 자신이 앞에 말한 부분을 그대로 반복하거나, 상대방이 한 말의 일부를 끌어다 쓰기도 한다. 또, 말을 잘못 시작하거나, 말을 하다가 머뭇거릴 때, 앞에 한 말을 다시 말하거나, 수정하거나, 돌려 말하기를 함으로써 상대방과 상호작용을 이어 나가려고 노력한다. 영어 말하기 능력이 중급 정도에 있는 사람에게 매우 흔히 나타나는 현상이다.

② 말의 흐름을 놓치지 않기 위해 다시 말하기를 한다. 말의 일시성 때문에 말하는 사람은 자신이 한 말을 잊어버리기 쉬운데, 그것은 영어의 청각기억시간[14]이 매우 짧기 때문이다. 말하는 사람은 자신이 한 말을 기억하기 위해서 바로 앞에 했던 말로 되돌아가서 다시 말하거나, 덧붙여 말하거나, 수정해서 말하기를 함으로써 기억력의 부담을 줄인다. 말하기 능력이 중급 정도에 이른 사람도 자기가 한 말도, 상대방이 한 말도 잊어버리기 일쑤이다. 이럴 경우 말의 흐름을 놓쳐 버리게 된다.

③ 전달힐 의미의 양올 줄이거나 의미를 변질시킨다. 영어 단어, 문법 지식의 부족으로 의도했던 의미를 충분히 선할 수 없을 것 같다는 생각이 들 때에는, 까다로운 문장구조는 사용을 피하면서, 원래 하려고 했던 말을 생략하거나 줄이고, 핵심 내용 한 문장 정도만 말하기도 하고, 전체 말의 의미를 변질시키기도 한다. 혹은 화제를 바꾸거나, 아예 말을 하지 않고

---

14 청각기억시간(auditory memory span)이란, 귀로 들은 말의 소리나 의미를 잊지 않고 기억하고 있는 동안의 시간을 가리킨다.

가만히 있기도 한다.

④ 상대방의 언어적 실수를 관대하게 대한다. 대화 형태의 말하기에서 말하는 사람은 자신이 잘못 말했다거나 언어적 실수를 했다는 것을 알면 바로 고쳐 말할 수 있고, 듣는 사람도 그것을 이해하거나 동의하고 관대하게 대하는 것이 정상이다. 상대방과 상호작용을 해야 하는 필요성이 말하는 사람과 듣는 사람 모두에게 매우 중요한 문제가 되기 때문이다. 의미의 전달과 이해에 큰 장애가 없으면 언어적 실수는 대개 무시한 채 넘어가는 것이 일반적이다.

[참고] 모국어 사용자의 특징
어떤 언어든 모국어 사용자의 특징은 문법과 어법에 맞게 말하지만, 문법이나 어법 자체를 명쾌하게 설명하지는 못한다는 것이다. '설명은 못해도 사용은 잘하는' 이런 모국어 사용 형태는 정말 신기할 따름이다.

1.2 한국어 말하기

한국인은 한국어[15]를 모국어로 습득한다. 태어나는 순간부터 주변 사람들부터 비슷한 말들을 끊임없이 반복적으로 들으면서 무의식적으로, 무체계적으로 그냥 '습득'한다. 의식적으로, 체계적으로 학습하지 않는다.

---

15 한국어는 약 9,000년 전 신석기 시대에 투르크어, 몽골어, 일본어와 함께 중국 동북부의 랴오(遼河, 요하) 지방 농경민에서 기원했다는 연구가 있다(조선일보 2021.11.11.).

그래서 한국어를 잘 사용하지만 한국어를 어떻게 배웠는지는 잘 모른다. 아이가 태어나면 첫돌 무렵까지는 줄곧 한국어를 듣고만 지낸다. 처음에는 물론 알아듣지 못한다. 그러다가 들려오는 말이 가리키는 것이나, 간단하고 짧은 말의 의미를 차츰 이해하게 되고, 이해한 말에는 때때로 반응을 보이기 시작한다. 처음에는 울음이나 웃음, 손짓, 발짓 등으로 반응을 보이지만, 점차 한 단어 말, 두 단어 말부터 표출하기 시작한다. 이제 한국어를 듣고 이해하고 한국어에 반응하기 시작한다. 한국어를 사용하기 시작하는 것이다. 아이는 이렇게 한국어를 사용함으로써 한국어를 배운다. 그 사용량이 시간이 갈수록 엄청나게 많아지기 때문에, 한국어는 아이의 머릿속에 내면화되기 시작한다. 반복 사용으로 충분히 내면화된 한국어 지식은 언제든지 즉각 꺼내어서 사용할 수 있는 활성화 상태에 놓이게 된다. 이렇게 하여 유치원이나 초등학교에 들어가면 의식적으로, 체계적으로 한국어를 배우고 사용하게 된다. 이즈음부터 한국어 사용 능력이 엄청나게 빠르게, 넓게 발전한다.

아이가 처음 한국어를 배울 때 혼자서는 배울 수가 없다는 점에 유의해야 한다. 반드시 주변 사람의 도움을 받아서 배운다. 부모, 가족, 일가친척, 동네 사람들 등의 주변 사람들은 모두 아이가 알아듣는지 못 알아듣든지 간에 반복적으로 말을 걸어 주고 반응을 유도하곤 한다. 이렇게 주변 사람들과 반복적, 지속적으로 상호작용을 하면서 한국어를 배운다. 그 결과, 발음도, 어휘도, 악센트도 자신의 출신 가정이나 성장 지역[16]의

---

16   외국인이 지방 사투리(억양)를 쓰는 것은 학습한 것이 아니고 사용을 통해 습득한 것이다.

것을 그대로 습득한다. 한국어는 그냥 듣고 익히고, 익힌 것을 그대로 사용하는 것이다. 이렇게 하여 평생 동안 잘 변하지 않는 개인 고유의 특성(idiosyncrasy)을 체득하게 된다. 또한 생각하는 능력을 기르고, 사물을 보는 시각과 세상을 보는 눈, 문화적 가치관을 형성해 나간다. 한국어는 한국인으로서 그 사람 전체를 형성하고 대표하는 핵심 인자가 된다.

1. 한국어 습득의 단계

한국인이 모국어인 한국어를 습득해 가는 단계를 간단히 살펴보기로 하자. 습득 단계를 설명할 때 나이를 개략적으로 제시하기도 하지만, 습득 나이가 아이마다 모두 다르기 때문에 일반화하기는 어렵다. 그래서 크게 3단계로 나누어 보기로 한다.

1) 단어 습득 단계

아이는 태어나서 상당 기간 동안은 주변의 (말)소리를 듣기만 한다. 자꾸 들으면 시선이나 표정, 손짓, 발짓 등으로 반응을 나타낸다. 아이는 먼저 소리를 듣고 대상을 보며 그 대상의 이미지를 형성한다. 어떤 단어의 소리를 반복적으로 들으면 그 단어가 가리키는 대상의 이미지나 뜻을 인식하고, 소리와 대상을 연결시켜서 그 단어(소리)와 이미지(뜻)를 기억한다. 이와 같은 방법으로 단어를 습득해 나간다.

2) 문장 습득 단계

아이는 먼저 주로 구체적인 물건의 이름(구상명사)을 중심으로 단어를 습득해 나가다가 주변 사람들이 들려주는 짧고 간단한 문장, 어구 등을 접하게 되면, 그 소리와 이미지(뜻)를 파악하고 기억한다. 어구나 문장을 반복적으로 들으면서 단어들의 배열 규칙과 체계, 사용방식 등에 익숙하게 되고, 짧은 어구나 문장의 의미를 이해하게 된다. 이때쯤 되면 당장 해결이 요구되는 직접적인 욕구나 필요에 대해서 아이는 말로 반응을 나타낸다. 아이의 구두 반응은 주변 사람들과의 의사소통의 단초가 되고 기초가 된다. 아이가 5~6세가 되면 자신의 욕구에 관한 것들은 충분히 표현하고 다른 사람의 반응을 이해할 수 있게 된다. 그렇지만 주변 어른들이 쓰는 복잡한 복문 체계에 대해서는 아직 잘 모르는 단계에 머물러 있다.

3) 말과 글 사용 단계

아이가 초등학교에 들어가는 시기는 언어발달의 결정적 시기이다. 주로 가족들과 지내다가 처음 만나는 비슷한 나이의 친구들과 말을 하면서 어울리게 되고, 또한 문자를 본격적으로 배우기 시작하고 문자가 싣고 있는 의미와 문자들의 연합, 즉 문장들이 싣고 있는 의미도 접촉하게 되고 알아 가게 된다. 즉 문자와 소리의 관계를 인식하고 파악하게 된다. 또 국어, 수학, 과학 등의 과목을 배우기 시작하면서 수업을 통해서 배우게 되는 새로운 단어들, 새로운 개념들을 거의 매일 누적하며 접촉하게 된다. 문자를 통한 단어, 문장의 소리, 의미, 쓰임을 접하고 익혀 나가면서 아이는 한국어 문법 체계를 습득해 나가고, 새로운 단어를 지속적으로 학습해 나가게 된다. 새 단어의 학습은 아이가 당면하는 큰 과제가 된다.

이 시기에는 문자를 보고 직접 소리 내어 읽고 쓸 수 있는 능력을 얻게 된다. 즉 스스로 문자를 보고 소리를 생성할 수 있게 된다. 이 능력은 아이의 미래 언어생활, 학업 전체를 좌우할 매우 중요한 요인으로 작용하게 된다. 이렇게 지속적이고 반복적인 학교생활을 통해서 말과 문자를 사용하는 새로운 의사소통의 기회가 많아지는데, 이때 아이는 인지적으로 매우 부담스런 상태에 놓이게 된다. 모든 아이들이 이 인지적 부담을 느끼지만, 절대 다수의 아이들은 잘 극복해 나가며 정상적인 사회인으로 살아가게 된다.

[참고] 책 읽기 습관화 훈련의 필요성
문자를 알게 되는 단계에, 쉽고 재미있는 책 읽기 훈련을 시키고, 책 읽기 습관을 길러 준다면, 아이의 한국어 어휘 능력과 사용 능력은 평생에 순 영향을 끼칠 것이다.

2. 한국어의 기능과 역할

한국어는 한국인 아이의 인격, 사회적, 문화적 정체성을 형성하는 핵심 요인이다. 한국어는 사람들이 말하고 행동하는 사회적 관습을 한국어 속에 포함하고 있고 아이는 이것을 배운다.

1) 지적 발달 주도

한국어는 아이의 지적 발달을 주도한다. 한국어는 아이의 지적, 인지적 발달을 도모하는 요인[17]이다. 한국어를 유창하게 사용하는 아이는, 그렇지 않은 아이와 비교할 때 지적, 인지적 발달이 상대적으로 빠르다고 한다.

2) 사고 체계와 세계관 형성

한국어는 아이의 사고 체계와 세계관을 형성한다. 한국어는 아이가 생각하는 방법을 체험하게 하고 생각하는 능력을 길러 준다. 한국인은 한국어로 사고하기 때문에 한국어를 사용하는 것 자체가 사고를 하게 만드는 요인이 된다. 한국어는 지속적인 사용을 통하여 다른 사람의 시각, 관점, 사고방식 등을 접하도록 하고 점차 자신의 것을 형성하는 데 중대한 역할을 한다. 이에 따라 다른 사람과 세상을 보는 눈과 자신만의 가치관도 형성하게 해 준다.

3) 정체성과 자긍심 고취

한국어는 아이의 정체성과 자긍심을 고취한다. 한국어는 자신감을 높여 주고 자신의 정체성에 대해 의식하도록 해 주며, 문화적 정체성을 갖도록 해 준다. 이렇게 한국어는 개인의 인격 형성에 긍정적으로 작용한다.

---

17 https://reva.edu.in/blog/5-reasons-why-it-is-important-to-know-your-mother-tongue-well-21-february-international-mother-language-day/를 참조하였다.

한국어는 아이가 태어나서 처음 듣게 되는 언어이기 때문에 아이의 감정과 사고의 형성에 직접적으로 관여한다. 비판적 사고나 외국어 학습, 문식력 등을 기르는 데에는 한국어를 사용하는 경험이 매우 중요하게 작용한다. 한국어는 아이의 전체적 인간 형성과 학습을 위한 필수 불가결한 도구가 된다.

4) 문화 의식의 형성

한국어는 아이의 자기 문화를 형성한다. 문화의 핵심은 언어이다. 한국어를 사용하다가 외국어로 전환해서 사용하면 한국어에 있는 자기 문화의 진수를 상당 부분 옮겨 가지 못한다. 한국어는 자신의 문화와 뿌리에 연결되어 있도록 해 주는데, 외국어는 당장 그렇게 하지 못하기 때문이다. 한국어는 아이의 자기 문화 형성의 핵심적 수단이 된다.

3. 한국어의 사용상 특징

한국인의 한국어 사용상의 특징은 한국어를 '습득'하여 사용하는데, 습득은 내면화되는 것이고 내면화는 사용을 통해 획득된다. 이에 한국인의 한국어 사용상의 특징을 알아보기로 하자.

1) 듣기에 기초한 말하기

한국인의 한국어 말하기는 엄청난 양의 한국어 듣기에 기초한다. 만 6세 정도 아이의 한국어 구사 능력(읽기나 쓰기는 제외)을 상정해 보면, 아이는 자신의 일상생활에 관한 대화나 소통은 어려움 없이 할 수 있는 정도가 된다. 한국어의 기본적 언어체계와 어법에 맞게 한국어를 사용할 수 있다. 그 이후에 초등학교에 다니게 되면 한국어는 듣기, 말하기, 읽기, 쓰기, 단어, 문법, 어법, 발음, 문화 등 다양한 측면에서 일취월장 성장하게 된다. 이 정도의 한국어 구사력을 획득하는 데 약 6년이 걸렸다고 볼 수 있다. 아이가 6세가 될 때까지 주변 사람들의 말을 듣는 시간량은 최소한으로 잡아 하루에 5시간 정도라 상정한다면, 5시간 × 365일 × 6년 = 10,950시간이 된다. 6세 아동의 한국어 구사능력은 1만 시간 이상의 한국어를 듣고 말하는 활동을 바탕으로 획득되었다는 것을 의미한다. 이 1만 시간 중 듣기 시간의 양이 절대적으로 많을 것이다. 현재의 학교 교육에서 영어 수업 시간 수를 생각해 본다면, 이 1만여 시간의 노출량은 실로 엄청난 것이다.

2) 의미 중심 사용

한국인의 한국어 사용은 의미 중심이다. 어린아이가 주변 사람들의 말을 알아듣고 반응을 보이기 시작하는 것은 전적으로 자신과 주변 사람들의 욕구에 관한 것이다. 주변 사람들의 말소리는 항상 '의미'에 초점을 둔다. 의미 중심으로 말하고 의미 중심으로 듣는다. 아이는 그냥 주변에서 다들

하는 대로 의미 중심으로 말하고 듣기 때문에 의미를 담고 있는 그릇인 언어요소에 대해서는 큰 관심을 기울이지도 않는다.[18] 주변 사람이 잘못 사용한 언어요소가 있다면 그것도 의미 중심으로 수정되고 전달된다. 사실, 아이가 학교에 들어가서 문자언어를 체계적으로 배우기 전까지의 의사소통은 거의 전적으로 의미의 전달과 수수에 집중되어 있다. 이렇게 사용하면서 익힌 한국어의 언어요소들은 잠재의식적으로 내면화되어 간다. 이렇게 한국어 언어요소가 내면화되면 한국어 말하기의 언어계획 단계가 크게 어렵지 않게 된다.

3) 창의적 사용

한국인은 한국어를 창의적으로 사용한다. 한국인 아이는 한국어를 배운 대로만 사용하지는 않는다. 배우지 않은 표현도 창의적으로 사용할 줄 알아야 한국어 사용자라 할 수 있다. 자극과 반응, 상과 벌에 의한 교육, 학습 원리를 주창했던 행동주의자들은 모국어 사용자의 창의적 언어 사용을 설명하지 못하였다. 그러나 Chomsky(1957)는 모국어 사용의 창의성과 예측불가성을 주장하며, 인간은 구체적으로 배우지 않은 말도 사용할 수 있다고 주장하였다. 이에 대한 예를 들어 보기로 하자. 필자의 딸이 짧고 간단한 말을 듣고 행동하고 한두 단어 정도 발화할 수 있었을 무렵이었는데, 어느 날 부엌에서 저녁 준비를 하고 있던 아내가 딸에게 "민혜야, 아빠한테 가서, '아빠, 식사하세요'라고 말해라"라고 하였다. 나는

---

18 물론 나중에 의사소통의 수준이 높아져서 '아 다르고, 어 다르다'라는 말을 아는 수준에 다다르면 언어요소에 신경을 쓰게 된다.

아내의 이 말을 방에서 들었는데, 딸은 나에게 다가와서 "아빠, 엄마가 식사하시래요"라고 말했다.[19] 나는 그 당시 Skinner, Chomsky 등에 관해 공부하고 있었던 때여서 그 말이 매우 특별하게 들려왔다. 엄마가 한 말을 그대로 옮기지 않고, 자기 말을 창의적으로 사용했던 것이다. '하시래요'란 말을 어디서 들었을 것 같지는 않았다. 들었다고 하더라도 그 표현을 그대로 기억해서 표현하지는 않았을 것이다. 그 이후 '사람은 배운 대로 말하는 것이 아니라, 배운 것을 토대로 말을 창의적으로 하는구나', 'Chomsky의 주장이 맞구나!' 하는 생각을 하게 되었다.

1.3 영어 말하기

한국인은 대개 영어를 자신이 선택해서 배우지 않는다. 초등학교에 들어가면 3학년 때부터 영어를 가르치니까 그냥 영어를 배우게 된다. 타의에 의해 배우게 되는 것이다. 물론 요즘엔 초등학교 입학 전에 영어를 가르치는 경우도 많다. 부모의 관심도에 따라서 영어 학습의 양은 아이마다 크게 다르고 영어 숙달도도 크게 다르다. 아이가 초등학교에 들어갈 때쯤엔 아이의 한국어 사용 능력은 기본(基本)이 거의 확립된 상태가 된다. 이미 1만 시간 이상 한국어 속에서 살았기 때문이다. 그래서 한국어로 듣고 말하기는 충분히 잘하고, 읽기와 글쓰기도 배우게 된다. 이즈음엔

---

19 이 예를 든 것은 필자의 딸이 특별히 언어적 재능이 있었다는 것을 말하기 위함이 아니다. 아마 모국어 습득 단계에 있는 모든 한국인 아이들은 이와 비슷하게 한국어를 창의적으로 사용할 것이다. 관찰자의 관심이 필요한 대목이다.

한국인으로서의 정체성도 어느 정도 형성되어 있다. 학교생활의 대부분은 한국어로 진행되며, 영어를 배우는 데는 매우 제한된 시간만 할애된다. 아이의 신체적, 정서적, 인지적 발달 수준과 허용된 수업 시간을 함께 고려하여 초등학교에서는 가장 빈도가 높은 기본적이고 기초적인 영어 단어나 어구, 문장구조 등을 학습 내용으로 삼는다. 따라서 영어 말하기도 기본적이고 기초적인 수준 이상을 요구하지 않는다.

중학교에 들어가면 영어교육의 내용과 방법이 상당히 달라진다. 단어와 문법, 문장구조의 전환, 독해 등 상당히 문자언어 측면이 강조되는 영어교육이 진행된다. 고등학교에 들어가면 이 경향은 더욱 강화된다. 이것은 현재 대학수학능력시험이 듣기와 읽기만을 대상으로 하고 있는 것이 큰 이유인데, 그 결과 학교에서의 영어 말하기 교육은 경시되고 있다. 영어 말하기 교육을 제대로 시키지도 않는데 영어 말하기를 잘하길 바라는 것은 분명 잘못된 것이다.

그럼 영어 말하기의 특성을 살펴보고, 한국인이 가장 어려워하는 이유에 대해 논의해 보기로 하자. 이 부분은 앞에서 했던 논의와 중복되는 부분이 있지만, 영어 말하기를 잘 배우기 위해 꼭 필요한 내용이라 생각되어 반복해서 제시한다.

1. 영어 말하기의 특성

말하기의 가장 큰 특성은 입 밖으로 나온 소리가 금방 사라져 버리는 일시성과, 해야 할 말을 지체 없이 즉각 발화해야 하는 즉각성이다. 이 특성들은 한국인 학습자에게 매우 큰 어려움을 주는데(Richards 1983), 이에 대해 알아보기로 하자.

1) 강세와 억양의 주기적 생성

영어는 강세가 주기적으로 나타나는 강세언어이다[26쪽, 각주 12 참조]. 영어는 강세로 알아듣고 강세로 말하는 언어이다. 강세가 있는 음절을 강하게 발음하지 않으면 영어답게 들리지 않고 상대방이 잘 알아듣지 못한다. 강세가 없는 음절들은 강세 음절의 영향을 받아서 약화되거나 변질된다. 그러나 한국어는 영어에 비해 강세가 그렇게 뚜렷한 언어가 아니다. 물론 중요한 부분엔 강세를 두어 말하지만, 말 전체를 두고 보면 영어에 비해 높낮이나 리듬이 미약한 평조(平調)에 가깝다. 대신, 한국어는 모든 음절을 다 발음해야 하는 음절언어이다. 그래서 한국인은 영어를 듣고 말할 때 모든 음절을 하나하나 다 들으려고 하고, 나 발음하려고 하는 자세를 갖고 있다. 그러나 영어는 모든 음절이 다 들리지 않을 뿐만 아니라, 완전히 다른 소리로 바뀌어 들려오는 경우가 많다(물론 우리말도 문자로 고정된 발음이 그대로 나지는 않는다. 예: 국물 → 궁물, 나뭇잎 → 나문닙 등). 영어로 말을 할 때엔 강세와 억양이 주기적으로 생성된다는 것을 잘 알고 실천해야 한다.

2) 언어계획과 음성발화의 어려움

　영어 말하기를 위한 언어계획과 음성발화가 매우 어렵다[19쪽, 1) 말하기의 단계 참조]. 말하기는 일방향적 말하기(연설, 설교, 매체 등)를 제외하고, 대개 듣기를 포함하는 양방향의 과정이다. 의미계획은 한국어로 의사소통을 해 왔기 때문에 큰 문제없이 할 수 있지만, 그 의미계획을 영어로 표출하려고 할 때 큰 어려움에 부딪히게 된다. 발화해야 할 단어와 문법이 제때 제대로 떠오르지 않기 때문이다. 어렵사리 언어계획이 되었다 하더라도 음성발화 또한 쉽지 않다. 즉 영어 말하기는 계획한 대로 발화되지 않는다. 말하기는 발성기관을 통해 물리적으로 소리를 표출해 내는 과정을 반드시 포함하는데, 이때 머릿속으로 생각한 의미가 그대로 소리로 전환되지 않는다. 그 이유는 말하는 사람이 즉각 말해야 한다는 시간적 압박과 심리적 부담을 갖고 있기 때문이다. 즉, 혀가 발성기관의 해당 부위에 제대로 닿아 또렷한 발음을 만들어 내고, 문법에 맞게 문장을 만들어 낼 시간적 여유를 갖지 못하기 때문이다. 또한 영어 발음에 충분히 익숙하지 않기 때문에 먼저 어색한 기분이 들고, 시간에 쫓겨서 자주 머뭇거리고 더듬거리고 망설이고 같은 말을 반복하게 된다. 그래서 이어서 길게 말하지도 못하게 된다. 자신이 한 말을 자기점검 해 보면, 쫓기듯 부정확하게, 어색하게 발화한 자신의 영어에 실망을 금치 못하게 된다. 한국인은 이 부분에서 상당히 자신감을 잃어버리게 된다.

　한국인에게는 영어의 언어계획과 음성발화가 어려운 것이 공통적이고 일반적인데, 그 이유가 어디 있는지는 되돌아보면 금방 알 수 있다. 영어

공부가 충분하지 않아서 영어 지식이 충분히 자동화, 내면화 되어 있지 않기 때문이다. 이것은 지속적인 사용 연습을 통해 극복해 나가는 수밖에 다른 방도가 없다고 봐야 할 것이다.

2. 영어 말하기의 어려운 점

한국인이 영어 말하기를 어려워하고 잘 배우지 못하는 이유를 살펴보기로 하자.

1) 한국어와 차이가 큰 영어

한국어와 영어는 생성 단계에서부터 어족(語族) 간의 거리가 매우 멀어서 단어, 발음, 문법, 어법, 문화 등 거의 모든 면에서 차이가 너무 크다. 차이가 크다는 것은 같은 것이 거의 없다는 뜻이다. 나에게 없는 것이나 나의 것과 다른 것을 배우는 것은 쉬운 일이 아니다. 그래서 한국인이 영어를 배우는 것은 쉬운 일이 아니다. 한국어와 완전히 다른 사고방식과 표현방식이 근원적으로 작용하기 때문이다.

한국인은 한국어 사고방식, 한국어 표현방식, 한국어 발음 등을 이미 확립하고 있는 상태에서 영어를 배운다. 수년, 수십 년간 다져 온 한국어의 사용 습관을 완전히 버리고 백지상태에서 영어를 배울 수는 없는 것이다. 영어 말하기 과정에 곳곳마다 모국어인 한국어가 끼어들고 관여하고 방해한다. 차라리 백지상태에서 영어를 배운다면 오히려 더 쉬울 수도 있을 것이다. 이 두 언어 간의 차이는 한국인이 영어 말하기를 배우는 데 가장 큰 어려움을 주는 요인이 되기도 한다.

2) 영어 직관(直觀)의 부재

한국인이 한국어를 자유자재로 사용할 수 있는 것은 한국어 단어, 문법, 관련지식, 배경지식 등을 충분히 내면화하고 있기 때문이다. 이것들을 충분히 내면화하고 있다는 것은 '한국어 직관'을 가지고 있다는 것을 의미한다. 그런데 한국인에게 '영어 직관'[20]은 없다. 같은 선상에서 보면 영어 원어민은 한국어 직관은 갖고 있지 않을 것이다. 이런 가운데, 한국인은 이미 굳건하게 갖고 있는 한국어 직관을 거스르면서 의도적으로 영어 직관을 획득하려고 한다. 그러나 먼저 자리 잡은 한국어 직관은 새로 들어오는 영어 직관을 거부하거나 방해하기 때문에 영어 원어민을 모방해서 끊임없이 연습하고 연마하지만, 원어민 수준에 이르기는 대단히 어렵다.

한국어식 사고방식은 한국어 직관과 직결되는데, 한국어 직관이란 무엇인가? 그것은 한국인이 한국어 원어민으로서 가지고 있는 내면화된 한국어 감각을 가리킨다. 이를테면, 한국인은 주어와 목적어에 붙는 조사들(은, 는, 이, 가, 을, 를)을 별 생각 안 하고도 즉각적으로 맞게 사용한다. 어떤 때 '은'이 오고 어떤 때 '는'이 오는가의 규칙을 따져 보면 매우 복

---

[20] 예를 들면, 부가 의문문 It's stopped raining, <u>hasn't it?</u>에서 영어 원어민은 hasn't it?을 쉽게 쓰지만, 한국인은 hasn't it?을 쉽게 쓰지 못한다. 또 대화문 A: It's stopped raining. B: <u>Has it?</u>(그래요?)에서 영어 원어민은 되물어 확인하는 말로 Has it?을 금방 쓰지만, 한국인은 Has it?을 잘 쓰지 못한다. Is it? 혹은 Did it?이라 할 것이다.

잡하다. 그러나 한국인은 그러한 규칙을 생각하지도 않지만 말을 할 때 자유롭게 신속하게 딱딱 맞게 잘 사용한다. 이러한 신비스럽기조차 한 한국어 사용 감각을 한국어 직관이라 부를 수 있고, 한국어 '기저능력' (competence)이라 볼 수 있을 것이다. 한 언어의 원어민은 자기 언어의 구조와 사용법 등에 대한 언어 직관을 갖고 있기 때문에 자신의 언어를 즉각적, 연속적으로 자연스럽게 사용할 수 있는 것이다.

3) 영어 지식의 부족

영어를 배우는 한국인은 대체로 영어 자체에 대한 지식이 부족하고, 영어로 말할 기회나 말하기를 연습할 기회가 턱없이 부족하다. 자기 생각을 영어로 표현하려면 영어 단어, 문법, 발음, 어법, 문화 등을 충분히 잘 알아야 가능한데, 한국에서는 이것들을 잘 배울 수 있는 여건을 만들기가 정말 쉽지 않다. 그래서 한국인은 영어 지식을 먼저 배우고 난 다음 적용하는 방식으로 배운다. 영어를 사용하면서 영어를 배우지 못한다. 영어 지식을 머리로 먼저 익히고 나서, 그것도 불충분하게, '나중에 기회가 되면 입으로 말해 봐!'와 같은 방식으로 영어를 배운다. 이렇게 배우는 가장 큰 이유는 영어 학습 시간과 영어 말하기 연습 시간이 절대적으로 부족하기 때문이다. 한국어를 처음 습득할 때 1~2년 동안 듣기만 했던 시간, 말을 하지 않아도 괜찮았던 심리적 편안함 등이 영어를 배울 때는 아예 없다. 한국어 사고방식으로 배워서 알고 있는 영어 지식을 충분한 연습의 기회도 없이 그냥 말로 옮기려 하니 잘 안되는 것이다. 영어로 말을 하려고 할 때 그렇게 생각이 나지 않던 단어와 문법 구조 등이 '상황이 끝난 뒤에 생각이 나는 현상'이 다반사로 일어난다. 이때 기분은 참 아쉽기도 하고 분하기도 하다. 이것은 영어 단어와 문법 지식의 부족, 영어 말하기 연습 기회의 부족으로 생기는 것이기 때문이라는 것을 솔직하게 받아들이고, 이를 극복하는 방법(충분한 사용 연습)을 각자가 찾아서 실천해야 할 것이다.

4) 한국어에 길들여진 발성기관

한국인은 한국어를 매일 사용하고 있기 때문에 발성기관(성대, 혀, 입술, 구강 등)이 한국어에 최적화되어 충분히 길들여져 있다. 그러나 영어를 발화하는 발성기관은 길들여져 있지 않다. 영어 말하기를 잘하려면 먼저 발성기관이 영어 말소리를 원활하게 발음할 수 있을 만큼 충분히 '길이 나 있어야' 하는데 현실은 그렇지 않다. 특히 한국어에 없는 영어 발음들에 대해서는 발성기관이 전혀 길들여져 있지 않아서 그 발음들을 자연스럽게 표출하지 못한다. 이 과정에서 말하는 사람은 자신의 영어 발음을 과도하게 의식하고, 자신의 영어 발음에 자신감을 잃는다. 그래서 사춘기가 넘어서 영어를 배우는 한국인들의 영어 발음은 '한국어 발음에 물들여진', 영어 원어민 발음과 상당히 다른, 제3의 영어 발음을 하게 된다. 일본 사람, 중국 사람, 인도 사람의 영어를 들어 보면 금방 자신들의 언어에 물들여진 영어 발음임을 바로 감지할 수 있다. 한국인의 발성기관은 이미 한국어 발음에 깊숙이 길들여져 있기 때문에 아무래도 한국어 냄새가 나는 영어 발음을 할 수밖에 없다. 이것은 매우 자연스러운 현상으로 부끄러워하거나, 기죽을 필요는 전혀 없다. 자신의 개성 있는 영어 발음으로 생각하면 된다. 사실, 이미 한국어를 발화하는 데 길들여진 발성기관을 영어의 발음에 익숙해지도록 다시 길들이는 작업은 정말 쉬운 일이 아니다.

5) 긴말[21]하기 연습 기회의 부족

한국인은 영어를 배울 때 영어로 길게 말하는 연습을 할 기회가 충분히 주어지지 않는다. 영어 말하기 공부의 일반적인 방법은 대개 생활영어라고 하여 짧은 말을 중심으로 배운다. 물론 영어 학습 초보자 때부터 여러 문장을 이어서 길게 말하는 것을 배우기는 매우 어렵다. 그런데 영어로 짧은 말만 배우고 연습한다면 그 익혀 놓은 짧은 말들이 실제 의사소통 상황에서 좀 길게 이어서 말하는 것을 보장하지는 않는다(Brown & Yule 1983). 물론 짧은 말을 할 수 있어야 긴말도 할 수 있지만, 별도로 긴말하기를 배우고 연습하지 않으면 실제로는 긴말을 하지 못한다. 따라서 영어 말하기를 공부할 때에는, 특히 영어 말하기 시험에 응시할 계획을 갖고 있는 경우에는, 어느 정도 자신의 생각을 여러 개의 문장을 동원하여 표현할 수 있는 긴말하기 연습을 많이 해야 한다. 짧은 말만 공부하면 긴말을 공부할 마음이나 기회를 갖지 못하기 때문에 의도적으로 긴말하기 연습을 많이 하는 것이 필요하다.

---

21 '긴말'이란, 일상적 인사 나누기 수준의 대화에서 볼 수 있는 짧고 단편적인 조각말이 아니라 주어와 동사가 있는 문장, and, but 등으로 연결된 등위절, 또 종속절을 가진 복문 등을 가리킨다. 주로 여러 문장으로 연결된 말을 가리킨다.

1.4 영어 말하기에 유리한 점과 불리한 점

절대 다수의 한국인은 태어나면서부터 한국어를 처음 접하고 습득해 나가지만, 영어는 적어도 한국어를 알아듣고 말할 줄 아는 시기 이후에 학습하기 시작한다. 모국어인 한국어는 자연스럽게, 잠재의식적으로 습득되기 때문에 한국인의 지적, 심리적 발달의 견고한 기반이 된다. 그래서 한국인의 한국어 능력은 외국어인 영어로부터 큰 영향을 받지 않는다.[22] 그러나 영어 학습은 한국어로부터 영향을 받는다. 한국어와 영어의 차이와 영향 관계는 매우 복잡하지만 지속적으로 존재한다. 이에 한국인이 영어 말하기를 배울 때 유리한 점, 불리한 점에 대해 알아보기로 하자.

1. 유리한 점

한국어 말하기와 영어 말하기는 서로 같은 점이 별로 없다. 이것은 배우기 쉬운 점이 별로 없다는 뜻으로 봐야 할 것이다. 한국인은 한국어로 해 왔던 의사소통의 방법, 즉 말을 어떻게 시작하고 어떤 것을 고려하여 발화해야 하고, 말의 순서를 어떻게 교대하고, 의미교섭을 어떻게 해 나가야 하는지 등을 잘 알고 있다. 또 생각하는 방법을 이미 잘 알고 있다. 그래서 영어로 말하는 방법이나 생각의 방법 등을 따로 가르칠 필요는 없다. 만약, 영어로 의사소통하는 방법이 한국어로 하는 것과 달라서 처음부터 가

---

22 영어를 배운다고 해서 한국인의 한국어 체계가 흔들리거나 변질되지는 않는다는 뜻이다. 한국말을 하면서 영어 단어를 많이 섞어 쓰는 것은 한국말을 혼탁하게 만들지만, 한국어 체계를 근본적으로 변경시키는 것은 아니다.

르쳐야 한다면, 영어 말하기를 가르치고 배우기는 훨씬 더 어려울 것이다.

일반적으로 한국어를 잘하는 사람은 영어를 더 쉽게 배운다. 영어를 어느 정도 배우고 나면 남는 과제는 영어 단어를 학습하는 일이다. 영어 단어는 한국어 단어를 알지 못하면 알 수가 없고, 알고 있는 한국어 단어 수가 적으면 그에 대응하는 영어 단어의 수도 적을 수밖에 없다. 영어 단어를 많이 알지 못하면 영어를 잘할 수가 없는 것이다. 그런 점에서 한국어를 잘하는 사람이 영어도 잘한다는 주장은 설득력이 있는 것이다.

이렇게 보면, 한국인이 영어 말하기를 배울 때 유리한 점은, 한국어로 이미 의사소통의 방법과 관행을 잘 알고 있다는 것과, 이미 알고 사용하고 있는 한국어 단어의 수가 많다는 것이라 할 수 있을 것이다.

2. 불리한 점

다른 점이 많다는 것은 배우기 어렵다는 뜻이다. 한국어 말하기와 영어 말하기는 거의 모든 면에서 다르다. 이 다른 점들은 영어 말하기를 배우기 어렵게 만드는 요소들이다. 단어, 문법, 발음, 어법, 문화 등의 밑바탕에는 말하는 사람의 생각이 깔려 있다. 그 생각은 그 사람의 문화를 반영한다.

1) 제1 의미 위주의 단어 공부

영어공부는 처음 시작부터 단어와의 싸움이다. 영어 단어의 뜻, 발음, 철자, 쓰임 등이 모두 낯설어 잘 익혀지지 않는다. 새로운 영어 단어를 마주치면 그 단어에 해당하는 한국어 단어는 무엇이고, 발음은 어떻게 하는지에 공부의 초점을 둔다. 즉 영어 단어의 한국어 대응어[23]를 영한사전을 찾아서 알고 넘어간다(예: weather → 기후, 날씨). 영어 학습 초기에는 단어의 제1 의미에 집중하고, 제2, 제3의 의미는 영어 학습을 상당히 하고 난 다음에야 관심을 갖게 된다(예: weather → 역경을 헤쳐 나가다). 영어 말하기에서는 한국어로 알고 있는 의미나 개념을 영어로는 어떻게 표현하는지에 역점을 두는데, 문제는 영어 단어의 제1 의미만 아는 것으로는 영어 말하기를 잘하기가 어렵다는 것이다. 영어 단어의 여러 가지 뜻과 쓰임을 제대로 잘 알아야 한다.

2) 의미 표현 방식이 다른 문법 구조

문법이란 문장을 구성하는 단어의 배열 규칙이다. 이 규칙은 단어들을 조합하여 단어 이상의 의미를 만든다. 그래서 이 규칙이 어그러지거나 맞지 않으면 의미가 만들어질 수가 없어 의사소통이 불가능해진다. 단어나 발음 등은 조금 다른 변이형을 써도 되지만, 문법만은 규칙을 지켜야

---

23 영어로는 label(레이블, 이름표)이라 하고, 우리말로는 표지(標識)라고도 한다. 영어의 표지를 배우는 과정에 영어 '문법'을 배우는 것은 한국어로 배우지 않은 새로운 지식, 새로운 개념을 배우는 것이 된다. 그러나 이 영어 문법도 한국인은 한국어로 이해하려고 하고, 한국어로 이해가 되어야 영어 문법을 배운 것으로 인정한다.

한다. 이 단어의 배열 규칙이란 어순을 가리키고, 어순은 생각의 순서와 생각의 방식을 나타낸다. 예를 들어, I don't like the mustache he's wearing이라는 문장은 '나는 좋아하지 않는다' + '콧수염을' + '그가 기르고 있는'의 순서로 배열되는 것이 영어의 문법이고 어법이다. 이것을 한국어로 번역해 보면, '그가 기르고 있는' + '콧수염을' + '나는 좋아하지 않는다'로 순서가 바뀌어 생각의 순서와 단어의 배열 순서가 다름을 볼 수 있다. 영어의 이런 우분지형[24] 표현 방식은 좌분지형[25] 표현 방식을 가지고 있는 한국인에게 많은 어려움을 준다. 한국어는 항상 수식어를 먼저 생각하는 좌분지형으로 사고하고 있기 때문이다.

3) 영어 발음의 특성을 살리지 못하는 발음

영어는 강세어이기 때문에, 강세가 주어지지 않는 음절은 원래의 음가가 변형, 변질되어 다른 소리가 되어 버린다. 그래서 한국인은 연음, 동화, 약화, 생략 등의 현상이 나타나는 문장을 자연스러운 속도로 발화하기 어렵다. 한국어는 음절어 특성이 강하기 때문에 한국인은 기본적으로 모든 음절을 다 발음하려고 하는 경향이 있다. 또 리듬이나 억양이 뚜렷하지 않은 평평한 어조로 하는 경향이 있어서 한국인이 영어로 말을 하면 한국인임이 금방 드러난다.

---

24 영어는 우분지형(right branching) 언어로, 수식어(he's wearing)가 대상(the mustache)의 오른쪽에 놓인다.

25 한국어는 좌분지형(left branching) 언어로, 수식어(그가 기르고 있는)가 대상(콧수염)의 왼쪽에 놓인다.

또한, 영어 음소(音素, phoneme)에는 한국어에 없는 음소가 많다. 음소란 단어의 의미를 구별 짓는 소리의 최소 단위이다. 예를 들면, family 의 /f/, violin의 /v/, run의 /r/, thorough의 /th(θ)/, though의 /th(ð)/ 등의 음소가 한국어에는 없다. 이런 음소들이 들어간 영어 단어를 발음할 때 한국인은 영어답지 않은 발음을 하는 경우가 많다. 이런 발음에서 영어 비원어민이라는 것이 금방 드러난다. 이 음소들은 한국어에는 없기 때문에, 혀가 이 음소들의 발음이 나는 발성기관에 쉽게 가서 닿지 못하기 때문이다. 물론, 많은 의도적 연습을 통해서 비슷한 발음을 낼 수는 있다.

4) 한국어와 다른 특유의 영어 어법

어법이란 언어의 사용 규칙을 가리키는데, 쉽게 말해 특유의 표현방식을 가리킨다. 예를 들면, 한국어는 "코끼리는 코가 길다", "나는 돈이 없다"와 같이 한 문장에 2개의 주어를 쓸 수 있는 것이 한국어의 어법이다. 또, 한국인은 시각을 말할 때, 예를 들어, 11시 37분을 "열한 시 삼십칠 (三十七) 분"이라고 한다. '열한'은 순 우리말이고, '삼십칠'은 한자어이다. 순 우리말과 한자어를 섞어서 쓴다. 이것이 영어와 다른 한국어 특유의 어법이다.

그러나 영어에는 이런 어법은 없다. 대신 무생물이 문장의 주어로 쓰이는 경우가 많다. 이를테면, "What has brought you here?"(무슨 일로 오셨어요? 어떻게 오셨어요?), "A five minutes' walk will take you to the station"(5분만 걸으면 역에 닿아요)은 주어가 무생물이다. 또 "I really enjoyed your company"(당신이 함께해 주어서 참 좋았어요) 등의 표현은 한국어에는 매우 드문 영어 특유의 어법이다. 영어 말하기에서 영어 특유의 어법을 많이 쓰면 영어를 아주 잘한다는 인상을 준다. 영어의 어법에 맞지 않게 영어로 말을 한다는 것은 콩글리시를 쓴다는 뜻이다. 이를테면, "여기가 어디죠?"라고 물으면서 "Where is here?"라고 말한다면, 상대방은 무슨 뜻인지는 알아들을 수 있겠지만, 부자연스럽다는 인상을 준다.

[참고] 한국어 어법과 영어 어법의 차이

이를테면, '트럼프는 미국의 몇 대 대통령입니까?' / '오늘이 몇 번째 생일입니까?' 같은 질문은 한국어로는 자연스럽지만 영어로 표현하기는 어렵다. 영어에는 '몇 번째'에 해당하는 표현이 없기 때문이다. 그래서 How many presidents were there before Trump? Where does Trump stand in the list of American presidents? / How old are you today? How many birthdays did you have before today?(억지 번역임)같이 표현할 수밖에 없다.

반면, 한국어에는 없는 영어식 어법도 있다. 이를테면, Do I know you?란 말은 그대로 한국어로 번역하면 매우 어색하다. 아마 Have we met before? So do you know me? And do I know you? 정도로 이해할 수 있을 것이다. 또 He usually drinks off his stress(그는 술을 마셔서 스트레스를 푼다)나, The police man looked him into silence(경찰은 그를 노려보아 말문을 닫게 했다)라는 말은 전형적인 영어식 어법이라 할 수 있을 것이다.

5) 생소하고 낯선 문화적 바탕

영어 말하기를 할 때에는 반드시 영미인들의 문화에 맞게 말해야 한다. 영미인들의 문화가 바르게 반영되지 않은 영어 말하기는 혼란과 불통만 초래할 뿐이다. 이를테면, 가족관계 용어를 보면, 한국어처럼 세분화되어 있지 않아서 말을 하다가 헷갈리는 경우가 자주 생긴다. 특히, 가족 용어들이 친가와 외가를 구분하지 않고, 손위와 손아래를 구분하지 않아서 상대방의 말을 알아들을 때나 자신이 영어로 말할 때 어려움을 겪는다. his mother-in-law는 '장모'이고, her mother-in-law는 '시어머니'이다.

> **[참고] 영미인들의 가족관계 용어**
>
> 영미인들의 가족 호칭은 가리키는 바가 분명하지 않아서 많은 한국인이 혼동스러워하는 분야이다. 이를테면, grandfather는 친할아버지 혹은 외할아버지를 가리키고, brother는 형, 동생을 가리킨다. brother-in-law는 남편의 남형제(시동생, 아주버니)나, 아내의 남형제(손아래 처남, 손위 처남)를 통칭하는 말이고, sister-in-law는 남편의 여형제(시누이, 형님)나, 아내의 여형제(처형, 처제)를 가리키는 말이다. 한국어처럼 친가, 외가, 남편 쪽, 아내 쪽, 손위, 손아래 등을 구분하는 호칭이 따로 없어서, 구분하려면 수식어를 붙여야 한다.

한국인이 한국 문화에 관한 것을 영어로 말해야 할 때에도 큰 어려움이 기다리고 있다. 이를테면, '고부갈등', '장모' 이런 말을 듣고 영미인들이 느끼는 어감은 한국인이 느끼는 어감과 매우 다르다. 또, 한국에는 흔히 있지만 영미 문화에는 없는 것을 이야기할 때, 이를테면, 점심으로 된장찌개나 매운탕을 먹었다고 말하고 싶을 때, 이 음식들에 해당하는 영어가 있는 것이 아닐까 하고 고민하게 된다. 영어에는 이런 말이 없다! 그런 음식이 없기 때문이다. 'bulgogi'처럼 그냥 'dyonjangjjige', 'maeuntang' 등과 같이 한국어를 그대로 음역해서 말하고 바로 그 음식에 대해 설명을 덧붙여 주면 된다. 없는 단어를 생각하느라 고민하는 것은 소용없는 일이다.

3. 영어 말하기 학습 시 유의사항

1) 배우는 순서가 한국어와 다르다

한국어는 듣기 → 말하기 → 읽기 → 쓰기 순으로 배우고, 한국어의 언어 체계에 대해서는 관심을 두지 않고 사용 중심으로 배운다. 듣기, 말하기에 흠뻑 젖어서 한국어의 구조를 잠재의식으로 습득한다. 그러나 영어는 반드시 이 순서로 배우지는 않는다. 대개 영어 알파벳, 영어 단어 읽기 등 영어 문자를 먼저 접하고, 영어의 언어적 체계에 많은 관심을 두고 배운다. 그것은 학교에서의 영어 수업 시간이 주당 몇 시간으로 한정되어 있고, 학교에서 배운 영어를 실제로 사용할 기회가 거의 없는 교육 환경 때문이다. 영어도 한국어처럼 듣기 → 말하기 → 읽기 → 쓰기 순으로 충분한 시간을 투자하여 자유롭게 사용하면서 배운다면, 영어를 잘 못 배울 리가 없을 것이다. 영어를 한국어처럼 배우지 못하게 되어 있는 환경이 문제인 것이다. 이를 극복하기 위해서는 영어를 사용하는 기회를 최대한 많이 확보해야 하고, 영어 단어, 문장, 표현 등이 자동화될 때까지 과잉학습해야 할 것이다.

2) 생각의 방식이 영미인과 다르다

한국인은 생각하는 방식이 영미인과 다르기 때문에 한국어와 영어는 어순이 다르고, 언어구조가 다르다. 즉 표현의 방식이 다르다. 생각의 방식이란 대상을 생각하고 그것을 해석하고 접근하는 방법(approach)을 가리킨다. 이를테면, 돈 32만 원은 한국어로는 1만 원짜리가 32장 있다고 생각하지만, 영어로는 1천 원짜리가 320장 있다고 생각한다. 그래서 영어로 말할 때는 한국어로 생각한 것을 영어로 재빨리 번역해서 말해야 한다. 영어로 three hundred twenty thousand Won이라고 말하고 나서도 그게 정말 32만 원이라고 말했는지 속으로 생각해 본다. 이것은 한국어식 사고가 한국인을 굳건하게 지배하고 있다는 것을 의미한다. 한국인에게서 한국어식 사고를 분리시키는 것은 불가능[26]하다. 말하기의 언어계획 단계를 생각해 보면 잘 알 수 있다. 한국인은 한국어 원어민이지, 영어 원어민은 아니라는 사실을 떳떳하게 생각해야 한다. 초기에 부족하고 어설픈 영어 구사력 때문에 위축되거나 기죽을 필요가 전혀 없다. 영어에 대한 이런 자세가 무엇보다 중요하다.

---

26 한국어, 영어를 완벽하게 2중으로 사용하는 사람은, 한국어식 사고와 영어식 사고를 번갈아 가면서 사용하거나 혹은 동시에 병립시키면서 2개의 언어를 번갈아 사용할 수 있을 것이다. 이것은 엄청난 양의 지속적 훈련이나 오랜 현지 생활을 통해서 획득할 수 있는 자질이라 보기 때문에 보통의 한국인에게는 해당되지 않는다고 생각한다.

3) 한국어를 거쳐서 영어를 이해한다

영어 숙달도가 아직 낮은 한국인은 영어를 직접 인식하거나 이해하지 못하고 한국어 필터를 통해서 이해한다. 이를테면, cucumber란 단어를 접하면, '오이'라는 한국어 단어를 먼저 떠올리고 그 '오이'가 무엇인지를 머릿속에 순간적으로 생각을 하고 cucumber가 '오이'라고 인식한다. 즉 cucumber란 단어를 접하고 바로 '오이'의 모습을 연상하지 못한다. 말하기 단계 중 '의미계획' 단계를 생각해 보면, 한국인은 영어로 말하려고 할 때 먼저 한국어로 의미계획을 해서 그것을 영어로 번역하려고 하는 것도 똑같은 현상이다. 한국인의 생각의 도구는 한국어이기 때문에 처음부터 영어로 생각하는 것이 잘 안된다. 한국인이 영어로 생각하는 것은 영어 능력이 상당한 수준에 이른 다음에야 가능할 것이다.

4) 도구적 동기로 영어를 배운다

한국인이 영어를 배우는 목적은, 그래서 영어를 배워야겠다고 생각하는 마음의 자세는, 학교에 가니 영어를 가르치고, 영어 시험을 본다 하니 시험을 위해 영어공부 하는 것이 일반적이나. 영어를 배워서 실제로 사용해야겠다는 목적의식을 가지고 영어를 공부하는 한국인은 손가락으로 꼽을 정도에 지나지 않을 것이다. 영어를 시험을 잘 보기 위한 도구로 보는 도구적 학습 동기를 가지고 공부할 뿐이다.

그렇다고 해서 한국인이 반드시 통합적 동기[27]를 가지고 영어를 배워야 하는 것은 아니다. 도구적 학습 동기가 매우 높으면 영어를 잘 배울 수 있다. 이를테면, 영어 말하기 시험을 앞두고 그것을 위해 반복적, 지속적으로 공부하고 준비하면 영어 말하기 시험을 잘 볼 수 있고, 그 결과 영어 말하기를 잘할 수 있다. 통합적 동기이든, 도구적 동기이든 영어 학습 동기가 높은 사람이 영어를 더 잘, 더 빨리 배울 가능성이 크다는 것은 확실하다. 그래서 높은 도구적 동기를 가지고 영어 말하기 시험 준비를 충실히 하면 영어 말하기 능력을 기를 수 있는 것도 확실한 것 같다.

5) 학습한 지식을 적용하는 것이 아니다

한국인은 영어 시험에 대비하기 위해 영어의 단어와 문법, 문장구조를 주로 학습한다. 영어 단어와 문법을 학습해 두면 영어 말하기에도 그대로 적용할 수 있을 것이라 생각하지만, 그런 영어 지식은 실제 말하기로 잘 연결이 되지 않는다. 사람이 학습을 하면 그 지식이 뇌 속에 기억으로 저장되고, 나중에 필요하면 그 기억된 정보를 인출하여 실제 문제 상황에 적용한다. 즉 학습은 기억 → 인출 → 적용의 3단계를 모두 포함한다. 그런데 말하기는 시간적 압력과 심리적 부담을 지속적으로 받는 언어 행동이기 때문에, 학습해 둔 단어나 문법이 제때에 인출이 되지 않거나, 적용할 타이밍을 놓치는 일이 항상 일어난다. 그래서 단어, 문법을 먼저 공부하고 나서 말하기에 사용은 뒤에 하겠다는 방식의 연역적인 영어공

---

27 통합적 동기란, 영어를 배워서 실제로 사용할 것이다. 혹은 사용해야 한다는 마음의 자세로 영어를 배우는 마음의 자세를 가리킨다.

부 방식은 효과가 없거나 효율성이 떨어진다. 영어 말하기는 영어로 말을 함으로써 익히고 배워야 한다. 영어 말하기 능력은 실제 발화 연습을 많이 해야 획득할 수 있는 성질의 것이다.

6) 한국어처럼 적확[28]하게 충분히 표현하기 어렵다

영어로 말할 때 영어에서 딱 맞는 표현을 찾아 말하기는 매우 어렵다. 자신의 생각을 적확하게(precisely) 충분히 잘 표현하지 못한다. 이것은 물론 한국어로도 하기 어려운 분야이다. 대개 영어로는 가장 기본적인 최대공약수 부분만 말하는 데 그친다. 뉘앙스나 함의 등은 제대로 표현하지 못해 흡족하게 전달했다는 생각이 들지 않고 찜찜하고 아쉬운 느낌을 준다. 이를테면, 한국 음식 '비빔밥[29]', '육개장', '만두전골' 등을 영어로 어떻게 표현할 것인가? 한국인이 비빔밥, 육개장, 만두전골이라 하면, 아무런 추가 설명 없이 그냥 이해된다. 그런데, 이것들을 전혀 모르는 외국인에게 영어로 이것이 무엇인지 알아듣게 설명하는 것은 정말 쉽지 않은 일이다. 이를테면, 비빔밥을 아래 각주 29만큼만 해도 비빔밥을 모르는 외국인이 그런대로 알아들을 수 있을 것이다. 하고 싶은 말을 적확하게 표현할 수 있다면 영어를 잘하는 것이다. 이를 위해서는 묘사하기 연습을 충분히 해야 한다[329~331쪽, 6. 세밀하고 자세하게 묘사하기 참조].

---

28 일반적으로 적확성(的確性)은 '벗어남이 없이 정확하다'라는 뜻이지만, 필자는 '適切하고 正確하게 의도하는 바를 충분하게'라는 뜻으로 適確性이라 쓰고자 한다.

29 예: Bibimbab is boiled rice mixed with minced meat and a variety of cooked or fresh vegetables and spicy red pepper paste often with sesami oil added.

본 1장에서는 한국인에게 모국어인 한국어 말하기와 외국어인 영어 말하기의 특성과 기능, 역할, 또 한국인이 영어를 배우기 어려운 이유 등에 대해 알아보았다. 다음 2장에서는 언어 평가의 일반적인 원리와 평가의 목적과 기능을 두 갈래로 나누어 논의해 보기로 하자.

2장.
언어 평가의 원리와 두 갈래의 용도

오늘날 평가로부터 자유로운 사람은 거의 없다. 누구나, 어디서나 어떤 형태로든 평가를 받고, 평가를 한다. 학교 시험을 잘 보았다는 말도, 선생님이 잘 가르친다는 말도, 대통령이 정치를 잘한다는 말도, '당신은 좋은 아빠입니까?'라는 말도 모두 평가를 함축하고 있는 말이다. 그렇다면 '평가(評價)'란 무엇인가?

'평가' 하면 먼저 떠오르는 것이 시험(試驗)일 것이다. 시험은 학교의 월말/기말고사(考査), 대학수학능력시험(試驗), 교원임용고사(考査), 행정/사법고시(高試) 등 다양한 이름과 형태로 존재한다. 또 영어 능력 시험으로 TOEFL, TOEIC, OPIc 등이 있다. 이러한 시험들은 왜 존재하고 있는가? 어떤 의사결정을 해야 할 필요나 목적이 있기 때문이다. 이런 시험에 관련된 이해 당사자는, 시험 시행자(출제자, 채점자), 응시자(학생, 일반인), 사용자(정부, 기업, 학교, 학부모) 등이다. 이 중 사용자는 시험 결과를 보고 필요한 의사결정을 하는 사람들을 가리키는데, 정부나 기업은 채용, 파견, 승진 등에 관한 의사결정을 하고, 학교는 입학이나 졸업에 관한 의사결정을 할 것이다. 평가 결과에 따른 의사결정은 사람에게 어떤 형태로든 영향을 끼친다. 결국 평가가 본질적으로 가지고 있는 정치적 속성을 못 본 척해서는 안 될 것이다.

세상에는 매우 다양한 형태의 평가가 존재하지만, 이 책에서 '평가'라 함은 영어 능력 평가를 가리키는 것으로 제한하고자 한다. 그래서 이 책에서는 주로 언어 평가 → 영어 평가 → 영어 말하기 평가에 초점을 두고 논의하고자 한다.

2.1 언어 평가란?

1. 평가의 의미

일상생활이나 교육 현장에서 '평가'라는 말은 매우 자주 쓰이지만 이 용어의 의미를 엄밀하게 규정하기는 매우 어렵다. 평가란 글자 그대로 어떤 대상의 가치(價)를 헤아려 평(評)하는 일이다. 대상의 가치를 바르게 헤아려 평하기 위해서는 그 대상에 대한 정보나 자료를 수집해야 한다. 이를 위해서는 정보나 자료를 수집하기에 적합한 도구가 있어야 하고, 그 도구를 사용하여 정보나 자료를 수집하는 과정과 절차가 있어야 한다. 이런 맥락에서 보면, 평가는 평가 대상에 대한 정보나 자료를 수집하고, 수집된 정보나 자료의 가치를 해석하고, 이 해석을 바탕으로 의사결정을 내리는 과정 전체를 총칭하여 일컫는 말이라 할 수 있다.

평가 대상에 대한 정보나 자료 수집을 위해 가장 많이 사용하는 도구가 바로 '시험'이다. 정보나 자료 수집을 위해서는 대개 '측정'(測定)이란 방법을 사용하는데, 시험은 이 측정용 도구를 가리킨다. 측정이란, 시험(지)을 제시하고 물음에 맞는 답을 선택지에서 고르게 하거나, 응답을 말 또는 글로 서술하게 하거나, 혹은 행동으로 보이게 한 다음, 그 결과를 정해진 기준에 따라 객관화(=숫자화)하는 것을 가리킨다.

이렇게 수집된 여러 가지 정보나 자료를 바탕으로 평가 대상이 가진 가치의 유무나 정도를 분석하거나 해석하게 된다. 그리고 이 분석이나 해석에 근거하여 의사결정을 하거나 판단을 하게 된다.

이 전체 과정을 좀 더 구체적으로 살펴보기로 하자. 어떤 사람의 영어 능력(=가치)을 알아보기 위해서는 그 사람의 영어능력을 측정할 수 있는 시험(=정보/자료 수집의 도구)을 실시한 다음, 채점을 한다. 시험 실시와 채점의 전 과정을 '측정'이라고 할 수 있을 것이다. 채점 결과 나온 싱직을 보고 그 수험자의 영어능력의 높고 낮음, 혹은 정도를 파악하고, 그 정도의 영어능력으로 어떤 일을 할 수 있겠다는 가늠(=채점 결과의 가치 해석)을 하고, 그 판단을 바탕으로 채용을 하느냐 마느냐 하는 의사결정을 하게 된다[그림 1 참조]. 이와 같이 평가 대상에 관한 정보나 자료를 수집하고 측정하여 그 결과를 해석하고 판단하기까지 일련의 전체적인 과정(=정보/자료 수집+의사 결정)을 통틀어서 평가라고 부르지만, 상황에 따라서는 그중의 어느 한 단계, 즉 시험 보는 단계(=정보/자료 수집)만을 가리켜 평가라고 부르기도 한다(이완기 2015).

[그림 1] 평가의 의미

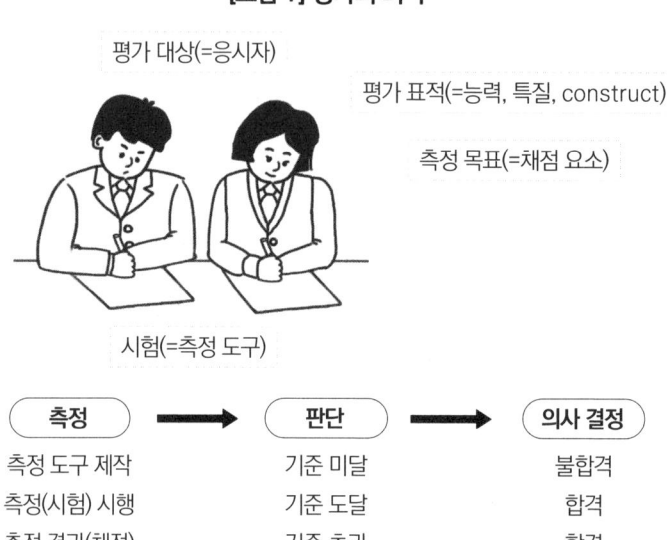

2. 언어 평가의 원리

1) 추정의 원리

평가는 '부분으로 전체를 추정'(推定)하는 것을 기본 원리로 삼는다. 시험을 통해 측정해 내고자 하는 능력[30]을 상정한 다음, 시험 문제를 제시

---

30 이것을 construct(構因)라고 한다. 즉 능력을 구성하는 구성인자라는 뜻이다.

하고 그것을 푸는 것을 보면 응시자가 어떤 능력을 얼마나 갖고 있는지를 간접적으로 추정해 낼 수 있다. 즉 시험의 결과를 보고, 시험을 보지 않는 상황에서 응시자가 얼마나 잘할 수 있을지를 짐작할 수 있는 정보나 자료를 얻을 수 있다. 평가는 이렇게 '부분을 보고 미루어 전체를 판단'하는 추정[31]의 방식을 취한다. 한 번의 시험 결과가 그 사람 능력의 모든 것을 종합적으로 다 나타내는 것은 아니다. 그렇지만 현실적으로 평가의 결과를 사용해야 하는 입장에서 보면 추정의 원리를 따를 수밖에 없다. 그래서 추정할 수 있는 정보나 자료를 수집하기 위해 제시하는 시험의 내용이 시험 후의 의사결정과 가장 관련이 깊은 내용, 가장 대표성이 있는 내용을 포함해야 한다. 이 관련성과 대표성은 시험 내용을 구성하는 핵심 요소가 된다. 이때 추정을 위해 시험 결과(=점수, 성적) 자체만 사용하는 절대평가 방식을 택하든지, 아니면 다른 응시자의 시험 결과와 비교를 하는 상대평가 방식을 택하든지 하는데, 이것은 평가 시행의 목적과 실행가능성에 따라 정해진다.

2) 인위성의 원리

언어평가는 응시자의 실생활에서의 언어 사용 능력이 어느 정도인지를 알아내기 위해 시행한다. 응시자가 시험장에서 보여 주는 시험수행[32] 행위는 응시자가 가지고 있는 언어 사용 능력의 한 단면을 나타낸다. 이 시험수행은 항상 응시자의 의사와 관계없이 '하도록 요구받는 활동'이

---

31 이렇게 추정하는 방식을 '외삽'(extrapolation)이라고 한다(inference와 비슷함).

32 시험수행(test performance)은 실생활 수행(real-world performance)과 대비된다.

기 때문에 응시자가 시험을 본다는 생각을 하는 순간부터 그 시험수행은 인위적인 성격을 띠게 된다. 또 시험 문제의 내용도 실생활의 과제를 있는 그대로 포함시킬 수가 없기 때문에 인위적으로 선택한 것, 즉 실제 생활의 것과 비슷하다고 여겨지는 것을 포함시킨다. 따라서 응시자의 시험수행은 시험 문제가 포함하는 인위적인 상황이나 맥락 속에서의 언어 사용 모습일 수밖에 없다.

시험 문제와 실제 생활 과제가 비슷한 정도를 '진정성'[33] 혹은 '실제성'이라고 한다. 어떤 시험이든 시험이 실제 생활 과제를 그대로 포함하는 것이나, 응시자가 자연인으로서 실제 생활 과제를 수행할 때와 같은 마음의 자세를 갖는다는 것은 불가능하다. 즉 어떤 시험이든 현실을 그대로 반영하는 절대적 진정성을 갖는 것은 불가능한 일이다. 이 진정성 문제에 대하여 Bachman & Palmer(1996)는 2가지 다른 종류의 진정성을 제안하였다. ⓐ응시자가 실제 상황에서 시험 불안[34]이 없는 마음 상태로 실제 생활 과제를 수행할 때 '상황 진정성'(situational authenticity)이 있다고 가정(假定)하였고, ⓑ시험 상황에서 응시자가 <u>시험 문제와 하는 상호작용</u>이 실제 생활에서의 상호작용과 충분히 비슷할 때 '상호작용 진정성'(interactional authenticity)이 있다고 가정하였다. 그리고 상황 진정성은 실제로 가능하지 않기 때문에 상호작용 진정성을 평가의 진정성으로 간주해야 한다고 주장하였다. 즉 인위성이 어느 정도 있는

---

33 진정성(authenticity)이란, 실생활과 닮은 성격, 혹은 닮은 정도를 가리킨다. '실제성'이라고도 한다.
34 시험 불안(test anxiety)이란, 응시자가 응시하는 시험에 대해 갖는 불안하고 불편한 심리상태를 가리킨다.

시험 문제가 실생활 의사소통 과제와 충분히 비슷하다면, 그런 과제를 수행하는 응시자의 시험수행은 진정성이 있다고 볼 수 있다는 것이다.

어떤 형태의 시험이든 시험은 어떤 목적을 달성하기 위해 의도한, 본질적으로 인위적인 활동이다. 시험이라는 인위적인 상황에서 응시자에게 실생활에서 하는 활동을 그대로 하라고 하는 것이 과연 가능하며 합당한지에 대해 자문해 보아야 할 것이다. 그래서 진정성이란 있다, 없다 등 2분법적으로 볼 것이 아니라, 정도(degree)의 문제로 보아야 할 것이다.

3) 엄격성의 원리

평가는 대개 한 번의 시험으로 의사결정을 한다. 시험은 기본적으로 응시자가 시험 보는 시간에 시험 문제에 대해 드러내는 능력을 순간적으로 포착하는 행위인데, 이때 응시자 능력의 전부가 아니라 일부분만 포착한다. 즉 시험은 스냅(snap) 사진을 찍는 것과 비슷하다. 스냅 사진은 피사체의 모습을 순간적으로 포착해서 고정하는데, 우리는 그 고정된 피사체의 모습을 사진으로 본다. 만약 스냅 사진을 시간과 장소를 달리하여 여러 장을 찍으면 그 피사체의 다른 모습을 다양하게 포착할 수 있을 것이다. 시험도 단 한 번이 아니라, 시간과 장소를 달리하여 여러 번 보게 한다면 응시자의 능력이 여러 번 다르게 나타나는 것을 볼 수 있을 것이다. 즉 응시자의 능력 수준의 변이성을 드러낼 것이다.

그러나 시험을 여러 번 보게 한다는 것은 현실적으로 쉬운 일이 아니기 때문에 중요도가 높은 시험일수록 대개 일정한 시간, 일정한 장소에서 한 번만 시행한다. 이렇게 단 한 번의 시험으로 사람의 능력을 평가하고 의사 결정을 한다는 것은 정확하지 않을 수도 있고 위험할 수도 있는 일이다. 이를테면, 점수가 0.1점 차이로 합격과 불합격이 갈리는 경우를 생각해 보기로 하자. 점수 차가 0.1점 차라면 두 응시자의 능력은 누가 더 나은지 사실 알 수가 없다. 시험을 다시 본다면 두 응시자의 획득 점수가 완전히 달라질 수도 있다. 이렇게 단 한 번 본 시험 결과는 절대적인 것이 아니다. 그럼에도 불구하고, 0.1점이라도 높은 점수를 받은 사람을 합격자로 정하는 것을 우리는 받아들이고 용납한다. 이것이 시험이 가진 엄격성, 권위, 지속가능성, 혹은 가치의 징표가 된다. 물론 근래에 와서는 시험 결과에 복종하지 않고 소송 등을 통해서 시시비비를 가리는 경우가 종종 있다. 이 경우에도 시험 문제나 시험 시행, 시험 결과의 처리에 문제가 없다면 사람들은 모두 그 시험의 엄격성과 권위를 존중하게 된다. 이런 엄격성의 원리가 적용되지 않는다면 시험은 이 세상에서 존재하기 어려울 것이다.

> **[참고] 시험 결과 누적합산의 중요성과 필요성**
> 시험을 여러 번 보아서 그 결과를 의사결정에 사용한다면 그 의사 결정이 보다 정확하고 공정하다고 할 수 있을 것이다. 그래서 학교에서는 수업과 관련하여 시간적 간격을 두고 주기적으로 평가를 여러 번 시행하여 그 결과를 누적적으로 합산하여 파악하는 포트폴리오(portfolio) 방법을 적극 권장하고 있다. 단 한 번 보다는 여러 번의 시험 결과가 학생의 학습 능력을 더 정확하게 파악할 수 있도록 해 줄 것이기 때문이다.

4) 능력 최고점 포착의 원리

평가는 대개 응시자 능력의 최고점을 포착한다. 시험에서 응시자 능력은 최저점과 최고점의 범위 내에서 왔다 갔다 할 것이다. 이때 응시자 능력의 최고점을 포착해서 채점대상으로 삼느냐, 아니면 최저점을 파악하여 채점하느냐는 시험마다 다른 것 같다. 이를테면, 최고점은 운동선수의 최고 기록 혹은 신기록과 같고, 최저점은 평소 기록과 같다. [a]최고점은 응시자의 능력이 최고 어디까지 갈 수 있나를 보지만, 응시자가 항상 가지고 있는 일상적인 능력은 아니다. 그래서 <u>최고점은 일시적이고 변동성이 강하다</u>. 반면, [b]최저점은 때때로 더 잘할 때도 있지만, 응시자가 평소에 반복적으로 보여 주는 평소 실력을 가리킨다. 그래서 <u>최저점은 상시적이고 안정적이다</u>. 일반적으로는 응시자가 보여 줄 수 있는 능력의 최고점을 파악해서 채점을 하지만, 응시자 능력의 최저점을 파악하려고 하는 시험도 있다. 이를테면, OPIc 시험은 응시자의 말하기 능력의 최고점(ceiling)은 채점 대상이 되지 않는다. 일관되게 지속적으로 보여 주는 안정된 능력의 수준(floor)을 채점대상으로 삼는다. 그래서 OPIc 시험 응시자들은 생각보다 점수가 잘 안 나온다고 생각하는 경향이 있다.

3. 평가 관련 용어의 의미[35]

어떤 평가를 어떤 목적으로 사용할 것인가는 평가의 목적이 결정한다. 평가의 목적에 맞지 않는 평가는 낭비이고 쓰레기일 뿐이다. 평가에는 여러 단계와 절차가 개입된다. 평가에 관한 여러 용어들은 명료하게 구분되지 않고 경계가 흐릿한 상태로 중복적으로 사용되는 경우가 많다. 평가에 관한 용어들의 의미를 좀 분명하게 정의하는 것이 혼란과 혼선을 방지하는 지름길이 될 것이다. 평가 관련 용어들의 의미를 알아보기로 하자.

1) 한글 용어의 의미

(1) 평가(評價)

평가란, 평가 대상(자)이 가진 평가 표적의 보유 정도를 측정하는 측정 도구를 만들어서 평가 대상(자)에게 시행하고, 측정된 평가 표적의 보유 정도를 평가 목적에 견주어 판단하고, 의사결정 하는 전체의 과정을 총합적으로 가리키는 말이다. 밑줄 친 부분을 다음 표의 화살표(→) 오른쪽에 있는 용어들로 대치해 보면 좀 더 쉽게 다가올 것이다.

- 평가 대상 → 응시자, 수험자(평가를 받는 사람, 시험을 보는 사람)
- 평가 표적 → 응시자의 능력, 채점 대상, 측정해 내려는 특질(construct)
- 측정 도구 → 시험, 검사, 평가 도구(지필시험, 구두시험 등의 시험)
- 평가 목적 → 시험을 만들어 시행하는 이유(합격, 채용, 승진 등의 판단과 의사결정)

---

35 이완기(2015)를 바탕으로 용어들의 의미를 재정리하였다.

즉 평가란, 응시자가 가진 어떤 능력의 보유 정도를 측정하는 시험을 시행하고, 시험의 결과를 시험의 목적과 견주어 판단하고 의사결정 하는 전체의 과정이라고 이해할 수 있을 것이다.

평가에는 각자 다른 역할을 하는 3종류의 관련자가 참여한다. 평가 관련자와 각각의 역할을 요약해 보면 [그림 2]와 같다.

[그림 2] 평가 관련자와 역할

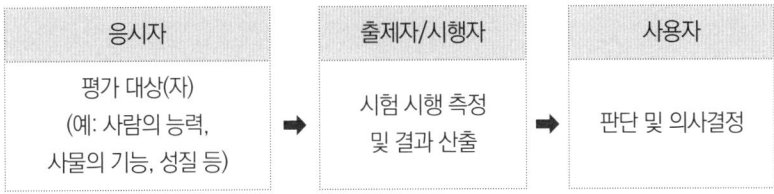

이렇게 보면, 평가에서 핵심적으로 중요한 부분은 평가 대상(자)에 대한 정보나 자료의 수집이다. 즉 시험(지)을 만들어 제시하고 평가 표적을 측정하여 그 결과를 산출해 내는 과정이 무엇보다 중요하다.

[참고] 평가 표적의 대체 용어들
'평가 표적'이란 용어는 평가 목표, 측정 표적, 측정 목표, 채점 표적, 채점 목표, 채점 요소 등의 용어와 대등하게, 혹은 대체하여 사용할 수 있을 것이다.

(2) 시험(試驗)

시험(검사, test, examination)이란, 검사 도구 또는 측정 도구를 가리킨다. 흔히 평가란 말과 혼용하여 쓰기도 하는데, 우리나라에서 사용되는 몇몇 공식 명칭을 보면, 평가와 시험은 구분해야 할 필요가 있어 보인다. 즉 국가영어능력평가시험, 한국어능력평가시험, PC활용능력평가시험, 육군부사관소양평가시험이란 공식 명칭에서는 평가시험이란 말을 사용하고 있다. 평가시험이란 '~을 평가하는 시험'이라는 뜻이고, 여기서 시험은 평가하는 도구, 즉 측정 도구라는 뜻일 것이다. 그래서 이 책에서는 '시험'이란 용어를 측정 도구, 혹은 측정 행위를 가리키는 것으로 사용하고, '평가'라는 용어는 시험의 기획, 설계, 시행, 채점, 의사결정 등의 전체 과정을 총칭하는 말로 사용하고자 한다. 다음의 요약을 보기로 하자.

시험: 대상에 대한 정보 수집을 위해 사용하는 측정(검사) 도구, 혹은 측정(검사) 행위
평가: 시험의 기획, 설계, 시행, 채점, 채점 결과에 따른 의사결정의 전과정을 총칭하는 말

(3) 측정(測定)

측정(measurement)이란, '재다'라는 뜻이다. 그래서 평가 대상자에 대한 정보나 자료를 수집하여 그 내용을 서술이나 숫자로 나타내는 방법적 행위를 가리킨다. 판단이나 의사결정의 이전 단계로서 판단이나 의사결정을 위한 정보나 자료를 제공하는 역할을 한다. 올바른 측정을 하기 위해서는 엄정한 측정 절차가 확립되어 있어야 한다.

(4) 문항(問項)

듣기나 읽기 시험에서처럼 선택형이나 단답형으로 주어지는 시험 문제를 보통 '문항(item)'이라 부른다. 문항은 일반적으로 <u>지시문 + 문제내용 + 선택지</u>의 3개 부분이 하나로 묶여 있는 형태로 구성된다.

(5) 시험과제(試驗課題)

말하기 시험에는 선택형 문항을 제시할 수가 없기 때문에 '문항'과 구분하여 '과제'(task)란 말을 쓴다. 과제란 처리하거나 해결해야 할 문제를 가리키는데, 학습을 위한 과제는 <u>학습과제</u>이고, 시험을 위한 과제는 <u>시험과제[36]</u>이다. 시험과제는 말이나 글, 혹은 행위로 응답을 표출하도록 요구하는 시험 문제를 가리키는데, <u>지시문 + 프롬프트</u>(prompt)로 구성되어 있다. 프롬프트란 응시자로부터 말이나 글을 유도해 내기 위해 제시하는 유도자료를 가리킨다.

말하기 시험과제는, 응시자가 자신이 가진 모든 언어적, 정보적 자원을 다 동원하여 문제가 요구하는 응답을 하는 데 필요한 자료를 담고 있는 입력자료를 가리긴다. 요구히는 응답은 ⓐ응시자가 혼자서 좀 길게 말을 하도록 요구하는 형태와, ⓑ다른 응시자나 시험관과 상호작용하면서 의사

---

[36] A testing task is a means or a device that invites a student to elicit rateable amount of language samples in the form of interactive communication and negotiation between a student and others by mustering whatever resources available to achieve a definite outcome(이완기 1991).

소통하고 의미협상[37](meaning negotiation)하여 문제의 해결책을 제시하고 설명하도록 요구하는 형태가 있다. 시험과제라는 용어는 일반적으로 생소한 편에 속하기 때문에, 일반성이 더 큰 '시험 문제'라고 불러도 될 것이다. 그러나 이 책에서는 <u>말하기 시험 문제</u>를 지칭하는 말로 '시험과제'란 용어를 쓰고자 한다.

(6) 문제(問題)

문제(item, task)란 말은 '문항'을 가리키기도 하고, '과제'를 가리키기도 한다. 듣기 시험 문제, 말하기 시험 문제, 인터뷰 문제 등과 같이 문항이나 과제를 모두를 총칭하는 말로 쓰기로 한다. 문제란 문항과 과제를 함께 묶어서 가리키거나, 각각을 따로 가리킬 때 쓰는 용어이다. 즉 선택지가 있는 듣기/읽기 문항을 듣기/읽기 문제라 칭해도 되고, 응시자가 응답을 표출해야 하는 말하기/쓰기 시험과제도 말하기/쓰기 문제라고 칭해도 된다.

37　meaning negotiation은, 의사소통에서 의미의 전달과 이해의 단절을 방지하고 의미의 소통을 원활하게 하기 위해 참여자들이 서로 개입하는 현상을 가리킨다. 이를테면, 상대방의 말을 잘 못 알아들었을 때 다시 말해 달라고 요구하거나, 상대방이 나의 말을 제대로 이해하는지를 수시로 점검하는 것 등을 가리킨다(자세한 내용은 이완기 2015. 영어교육 용어해설 참조).

2) 영어 용어의 의미

평가는 동서고금을 통해 항상 존재해 왔지만, 우리말 '평가'에 해당하는 영어 대응어는 없는 듯하다. 흔히 *테스트(test)*, *익재미네이션(examination)*, *어세스먼트(assessment)*, *이밸류에이션(evaluation)* 등의 용어들이 명확한 구분 없이 혼용되고 있다. 그래서 이 책에서는 논의의 일관성을 확보하기 위해 필자 나름대로의 이해를 바탕으로 이 영어 용어들의 의미를 정의해 보고자 한다.

(1) 테스트(test)

*테스트*란 말은, 자연과학에서 시약 등으로 실험할 때 많이 쓰는 말인데, 주로 사물을 대상으로 정량적 측정을 통해 객관적 사실이나 정보에 관해 사용했던 앵글로색슨 계열의 말이다. 예를 들어, 'litmus test'는 실험에 투여된 litmus 시험지의 색깔이 어떻게 변하는지를 객관적으로 보여 주는데, 그 색깔 변화를 보고 어떤 결정을 내리게 된다.

TOEFL, TOEIC, TEPS 등의 시험에는 모두 test란 말이 붙어 있는데, 이때 test의 의미는 '개인행동의 특정한 표본을 효과적으로 유발해 낼 수 있도록 고안한 측정의 도구'(Carroll 1968, p.46, Bachman 1990, p.20)라는 뜻이다. 이들 test는 모두 학교밖 시험들인데, 학교밖 시험은 응시자가 어떤 교육 프로그램을 이수했는지, 어떻게 공부했는지 등에 대해서는 일체 묻지 않고, 시험을 보는 그 시각에 응시자가 가지고 있는 능력을 순간적으로 포착(측정)해서 성적을 낸 다음, 전체 응시자의 성적과 비교하여 순위를 내는 방식으로 운영된다. 결국, test는 일반적으로 측정의 결과를 숫자 점수로 산정하여, 응시자들의 등수를 산출하는 상대평가 중심의 평가 도구를 가리키는 것[38]으로 이해하면 될 것이다.

그러나 오늘날 *테스트*란 용어는 그 쓰임이 매우 광범위해져서 정량적, 정성적 측정에 머물지 않고 평가에 관한 일체의 행위를 포괄하는 뜻으로 쓰이는 경우가 많다. 그냥 "그 사람 한번 *테스트*해 봐야겠어"와 같이, 객관적 측정에 의하거나, 주관적 판단에 의하거나에 관계없이 평가 전체를 일컫는 말로 쓰이기도 한다.

(2) 어세스먼트(assessment)

*어세스먼트*란 말은, 사람과 사물을 대상으로 정량적, 정성적인 측면 어느 쪽에서나 주관적 판단을 개입시켜 평가하는 데 쓰는 말로 공식적인 성격을 띤 라틴어 계열의 말이다. 예를 들어, 'damage assessment'는 보험회사에서 (자동차 사고의) 손해를 산정할 때, 사고가 어떻게 났는지를 면밀히 조사하여 그 원인이 무엇이며 책임은 어느 쪽에 더 많은가 등을 정한다. 이때 정량적, 정성적 고려, 운전자의 상태 등 여러 가지 요인을 복합적으로 고려해야 하는데, 이 과정에는 손해 산정자의 주관적 판단이 상당 부분 개입할 수밖에 없을 것이다. 즉 *어세스먼트*는, 전적으로 객관적인 측정만을 통해 정보나 자료를 수집하는 것에 한정하지 않고 그것을 넘어서 어느 정도의 추론이나 판단이 개입하는 것까지 포함하는 말이다.

---

38 Test is usually a numerical score-based, ranking-pursued, norm-referenced, out-of-school enterprise(이완기 2021b).

*어세스먼트*는 수집된 정보나 자료를 바탕으로 (목표나 기준에 맞고 안 맞음을) '헤아려 보거나 가늠해 보는 것'에 좀 더 무게가 가 있는 말이라 할 수 있다.

assessment는 damage assessment란 예에서 보듯이, 평가 대상자에 대해 정량적, 정성적인 측면을 모두 고려하고, 주관적 판단도 개입하는 방식이다. assessment의 개념[39]은, 학생의 수업 과정을 정량적, 정성적으로 모두 고려하여 면밀히 관찰한 다음, 교사가 주관적 판단을 하고, 해당 학생에게 수업에 관해 어떤 평을 내리고 처방을 해 주는 교육 평가의 원리를 살펴보면 더 명확해질 것이다. 교사의 이러한 평가 행위는 시험 결과를 숫자로 계산해 내는 test 방식과는 차원이 다른 방식이다. 그래서 assessment란 말은 교사가 학생의 수업 과정을 관찰 평가하는 학교 교육 관련 평가에 대해 쓰는 것이 적절하다고 본다. 왜냐하면, 학교 교육의 현장에서 평가가 숫자 점수를 기반으로 학생들 간의 등수 내기에 치중하는 것은 등수가 낮은 학생들을 사실상 차별하는 결과를 초래하여, 그 학생들의 공부에 대한 흥미와 자신감, 심지어는 자존감까지도 갉아먹을 수 있기 때문이다.

---

39 Assessment is an observation-based, tailor-made, optimal-feedback-provided, learning-assisted, criterion-referenced, in-school activity of education(이완기 2021b).

(3) 이밸류에이션(evaluation)

*이밸류에이션*이란 말은, 공식적 성격을 띤 라틴어 계열의 말로서, 어원적으로 e+value+tion으로 구성되어 있는 것을 보면 '가치(value)를 밖으로(e) 드러내는 것', 즉 사람이나 사물의 가치를 판단하는 것을 중점적으로 고려한 말이라 할 수 있다. test하거나 assessment한 결과를 근거로 가치를 판단하고, 의사결정을 하는 것과 관련이 깊어 보인다. 예를 들어, 'stock evaluation'이란 말은 주식의 가치를 평가할 때 해당 회사의 경영 상태, 재무 구조, 노사 관계, 발전 가능성 등 매우 다양한 요소들에 대한 정보나 자료를 바탕으로 가치를 정할 것이다. 이에 더 나아가서 그 가치판단에 맞는 의사결정을 하는 것까지 포함할 것이다. 이 용어의 일상적인 용법을 보면, 특정 교육과정이나 교육 프로그램, 교재, 교수 방법 등의 효과나 가치를 검증하고 논하는 것까지 포함한다.

영어 평가에서 주로 관심의 대상이 되는 것은 측정을 통한 정보나 자료의 수집과 정보나 자료 수집을 위한 도구들에 관한 것이지만, 이들은 결국 가치판단(evaluation)으로 이어지게 된다. 오늘날 큰 관심사가 되고 있는 수행 평가나 과정중심 평가에는 *어세스먼트*와 *이밸류에이션*이 밀접하게 관련되는 것으로 볼 수 있을 것이다.

결과적으로 이 용어들의 의미를 명확하게 구분하여 규정하기는 매우 어렵지만, 이 용어들에 대한 논의를 요약 정리하면 다음 〈표 2〉와 같다.

〈표 2〉 test, assessment, evaluation의 의미 비교

litmus **test**	damage **assessment**	stock **evaluation**
• 자연과학	• 공식적	• 공식적
• 객관적	• 주관적 판단 개입	• 주관적 판단 개입
• 사물 대상	• 사람, 사물 대상	• 사람, 사물 대상
• 정량적	• 정량적, 정성적	• 가치판단, 의사결정과 관계
• 앵글로 색슨어	• 라틴어	• 라틴어

* 영어에서 litmus assessment나 stock test 같은 말을 쓰지 않는다.

덧붙여서, 영어 원어민 대학교수인 Kellogg는 필자와의 개인적인 대화를 통해 이들 용어 간의 관계를 다음과 같이 정리하였는데, 참고로 제시한다.

"For example, I fail my driving test. The examiner negatively assesses my competence. I am evaluated as a non-driver…." "We test learners. We assess their competence. We evaluate their performance and decide what to do."(Kellogg 2002, personal communication)

(4) 익재미네이션(examination)

정보나 자료를 수집하는 데 사용하는 구체적인 도구를 '검사'나 '시험' 이라고 부르는데, 영어에서는 *테스트*라는 말과 *익재미네이션*이라는 말이 혼용되고 있다. *테스트*란 원래 내재적 자질이나 특질을 주로 측정에 의하여 밝히는 과정에 중점을 두고 하는 말이고, *익재미네이션*은 적절한 방법과 면밀한 절차로 측정하는 것을 가리키는 말로 정보나 자료 수집 방법과 절차의 면밀성에 중점을 두고 하는 말이라고 한다.

테스트와 익재미네이션에 대한 또 한 가지 설명은 어떤 특정한 교육과정이나 교육 프로그램을 이수하는 것과는 상관없이 수험자가 시험을 보는 그 순간에 가지고 있는 지식이나 능력을 측정하는 시험을 주로 테스트라고 불렀고(예: TOEFL, TOEIC), 어떤 특정한 교육과정이나 교육 프로그램의 이수 여부와 관계가 있는 시험을 익재미네이션이라고 불렀다는 것이다(예: school exams, Cambridge Exams, University of Cambridge Local Examinations Syndicate). 그러나 오늘날에 와서는 교육과정이나 교육 프로그램이 없는 시험이라 하더라도 그 시험을 준비하기 위한 준비서들이 많이 나오고 있고, 또 그 준비서들이 사실상 교육과정이나 실러버스의 역할을 하고 있기 때문에 사전 교육과정이나 프로그램의 유무로 두 용어를 구별하기는 어렵게 되었다. 그래서 이 두 용어는 그 차이를 뚜렷이 구별하지 않고 쓰는 것이 오늘날의 추세이다. 이 책에서도 이 둘에 대한 구별을 하지 않고 측정 도구를 가리키는 시험이라는 의미로 사용하기로 한다.

2.2 평가의 구비 요건

평가의 존재 의미는 목적이 정한다. 도대체 평가는 왜 시행하는 것인가? 어떤 의사결정을 하는 데 평가 결과라는 자료가 필요하기 때문이다. 학교에서는 학생들이 학업을 얼마나 잘하고 있는지를 알아보기 위해서(성취도 평가, 진단평가, 형성평가, 총괄평가), 상급학교나 회사 등에서는 필요한 만큼의 인재를 뽑기 위해서(선발평가), 혹은 교육 프로그램에서는 수강자들의 현재 능력 수준을 조사하여 적절한 수준의 반에 배치하기 위해서(배치평가), 혹은 사람의 언어능력의 수준을 알기 위해서(능숙도평가) 등 다양한 목적이 있을 수 있다. 다양한 목적을 가진 이 평가들이 제대로 목적을 달성하기 위해서는 몇 가지 요건을 충족시켜야 한다. 이에 대해서 알아보기로 하자.

1. 목적 부합도(타당도)

시험은 시험을 시행하는 목적에 맞아야 한다. 시험 시행의 목적에 맞지 않는 시험은 쓸모가 없을 뿐만 아니라 많은 낭비를 초래하기까지 한다. 이를테면, 변호사 시험에 의사 시험 문제를 제시한다면, 정해진 숫자의 변호사를 뽑을 수는 있겠지만, 그 시험은 시험 시행의 목적에 맞지 않는 것이다. 변호사와 의사는 각각 하는 일과 전문성이 다르기 때문에 의사 시험 문제로 제대로 된 변호사를 뽑을 수 없을 것이다. 즉 제대로 된 변호사를 뽑으려고 하는 시험의 목적에 부합되지 않을 것이다. 어떤 시험이 측정해 내고자 하는 응시자의 자질, 오직 그것만을 측정해 낼 때 그 시험은 목적 부합도가 높은 것이다. 목적 부합도를 타당도(validity)라고도 한다. 이렇게 보면, 어떤 시험이든 시험 시행의 목적이 각각 다르게 있을 것이기 때문에 모든 목적에 다 맞는 만능의 시험은 있을 수 없는 것이다.

다음 예시 문항을 보고 목적 부합도가 어떤지 한번 생각해 보기로 하자 (2014년에 시행한 모 광역시의 일반직 9급 공무원 공채시험 문제임).

(문항) 다음 중 어법상 옳지 않은 것은?

① At certain times may this door be left unlocked.

② Eloquent though she was, she could not persuade him.

③ So vigorously did he protest that they reconsidered his case.

④ The sea has its currents, as do the river and the lake.

⑤ Only in this way is it possible to explain their actions.

정답이 몇 번인가? 일반직 9급 공무원 시험에 영어를 전공한 사람도 잘 알지 못하는, 보통의 영어 원어민도 잘 알 것 같지 않은, 또 한국의 일반인들은 알 필요도 없는 이런 고난도의 문법 문제를 출제하는 것이 시험 시행의 목적에 맞는 것인가? 일반직 9급 공무원이 되면 어떤 일을 할 사람들인가? 영어 전공자도 아닌 응시자를 대상으로 이런 식으로 영어 시험 문제를 내면, 다음 해에 이 시험을 보려는 응시자들에게 시험 준비를 하는 과정에 얼마나 큰 노력과 시간과 돈을 들게 할 것이며, 심적 고초를 겪게 할 것인가? 아래의 [문항 해설] 항을 보면, 일반직 9급 공무원이 부정 부사구의 용법에 대해 이 정도까지 알아야 하는가 하는 생각이 들지 않을 수 없을 것이다. 이렇게 타당도가 낮은 시험은 많은 사람들에게 엄청난

낭비를 초래한다. 이 문제는 타당도뿐만 아니라 윤리성 면에서도 문제가 작지 않다.[40] 일반적인 일반직 9급 공무원 시험 준비생에게 공평하지도 공정하지도 않게 보이기 때문이다. 사람들은 이런 문제가 나오면 '와~ 정말 어렵다!' 생각하고 그냥 넘어가지만 따지고 보면 그렇지 않다. 이 예시 문항은 일반직 9급 공무원 채용 시험 문제로 타당도가 매우 낮은 문항으로 보인다.

[문항 해설]

②번은 eloquent(형용사)를 강조하기 위한 though 도치구문이고, ③번은 so~that 구문의 so를 앞으로 내어 vigorously(부사)를 강조한 도치구문이다. ④번은 has its currents를 받는 대동사 do를 강조하는 도치구문이다. 즉 ②, ③, ④번은 '강조'를 위한 일반적인 도치구문이다. ⑤번은 부정부사 도치구문인데, 부정부사가 앞에 나오면 주어 (조)동사는 반드시 도치하는 것이 영어의 어법이다. 여기서 only in this way는 주절 부분(to explain their actions)을 내용상 제한하는 것으로 부정부사의 성격을 갖고 있으므로 도치를 하는 것이 옳다. 그런데 ①번은 at certain times가 부정부사의 의미 가 없어서 도치하지 않아야 한다. 그래서 정답은 ①번이다.

---

40   타당도와 관련하여 오래전 필자가 직접 경험한 일 하나 소개: 사법시험 문제에 의식의 흐름 수법 을 써서 난해하다고들 하는 James Joyce의 장편소설, 『율리시즈(Ulysses)』란 작품에서 글을 따와서 만든 읽기시험 문제가 있었다. 법률가에게 이런 종류의 시험 문제를 내는 것이 과연 합당 한가? 사법시험이 어려운 시험이라는 명성(?)을 유지하기 위해서였는지는 몰라도 대부분의 응시 자가 정답을 찾지 못하는 문제는 어려운 문제가 아니라 출제 되어서는 안 되는 문제이다.

일반적으로 부정 부사구는 부정의 뜻으로 쓰일 때에만 도치를 하고, 부정의 의미가 없을 때엔 도치하지 않는다. 이를테면, At no time did I feel they were being unreasonable은 At no time이 문장에서 부정의 의미로 쓰였기 때문에 도치해야 하지만, In no time he will pick it up에서는 In no time(=곧)은 부정의 의미로 쓰이지 않았기 때문에 도치하지 않는다. 부정 부사구는 문장 전체에서 부정의 의미를 가지느냐, 아니냐가 도치 여부를 정하는 데 중요하게 작용한다. 그래서 ⑤의 only 구문은, 부정의 의미가 있는 부사구로 앞으로 나왔으므로 주어 조동사 도치가 되어야 하고, ①의 at certain times는 부정의 의미가 없는 부사구이기 때문에 도치구문을 쓰지 않는다 (홍선호 2021, personal communication).

어떤 시험이 시험을 시행하는 목적과 부합하려면 적어도 4가지의 종류의 목적 부합도, 즉 타당도가 있어야 한다.

- 내용 타당도(content validity) — 시험 내용이 시험 시행의 목적에 부합하는 정도
- 구인 타당도(construct validity) — 시험 내용이나 방법이 이론적으로 정의된 평가 표적의 구성인자를 측정하려는 목적에 부합하는 정도
- 준거관련 타당도(criterion-related validity) — 시험이 기존의 다른 시험이나 특정 준거에 비추어 볼 때 시험 시행의 목적에 부합하는 정도
- 결과 타당도(consequential validity) — 시험 점수의 의미 해석과 사용 목적이 학생, 교사, 학부모, 학교 및 사회에 미치는 끼치는 긍정적, 부정적 영향의 정도
- 안면 타당도(face validity) — 시험 내용이나 시행 방법이 시험 시행의 목적에 부합한다고 보이는 정도

참고로, Jakobovits(1970)는, 1970년에 벌써 구인 타당도에 관해 상당히 비판적인 소견[41]을 내놓았는데, 지금도 그의 주장은 유효한 것 같다. 즉 "언어를 안다는 것이 무엇인지에 대해 아직 이견이 분분한데, 언어능력 평가를 한다는 것은 아직 확실하게 정의되지도 않은 어떤 것을 측정하려고 하는 것이기 때문에 적절하지 않다"고 하였다.

2. 채점 일정도(신뢰도)

시험을 채점했을 때 채점자마다 점수를 다르게 준다면, 각 채점자가 준 그 점수는 믿을 수 없을 것이다. 각 채점자가 준 점수가 모두 같다면 그 점수는 신뢰할 수 있을 것이다. 선택형 시험을 채점할 때에는 큰 문제가 없지만, 서술형이나 말하기 시험의 경우 복수의 채점자가 똑같은 점수를 주기는 어렵다. 채점 점수가 채점자마다 다르고, 또 채점 점수의 차이가 크다면, 누구의 점수가 진짜 점수인지 알 수가 없을 것이다. 또 한 채점자가 시간 차를 두고 채점할 때에도 앞 채점과 뒤 채점의 점수 차이가 크다면 두 점수 중 어느 것도 믿을 수가 없을 것이다. 채점 일정도는 시험 점수가 믿을 만한 것인가를 결정짓는 중요한 요인이 된다. 그래서 채점 일정도를 시험의 신뢰도(reliability)라고도 한다.

---

41 The question of what it is to know a language is not yet well understood and consequently the language proficiency tests now available and universally used are inadequate because they attempt to measure something that has not been well defined(Jakobovits 1970, p.95).

신뢰도에는 2가지 종류가 있다. 채점자 간 신뢰도와 채점자 내 신뢰도가 있다.

- 채점자 간 신뢰도 — 2명 이상의 채점자가 채점을 할 때 그들이 각각 주는 채점 점수(등급) 간에 큰 차이가 없는 정도
- 채점자 내 신뢰도 — 한 사람의 채점자가 시간적 간격을 두고 채점했을 때 앞뒤 채점 점수 간에 큰 차이가 없는 정도
  (예: 한 세트의 시험지 채점을 마친 채점자가 2주 후에 그 세트의 채점을 다시 했을 때, 이전에 준 점수와 후에 준 점수 간에 차이가 크게 나지 않는 정도를 가리킨다.)

[참고] '신뢰도'의 포괄 범위

신뢰도란 말과 자주 함께 등장하는 용어가 평가 자체 신뢰도(test reliability)와 내적 일관성(internal consistency)이다. 어떤 시험이 반복적으로 시행되었을 때 비슷한 결과가 나오는 정도가 평가 자체 신뢰도이다. 시험 문제들이 시험 시행의 목적과 관련성이 높은 것들로 구성된 비율이나 정도를 내적 일관성이란 말로 표현한다.

여기서 한 가지 유의해야 할 점은, 신뢰도는 타당도에 근거하는 것이 아니지만 타당도는 신뢰도에 의해 제한받을 수 있다는 점이다. 타당도가 낮은 시험도 얼마든지 신뢰도는 높을 수 있고(예: 변호사 시험에 의사 시험 내용을 제시하는 것이나, 지나치게 쉽거나 어려운 선택형 시험), 타당도가 높은 시험도 얼마든지 신뢰도는 낮을 수 있다(예: 말하기 시험). 시험은 타당

도가 높으려면 신뢰도도 높아야 한다. 타당도와 신뢰도는 서로 긴장 관계에 있어서 어느 하나를 높인다면, 다른 하나는 희생될 수밖에 없다. 만약 타당도를 희생해서 신뢰도를 높인다면 그 시험은 측정하고자 하는 것이 아닌 다른 것을 측정하는 시험이 될 수밖에 없다. 그러므로 시험의 신뢰도와 타당도는 적정선에서 서로 타협하는 것이 자연스럽고 필요한 일이다.

3. 여건 충족도[42](실용도)

아무리 평가 목적에 맞게, 또 채점 일정도가 높게 나오도록 시험 문제를 잘 만들었다 하더라도 실제 상황에서 시행할 여건이 갖추어져 있지 않으면 시행을 하지 못할 것이다. 즉 애써 만들어 놓은 시험 문제가 쓸모가 없게 되어 버릴 것이다. 시간, 장소, 예산, 인력 등에서 충분히 여건이 갖추어져 있는지를 살피는 것이 시험 시행의 성공을 좌우하는 열쇠가 된다. 시험을 시행할 여건이 충족되는 정도, 즉 여건 충족도를 실용도(practicality)라고도 부른다. 인간 생활에서 이상과 현실의 괴리는 어쩔 수 없는 것 같다. 말하기 시험의 경우에도 이상과 현실 사이에는 큰 괴리가 존재한다. 말하기 시험의 여건 충족도를 만족시키기가 만만치 않기 때문이다. 그래서 이상과 현실을 2분법적으로 '택일의 문제'로 볼 것이 아니라, '정도의 문제'로 보는 것이 합리적일 것이다.

---

[42] No matter how highly valid and reliable a particular testing method may be, it cannot be serviceable for 'real-world' applications, unless it falls within acceptable limits of cost, manpower requirement and time constraints for administering and scoring(Clark 1975, p.12).

4. 공평·공정성(윤리성)

공평·공정성이란 시험의 내용이나 시행 방법 등이 관련자 모두에게 공평하고 공정한가의 문제를 가리킨다. 시험 문제가 타당한지, 시험 내용이 관련자 모두에게 적합한지, 채점 일정성이 높은지, 시험 결과의 해석과 의사결정이 모두에게 공평하고 공정한지 등이 중요한 문제가 된다. 인간 사회에서 모든 사람에게 공평하고 공정한 것은 윤리성(ethicality)과 관련이 깊다. 이를테면, 듣기 시험장에서 스피커와 너무 가까이 앉은 응시자와 너무 멀리 앉은 응시자는 적정한 거리를 두고 앉은 응시자에 비해 불리할 것이다. 이것은 공정하지 않다.

또, 일부의 응시자들에게만 익숙한 내용을 시험에 출제하는 것도 공정하지 않다. 이를테면, 일반적인 영어능력 시험에 물리학이나 화학, 경제학 등에 관한 전문적 내용을 출제자 자신이 상식적인 것이라고 생각하거나 혹은 기출 문제를 피하겠다는 생각에서 출제한다면, 이들 분야를 전공한 응시자는 상대적으로 유리할 것이고, 이 분야 비전공자들은 매우 불리할 것이다. 시험의 공정성과 공평성은 여러 각도에서 따져 보아야 한다.

> **[참고] 단 한 번 시험의 위험성**
>
> 단 한 번의 시험 결과를 바탕으로 합격, 불합격을 판정하여 응시자의 운명을 결정하는 것은 사실 공평하지도 공정하지도 않다. 단 한 번의 시험 결과는, 여러 번 시험을 본 결과와 비교해 볼 때, 응시자의 능력을 바르고 정확하게 측정해 낸다고 보기 어렵기 때문이다. 그렇다고 해서 모든 시험을 여러 번 보아야 한다면, 현실적으로 실행가능하지도 지속가능하지도 않기 때문에 거의 모든 시험은 일회성 시험의 한계를 그대로 안고 가고 있는 것이 현실이다. 그래서 단 한 번의 시험을 시행할 때에는 매우 조심스럽게 최선을 다해 접근해야 한다.

2.3 평가의 두 갈래

평가는 목적과 성격에 따라 그 용도를 크게 두 갈래로 나누어 볼 수 있다. 학교의 교육과정 및 교수·학습과 관련된 학교안 평가와 정해진 교육과정이나 교육 프로그램과 관련이 없는 학교밖 평가가 그것이다. 이런 평가의 2가지 갈래에 대해 살펴보기로 하자.

1. 학교안 평가[43](in-school assessment)

학교안 평가는 기본적으로 교육과정 기반 평가(curricular assessment)이다. 즉 교육과정이나 교육 프로그램, 혹은 교과서의 내용을 가르치고 난 다음, 학생들이 얼마나 잘 학습했는가를 점검하는 기능을 주로 하는

---

43 assessment를 쓴 이유는 78쪽, (2) 어세스먼트(assessment) 항 참조.

평가이다. 그래서 특정의 교육과정, 교육 프로그램, 교과서의 내용이 시험의 내용으로 반드시 포함되어야 한다. 학교안 평가도 1)학생이 학습을 한 후에 시행하느냐, 2)학습을 하는 중에 시행하느냐에 따라 2가지 갈래로 나누어 볼 수 있다.

1) 결과중심 학교안 평가(학습 후 평가)

학교는 가르치고 배우는 곳이다. 학교에서는 항상 미리 짜인 공식적 교육과정을 가지고 있고, 이것을 바탕으로 가르치고 배운다. 교사, 학생 자신, 학부모, 또 교육 당국은 교사가 가르친 내용을 학생들이 얼마나 잘 배웠는지를 알고 싶어 한다. 교사는 자신이 잘 가르쳤는지, 못 가르쳤는지를 점검할 수 있고, 학생과 학부모는 학생의 현재 학업성취도를 점검하여 미래를 계획할 수 있고, 교육 당국은 미래 교육정책의 수립을 위한 자료를 얻을 수 있기 때문이다.

학교안 평가는 일정 기간 동안 수업을 하고 난 뒤에 학생이 그 수업 내용을 얼마나 잘 아는지를 점검하는 것을 목적으로 한다. 학교안 평가는 기본적으로 학교에서 가르친 내용을 평가내용으로 삼아야 한다. 이것은 '학습의 평가'(assessment of learning)의 입장이다. 즉 학습 결과의 평가이다. 가르치는 내용은 교육과정에 이미 규정되어 있고, 교과서에 구현되어 있다. 실제로는 교과서를 가르치지만, 그 교과서의 구성 내용과 원리는 교육과정의 규정에 따르도록 되어 있다. 우리나라 영어과 교육과정은 목표, 내용, 방법, 평가 등의 영역에 대해 상세하게 규정하고 있다.

영어과 교육과정은 가르쳐야 할 주제적 내용을 규정하지 않고 있는 것이 특징이다. 과목의 본질적 성격이 기능(技能) 교과이고 도구(道具) 과목이기 때문이다. 즉 수학과의 이차방정식, 삼각함수나, 사회과의 민주주의, 수요와 공급의 법칙, 과학과의 중력의 법칙, 가속도 등과 같이 학생들이 주제적으로 알아야 할 내용이 영어과에는 규정되어 있지 않다는 뜻이다. 그래서 영어과는 어떤 주제적 내용이든 다 다룰 수 있는 과목이다. 어떤 주제적 내용도 다 담을 수 있는 다용도 그릇과 같은 것이다. 영어과 교육과정에는 그 대신, 성취해야 할 기능별 성취목표가 초중고의 학교급별로, 또, 듣기, 말하기, 읽기, 쓰기의 기능별로 제시되어 있다. 이 기능별 성취기준의 제시는 영어과가 기능 교과, 도구 과목이라는 것을 보여 주는 증표가 된다. 영어과의 교육내용은 주제적으로는, 별표로 표시된 '소재' 항에 지침이 제시되어 있고, 언어적으로는, 사용 권장 단어, 사용 권장 문장구조, 사용 권장 의사소통기능 예시문의 형태로 따로 제시되어 있다. 그래서 영어 교과서에는 소재 항에 제시된 주제를 별도로 제시된 언어적 요소에 실어서 듣기, 말하기, 읽기, 쓰기의 형태로 교수·학습을 할 수 있도록 하는 지침을 제시하고 있다.

학교안 평가는 교육과정 속에서 학생이 학습해 나가는 과정과 그 정도를 점검하는 것이 주목적이기 때문에 개별 학생 하나하나의 성취 정도가 평가의 표적(target)이 된다. 따라서 학생 간의 서열, 등수, 차이 등은 중요하지 않다. 다른 학생과 비교하지 않고 학생 한 명 한 명이 가르친 내용을 '아는가 모르는가?'에 관심이 집중된다. 학교안 평가의 결과는 학생의 성취도를 점검할 뿐만 아니라, 학생 학습의 취약점을 찾아내어 보완해 주는 역할을 하고, 또 교사가 얼마나 잘 가르쳤는가, 교육과정, 즉 수업내용은 정말 적절한가 등을 진단하는 데 필요한 핵심 자료가 된다. 그래서 학교안 평가는 교사의 주관적 판단이 개입하는 *어세스먼트*라고 규정하는 것이 합리적이라 생각한다.

2) 과정중심 학교안 평가(학습도움평가)

Vygotsky(1962)에 따르면, 아동의 인지발달은 아동이 독자적으로 발달시켜 나가는 것이 아니라 주변 사람들의 도움으로 이루어진다. 경험적으로 보더라도 이 주장은 맞는 것 같다. 갓 태어난 아이에게 주변 사람의 도움이 없으면 그 아이의 신체적, 정신적 발달은 정상적으로 이루어지지 않는다. Vygotsky의 이런 주장에 발맞추어, 학교에서도 학생의 학습과 관련된 평가는 전통적 평가방식, 즉 일정 기간의 수업이 끝난 후에 학습한 결과를 측정하여 점수로 매기는 방식(test)을 벗어나 새로운 방향으로 나아가고 있다. 즉 교사는 수업 중 학생들에게 학습과제를 제시하고, 각 학생이 그 학습과제를 해결해 나가는 과정(=학습)을 주의 깊게 관찰하여 잘하는 점과 부족한 점 등을 파악한 다음(=평가), 각 학생에게 맞춤형 피드백을 제공함으로써 각 학생의 학습이 진정으로 이루어지도록 도와주는 교수-학습-평가 일체형의 교육을 지향하고 있다. 즉 '학습을 위한 평가'(assessment for learning)이다. 이와 같이, 수업이 끝난 뒤가 아니라, 수업이 진행 중인 과정(過程) 속에서 행해지는 교사의 수업 및 평가 행위를 총칭하여 '학습과정평가'(學習過程評價), 혹은 '학습도움평가'(learning-assisted assessment)라 한다. 환언하면, 학습과정평가,

즉 학습도움평가는 기본적으로

- 수업에 연계해서 평가해야 하고,
- 학습의 과정과 결과를 모두 평가해야 한다.
- 또 개별 학생의 학습 수준에 맞는 맞춤형 피드백을 제공해야 한다.

학습도움평가는 수업연계 과정평가와 맞춤형 피드백 제공을 통해 실질적으로 학습이 되게 하는 방법인데, 이를 효과적으로 진행하기 위해서는,

- 교과서 내용 재구성의 절차와 방법[그림 3 참조]
- 수업연계 과정중심 평가의 절차와 방법[그림 4 참조]
- 맞춤형 피드백 제공의 절차와 방법[그림 5 참조] 등에 관한 교사의 전문 연수가 필수적이다.

[그림 3] Backward Design의 원리

전통적 교육과정 구성의 방식		
목표설정 지식 수행	**학습활동 선정 및 시행** 목표 달성이 예측되는 학습 활동을 선정, 조직, 시행	**평가 시행** 학습한 내용 중 목표에 맞는 것을 평가의 내용으로 포함

목표, 학습활동, 실제 평가가 잘 맞지 않는 경우가 자주 발생한다. 수업의 양과 시간은 많은데 평가의 양과 시간은 적기 때문에 **교육과 평가가 분리된다.**

교육과정 재구성의 방식: Backward Design		
목표설정 지식 수행	**평가 계획** 학생이 학습했다, 이해 했다는 증거를 먼저 규정	**학습활동 선정 및 시행** 평가해야 할 내용을 중심으로 학습활동 계획

평가할 내용을 학습 내용으로 삼았으므로, 상시로 수업연계 과정평가를 한다면, 목표-평가-학습의 일관성이 비교적 잘 확보되어 **교육과 평가가 통합된다.**

[그림 4] 수업연계 과정중심 평가의 절차와 방법

수업연계 과정중심 평가

교육과정 재구성에 의한 평가 계획과 학습 내용이 정해지면,

(교사) 학습과제 **제시**(학습 목표, 내용, 방법의 제시)

⇩

(학생) 학습과제 **수행**(개별, 혹은 그룹으로 수행)

⇩

(교사) 학습과정 수행과정 **관찰, 기록** 및 피드백 내용 결정

[그림 5] 맞춤형 피드백 제공의 절차와 방법

맞춤형 피드백 제공

학생의 현재 위치(학생이 아는 것, 모르는 것, 모자라는 정도)를 정확하게 파악하는 것이 중요

- **학습 결과** 피드백(오개념, 오류 확인)
- **학습 과정** 피드백(문제해결 전략제시)
- **정의적** 피드백(칭찬, 자기평가 확인)

1. 학습 목표를 바르게 알도록	2. 평가 결과 본인의 성취 정도를 알도록	3. 학습 목표 달성의 방법을 알도록
• 학습 목표에 대한 명확한 예시 • 모범 답안, 우수 사례 제시	• 평가 결과 제시 • 학습 목표와 학생의 성취 수준 비교	• 더 노력해야 할 것 구체적으로 제시 • 효과적 학습전략 제시

이런 형태의 평가는 대규모 표준형 평가로 시행하는 것은 불가능하다. 교사가 자신이 맡은 학급을 대상으로 시행할 수 있는 소규모 평가이고 1회성이 아니라 주기적으로 자주 시행해서 그 결과를 누적 정리해야 한다. 이러한 평가는 학생의 점수나 등수를 내어 변별하지 않고 학생이 학습을 잘하도록 도와주려는 취지가 크기 때문에 교사의 주관적 판단이 중요하게 작용해야 한다. 학교안 평가에서 학생의 경쟁대상은 옆의 친구가 아니라, 성취하고자 하는 교육의 목표가 되어야 한다.

물론 현재의 학교안 평가는 입시자료, 내신자료로 중요한 역할을 하기 때문에 객관성 제고를 위해 test의 형식으로, 그것도 선택형 시험으로 시행되고 있다. 그러나 학교안 평가는 원칙적으로 assessment라야지 test가 되어서는 안 된다. 학교안 평가의 내용은 항상 가르친 것을 대상으로 한다. 그래서 학교안 평가는 교수·학습과 분리되지 않아야 하고, 평가가 교수·학습을 도와주는 교육 전체의 한 부분이 되어야 한다. 학교안 평가는 목적, 내용, 방법 등의 측면에서 학교밖 평가와 매우 다름에도 불구하고, 일반적으로 학교안 평가를 학교밖 평가의 관점에서 보고 판단하는 경향이 크다. 학교안 평가의 올바른 발전과 교육의 발전을 위해서 정말 바람직하지 못한 일이다.

[참고] 학습지향평가(LOA) vs. 학습도움평가(LAA)

시험(test)은 점수 내고 등수 내고 변별하는 기능을 주로 해 왔다. 시험의 이런 비교육적인 면을 개선해서 학생의 학습을 중요하게 고려하고, 더 나아가서는 학생의 학습에 도움을 주는 방향으로 평가의 성격이나 목적을 재정립하려는 시도가 '학습지향평가'(Learning-Oriented Assessment), '학습도움평가'(Learning-Assisted Assessment)라는 이름으로 나타나게 되었다. 학생의 학습에 도움을 주기 위해서는 학생의 학습활동에 대해 최적의 피드백(feedback)을 주는 것이 무엇보다 중요하다. 개별 학생에 대한 맞춤형 피드백을 주어야 불완전하게 이루어지고 있던 학습을 좀 더 효과적으로 일어나게 할 수가 있기 때문이다. 그러면, 학습지향평가와 학습도움평가의 차이에 대해 알아보기로 하자.

학습지향평가(LOA)는 주로 대규모의 온라인(영어) 교육 현장을 대상으로 삼아, 학생들이 발화할 때 한 실수를 모아 코퍼스로 만든 다음, 코퍼스 기반으로 만든 표준화된 일반적 서술을 개별 학생들에게 피드백으로 제공하는 방법을 사용한다. 그래서 개별 학생의 불완전 학습에 대해 최적의 피드백을 직접적으로 제공하기 어려운 측면이 있다. 결국 시험(test)의 특성적 기능인 점수 내고, 등수 내어 변별하는 일을 중심으로 하되, 컴퓨터에 축적된 학생들의 발화 코퍼스를 학생별로 분류하여 개별 학생에게 피드백을 컴퓨터를 통해 제공하는 방식이다. 학습의 과정보다는 학습이 끝난 이후 그 결과를 바탕으로 피드백을 제공하는, 결과중심 학교안 평가(assessment of learning)의 형태에 가깝다 할 수 있다. 즉 변별이 1차적 관심사이고 피드백 주기는 2차적인 관심사가 된다. 결국 학습지향평가는 학습보다는 변별에 더 큰 비중을 두는, 평가 쪽에서 교육을 바라보는 관점이라 할 수 있을 것이다. 대규모로 온라인 시행이 가능하여 경제적인 측면에서 강점이 크지만, 교사의 개별적 지도를 받지 못하는 한계를 갖고 있다고 할 수 있다.

학습도움평가(LAA)는 평가를 변별의 수단이 아니라 학습을 위한 도구로 간주하고, 평가자(교사)가 학생의 학습 과정을 보다 적극적으로 면밀하게 관찰하여 그 결과를 바탕으로 학습이 이루어지도록 도움을 주어야 한다는 취지로 필자가 제안하는 용어이다. 학습도움평가는 평가가 학생의 학습에 직접 관여하여 평가가 학습의 일부로 작용하는 방식이다. 이때 평가란 점수나 등수 내는 평가가 아니라 주로 교사의 면밀한 관찰과 학생과의 상호작용을 가리킨다. 즉 교사가 교실 내에서 면대면 수업을 진행하면서, 학생이 학습과제를 수행하는 동안, 개별 학생에 대한 면밀한 관찰과, 그 관찰 결과에 따라 개별 학생들 각각에게 최적의 맞춤형 피드백을 교사가 직접 제공함으로써 학생이 스스로 깨달아 학습하도록 유도하는 방식이다. 이 과정에는 교사의 전문성과 역할이 핵심적으로 중요하며, 맞춤형 피드백뿐만 아니라, 개별 학생에게 맞춤형 피드포워드(feedforward)도 제공할 수 있는 장점이 있다. 다만, 교사가 전문적인 훈련을 받아야 하고 교실 내에서의 활동에 부담이 매우 커지고, 시간이 많이 소요되는 한계도 있다. 학습도움평가는 변별보다는 학습에 중심을 두는 교육행위로서, 교육 쪽에서 평가를 바라보는 관점이라 할 수 있을 것이다. 결국 위에서 논의한 과정중심 학교안 평가(assessment for learning)와 비슷한 형태를 취하는 이 방식은 대규모로 시행하는 것이 불가능하며 소규모의 교실 평가의 한 방식이 될 수밖에 없을 것이다.

2. 학교밖 평가[44](out-of-school test)

학교밖 평가는 교육과정 무관 평가(non-curricular assessment)이다. 기본적으로 가르치고 나서 평가하는 것이 아니라 가르친 것과 관련 없이 시행하는 평가이다. 그래서 어떤 특정 교육과정, 교육 프로그램, 교과서의 내용이 시험의 내용으로 포함되지 않아도 된다. 학교밖 평가에는 1)사람이 주도하여 소규모로 평가하는 방식과 2)컴퓨터를 활용하여 대규모로 표준화된 평가를 시행하는 방법이 있다. 이들에 대해 알아보기로 하자.

1) 사람 주도 소규모 평가

듣기, 읽기, 쓰기 시험의 경우에는 학교 밖에서 사람 주도로 소규모로 평가하는 것이 가능하지만, 말하기 평가는 특별한 경우가 아니면 많은 비용과 시간을 투자해서 시행하기가 사실 어렵다. 대개 몇 명 정도의 인원을 선발하거나, 직장 연수원에서 연수 실시 후 성취도를 평가하거나,

---

44 test를 쓴 이유는 77쪽, (1) 테스트(test) 항 참조.

혹은 직원의 업무 실적을 확인하기 위해 시행하는 인터뷰 시험이 대표적인 사람 주도 소규모 평가에 해당할 것이다. 학교 밖에서는 '비용'이 핵심적인 요인으로 작용하기 때문에 사람 주도의 대규모 말하기 시험은 시행하기가 매우 어렵다. 그래서 컴퓨터 활용 시험이 개발되기 전까지는 사람 주도로 말하기 평가를 거의 시행하지 못하고, 지필시험으로 시행된 듣기나 읽기 시험 결과를 바탕으로 의사결정을 내리는 것이 일반적이었다. 오늘날에 와서는 컴퓨터를 활용하여 대규모의 말하기 시험도 시행이 가능하게 되었다.

2) 컴퓨터 활용 대규모 표준화 평가

학교 밖에서 상업적으로 이루어지는 대규모 평가인 TOEIC, TOEFL, TEPS 등은 시험의 형식이나 시행 방법이 표준화되어 있고 주로 선발 목적으로 사용되는 시험들이다. 모두 이름에 test란 단어를 쓰고 있는데, 이런 시험들은 시험 자체나 결과 처리의 객관성을 중요하게 보기 때문에 시험관의 주관적 판단이 개입하는 것을 적극적으로 억제한다. test의 특징은 미리 정해진 어떤 교육과정이나 교육 프로그램[45]의 성취 여부나 정도를 평가하는 것이 아니라, 시험을 보는 그 시각에 응시자가 갖고 있는 능력이나 지식을 측정해서 등수를 매긴 다음, 1등부터 필요한 사람 수만큼의 응시자를 선발하는 목적으로 사용한다[46]는 것이다. 시험 결과는 주로

---

45 시중에서 판매하는 시험 준비서나 시험 준비 학원의 강의는 해당 시험을 위한 공식적인 교육과정이나 교육 프로그램이 아니다. 응시자가 해당 시험을 보는 데 도움이 되도록 하기 위해 판매하는 상업적 저작물이거나 강의이다.

46 물론 TOEIC 위원회 같은 시험 시행 기관에서는 직접 선발을 하는 것이 아니고, 다른 기관에서 선발을 할 수 있도록 점수나 등수, 등급 등을 산정하여 준다.

숫자 점수, 등수, 서열 등으로 제시되는데, 점수나 등수가 높으면 실력이 높다는 식으로 추정할 뿐이고, 점수나 등수 자체가 응시자의 실력을 실증적으로 보여 주지는 못한다. 응시자가 다른 응시자와 비교할 때 더 잘했는지, 못했는지만 알려 준다. 이를테면, 100점 만점에 90점을 받았다는 것은 그 응시자의 실력 자체를 알려 주는 것이 아니라, 다른 응시자의 점수와 비교해서 높은 쪽에 속한다, 혹은 상위 몇 %에 속한다는 것 정도만 나타내는 것이다. 그래서 90점 받은 사람이 80점 받은 사람보다 항상, 변함없이 실력이 우수하다고 말할 수는 없다. 응시자의 점수나 등수가 나타내는 실력이 어느 정도인지는 알려 주지 않기 때문에, '시험성적과 실력은 별개다' 혹은, '시험성적은 높은데 실력은 없다'는 등의 허망한 말을 듣는 경우가 많다.

학교밖 평가는 대개 글로벌 수준의 기업형 평가가 주류를 이룬다. 시험의 시행과 결과 처리에 드는 비용과 시간을 최대한 절감하기 위해서 시험의 개발 단계에서부터 결과 처리까지의 모든 과정을 표준화하는 방식을 취하고 있다. 표준화란 한번 정해진 틀이 어디에나 적용되도록 하는, 여러 가지의 상황 맥락적 변수들의 최대공약수를 찾아 사용하는 방식을 말한다. 그래서 개별적 상황과 맥락에 둔감한 편이다. 이런 이유로 듣기나 읽기 시험에서는 선택형 시험방식을 고수하며, 말하기, 쓰기 시험에서도 과제의 형태를 표준화하여 상당 기간 동안 변동 없이 유지하는 경향이 있다. TOEIC Speaking이나 OPIc 같은 영어 말하기 시험도 문제 유형은 대부분 표준화되어 있다. 참고로 표준화 시험의 대표격인 선택형 평가 (MCQ)의 출현에 대해 간략히 알아보기로 하자.

표준화 문제 유형의 대표격인 선택형 시험(MCQ: Multiple Choice Question test)은 상당히 슬픈 역사를 가지고 있다. 18세기 중반에 일어난 산업혁명은 인간과 사회의 변화에 엄청난 영향을 끼쳤다. 19세기 초반에, 모든 사물이 더 이상 쪼개지지 않는 입자로 구성되어 있다는 John Dalton의 원자설(1808)과 Amedeo Avogadro의 분자설(1811)이 발표되었다. 모든 사물을 분석적으로 보는 이 견해는 인간의 정신 능력도 분석대상으로 보았다. 그래서 심리측정학(psychometrics) 분야가 생겨났다. 이 무렵에 프랑스인 Alfred Binet와 그의 제자 Theodore Simon는 인간의 IQ를 측정하는 Binet-Simon Scale을 개발하였다(1905~1908). 그 후 미국의 Robert Yerkes는 1차 대전에 참전할 미군 징집병들의 지능검사를 위탁 받아, MCQ 테스트를 개발 시행하였다(1913). 그 후 미국의 Frederick Kelly 또한 Kansas Silent Reading Test를 MCQ 형식으로 개발하였다(1914).

그 후 현대 평가산업의 창시자로 불리는 H.H. Goddard, Lewis Terman, Carl Brighan 등은 우생학(eugenics)을 신봉하게 되어 인간의 질을 IQ 점수로 구분하는 인종차별주의적 성향을 강하게 드러내었다. 이중 Goddard는 미국 사회가 IQ 점수로 재구성되어야 한다고 믿고, 이민법을 강화하도록 로비를 하였고, 그 후 극단적 인종차별주의자인 Nazis의 등장은 인류에 큰 비극을 초래하였다. Nazis는 유대인, 지진아, 유전적 결함자 등 모든 열등한 인간은 그냥 죽여야 한다고까지 하였다.

All inferior humans, especially Jews, retarded children or adults, and any individuals with genetic defects are to be destroyed; and so many ill and retarded people, and many Jews were killed during the WWII.

미국 30대 대통령이었던 Calvin Coolidge는, "America must be kept American"이라는 슬로건 아래 미국입국 이민자들을 규제해야 한다고 하였다 (1923). 이에 미국 이민국은 모든 대학은 입학 허가 전에 학생의 영어 능력을 입증해야 한다고 제안하였고(1926), Carl Brighan은 MCQ 방식의 SAT를 만들어 도입하였고(1926), 지금까지 운영되어 오고 있다. TOEFL 시험 또한 미국으로 들어오는 이민을 제한했던 강력한 법령이 차츰 완화되어 지금은 미국에서 대학 수준 이상의 공부를 하려는 사람에게 적용하는 시험으로 그 성격과 목표가 바뀌었다.

MCQ는 이런 슬픈 역사를 가지고 있는데, 사용상의 편리함, 경제성의 이점도 있지만, 응시자가 문제에 대해 출제자와 다른 생각을 하지 못하게 함으로써 창의성 발현을 억제하고, 모든 문제에 1개의 정답만이 존재한다는 인식을 심어 주어 흑백논리를 심화시키고, 학생에게 기억의 회상과 맹목적 학습을 부추기는 역효과를 가져오기도 한다. 교육의 현장에서 MCQ의 사용은 최소화되어야 하고, 면밀히 재검토되어야 할 것으로 본다.

요약하면, 학교밖 평가는 주로 선발 목적으로 시행하는 교육과정 무관 평가(non-curricular test)이다. 미리 정해져 있는 교육과정이나 교육 내용이 없다. 응시자가 무엇을 어떻게 공부했는지에 대해서는 묻지도 않고 따지지도 않는다. 시험을 보는 그 시각에 응시자가 가지고 있는 실력의 한 단면을 순간 포착해서 숫자 점수로 성적을 산출하고, 전체 응시자의 성적 분포를 산출한다. 한 응시자의 성적은 전체 응시자 성적 분포 중에 어느 수준에 해당하는가, 혹은 전체 응시자 중에서 몇 등을 했는가를 산출한다. 이것은 교육 행위라기보다는 행정 행위에 가깝다. 가르치는 것과 관련이 깊은 학교안 평가와 가르치는 것과 관련이 없는 학교밖 평가는 그 목적, 취지, 방법 등이 매우 다른데, 일반적으로는 이 두 평가가 별다름이 없다는 생각을 가진 사람들이 많다. 대학입시와 관련된 현실적인 문제들로 그러하지만, 원론적으로 본다면 두 평가는 여러 측면에서 매우 다르고, 또 달라야 한다고 본다.

이상에서 살펴본 것처럼, 좋은 평가란 이상과 현실을 유연하게 타협하는 평가이다. 이상에만 집착하지 않고, 또 현실의 제한점만 탓하지 않고, 이상과 현실을 잘 타협해야 한다. 이 세상에 어떤 시험도 만병통치약처럼 모든 목적에 다 맞는 시험은 없다. 현존하는 실제 평가 방법을 끊임없이 보충하고 보완해 나가야 할 것이다.

본 2장에서는 언어평가의 원리와 평가관련 여러 용어의 의미, 평가가 시행되는 2가지 목적과 기능에 대해 살펴보았다. 다음 3장에서는 좀 더 구체적으로 말하기 평가의 원리와 말하기 시험의 종류에 대해 알아보기로 하자.

3장.
말하기 평가의 요건과 말하기 시험의 종류

3.1 말하기 평가란?

평가, 혹은 시험이라 하면 주로 지필시험을 떠올린다. 지필시험은 선택형 시험이든, 논술형 시험이든 대개 '내용 지식'에 관한 것이다. 옛날 중국과 고려, 조선에서 시행했던 과거시험은, 주어진 시제(試題)에 대해 응시자가 글로 얼마나 잘 표현했느냐가 중요한 채점 포인트가 되었을 것이다. 과거시험이나 국가시험, 회사 채용 시험 등은 주로 지필시험을 사용해 왔다. 말하기 시험의 최초 형태[47]를 굳이 찾는다면, 3,000년 이상 이전에 있었나는 사례를 들 수 있지만, 말하기라는 언어 능력을 평가하기 시작한 것은 근래의 일이다. 말하기 평가에 대한 관심은 2차 대전 후의 일이고,

---

[47] [구약성경 사사기 12장] BC 1100년경 길르앗과 에브라임간의 전쟁에서, 나루터를 지키던 길르앗 사람들이 에브라임 사람을 색출해 내기 위해 지나가는 사람 모두에게 쉬볼렛(shibboleth: 시냇물)을 발음하도록 하였는데, 많은 에브라임 사람은 [ʃ]로 발음해야 할 말도 습관적으로 [s]로 발음하여, 시볼렛(sibboleth: 무거운 짐)이라고 발음하였다고 한다. 이것은 단어의 발음(음소) 차이를 이용한 생사가 걸린, 고위험 말하기 시험의 한 형태로 생각된다(톰슨II 주석 성경 p.386).

주로 정치적, 군사적 필요와 관련이 깊다고 한다(Fulcher 2003, p.1).
[154~159쪽, 4.1 영어 말하기 시험의 발달 과정 참조]

말하기 시험은 지필시험에 비해 자주 시행하기 어렵다는 것이 큰 걸림돌이다. 여건 충족도가 문제가 된다. 말하기 시험의 실제 시행에 시간, 인력, 장소 등에 관련된 비용이 많이 소요되기 때문에 아주 좋은 시험을 개발했다 하더라도 실제로 시행할 수 없는 경우가 생길 수도 있다. 특히 대규모의 말하기 시험을 시행하려고 하면 비용이 너무 많이 들고, 관련 업무가 너무 많아지기 때문에, 시험의 타당도나 신뢰도를 낮추는 방법으로 변형하거나, 듣기, 읽기 시험 같은 이해 기능 시험으로 대체하기도 한다 (예: 대입수학능력시험). 이럴 경우 그런 시험의 결과를 근거로 올바른 의사결정을 내리기는 어려울 것이다. 시험의 여건 충족도는 실행가능성을 의미하는데, 말하기 시험은 실행가능성을 넘어 지속가능하고, 확장가능해야 한다는 것이 큰 과제이기도 하다.

1. 말하기 시험의 분류

말하기 시험은 시험의 개발, 시행(운영), 진행(시험 실시), 채점, 의사결정의 모든 과정을 사람(전문가)이 주도해서 처리하는 방식과, 이 과정 중 진행과 채점 부분을 컴퓨터에 맡기는 방식의 2가지로 분류해 볼 수 있다. 말하기 시험은 사람 주도 시험과 컴퓨터 활용 시험, 구술시험과 대화시험 등의 관점에서 분류해 볼 수 있다.

1) 사람 주도 말하기 시험 vs. 컴퓨터 활용 말하기 시험

(1) 사람 주도 시험

컴퓨터를 활용하기 전까지는, 말하기 시험의 기획, 출제, 시행, 진행, 채점, 결과처리, 판단 및 의사결정 모두를 사람이 주도적으로 해 왔다. 이러한 사람 주도 말하기 시험은 ⊖대규모 시험이 가능하지 않다는 점, ⊖시간과 비용, 인력이 많이 소요되는 점, ⊖모든 응시자에게 똑같은 입력(시험 문제)을 제공하지는 못한다는 점, ⊖채점도 사람이 해야 하는 등이 단점으로 작용한다. 그래서 말하기 시험을 자주 시행하기 어려운 문제를 내포하고 있다[* 본문 속의 ⊕, ⊖ 기호는 각각 장점과 단점을 가리킴].

(2) 컴퓨터 활용 시험

현대에 와서는, 과학기술의 발달로 컴퓨터가 사람이 하는 일의 중요한 부분을 대체할 수 있게 되었다. 말하기 시험은 응시자의 말을 유도해 내는 것과 응시자의 말을 채점하는 것이 핵심인데 이제 컴퓨터가 이것들을 할 수 있게 되었다. 물론, ⊖컴퓨터가 해야 할 일을 모두 사람이 미리 만들어 두어야 하고, ⊖초기 비용이 엄청나게 많이 들어가지만, 일단 한번 만들어 두면 ⊕대규모 시험에서도 반복적으로 사용할 수 있어서 장기적으로는 비용이 사람 주도 시험보다 훨씬 적게 소요된다. 이외에도 컴퓨터 활용 말하기 시험은 ⊕응시자 모두에게 똑같은 입력을 제공할 수 있어서 공평성이 확보되고, ⊕채점도 매우 짧은 시간 내에 끝낼 수 있다. 또 컴퓨터는 사람과 달리 ⊕피로감을 느끼지도 않는다. 컴퓨터 프로그램을 조정하거나 새로 개발한다면, ⊕더 다양한 형태의 말하기 시험과제를 개발하여 말하기 시험을 더 확장해 나갈 수도 있다. 다만, ⊖응시자가 컴퓨터에게 말하는 것이 사람과 말하는 것에 비해 응시자의 기분, 분위기 등이 다르다는 것과, ⊖컴퓨터가 응시자의 말의 수준이나 기분, 시험의 상황 변화에 맞춰 적극적으로 대응하지 못하고 미리 프로그램 된 대로만 밀고 나가도록 되어 있는 것은 한계점으로 지적된다. 그렇지만, 장기적으로 적은 비용으로 대규모 시험이 가능하다는 큰 장점 때문에, 사람과 사람 간의 자연스러운 말하기의 본질적 속성이 어느 정도 훼손되긴 하지만, 컴퓨터 활용 말하기 시험은 실행가능하고, 지속가능하고, 확장가능한 미래지향적 평가 방법이라 할 수 있다.

2) 구술시험 vs. 대화시험

보통 말하기는 듣는 사람의 반응에 따라 말하는 사람이 자신의 말을 조정하기 때문에, 듣는 사람의 반응에 크게 영향을 받는다. 자신이 겪었던 일이나 과거 경험을 이야기하거나, 어떤 사람, 사물, 사건을 묘사하거나, 혹은 공개 강의를 하거나, 여행안내나 방송을 하는 경우에는 말하는 사람이 듣는 사람의 반응에 크게 영향을 받지 않고 자신이 생각한 대로 말을 이어 갈 수도 있다. 그러나 듣는 사람이 현장에 있는 경우에는 듣는 사람이 소리 내어 반응하지 않더라도 무언의 반응에 영향을 받을 수밖에 없다. 듣는 사람이 현장에 없는 경우, 즉 방송이나 기계를 통해 말하는 경우에는 듣는 사람의 반응에 별로 영향을 받지 않을 것이다. 이렇게 보면, 사실 방송을 제외한 다른 예들은 모두 매우 상호작용적이다. 말하기에는 기본적으로 혼자 말하는 구술하기(monologue)와 상대방과 말을 주고

받는 대화하기(dialogue)가 있다. 이에 말하기 시험도 응시자가 혼자 하는 말을 평가하는 구술시험과 응시자가 상대방과 말을 주고받는 대화를 평가하는 대화시험의 2가지로 분류해 볼 수 있다.

(1) 구술시험(혼자 말하기 시험)

혼자 말하기는 상대방과 말을 주고 받지 않고 혼자서 계속 말을 해 나가는 방식의 말하기이다. 혼자 말하기는 구술(口述)한다고도 말할 수 있는데, 구술이란 '입으로 서술한다'는 뜻이다. 혼자 말하기는 연설, 설교, 방송, 발표, 훈계 등 실생활에서 굉장히 많이 존재한다. 이 책에서는 혼자 말하기를 평가하는 것을 '구술시험'이라 부르기로 하자. 즉 혼자서 소리 내어 서술하기, 묘사하기, 생각 말하기 등을 하는 것을 가리킨다. 구술시험은 혼자 말하기에 충분히 능숙해지면 다른 사람과의 대화에서도 말하기를 충분히 잘 할 수 있을 것이라는 추정에 기반한다고 할 수 있다.

구술시험의 일반적인 방법은, 구술할 문제 제시 → 응시자가 생각할 시간 부여 → 문제에 제시된 대로(혹은 시행자의 구두 지시에 의하여) 구술하기 순으로 진행된다. 구술시험에서 응시자가 말하기 위해 필요한 정보는 대개 응시자가 대부분을 갖고 있기 때문에, 응시자는 자신이 계획한 대로 말을 진행해 나가면 된다. 물론 중간에 듣는 사람의 반응에 따라 약간씩 조정해야 할 때가 생기기도 한다. 구술시험 과제의 가장 일반적인 예는 [a]자신이 한 일 서술하기, [b]그림 내용 묘사하기, [c]여러 개의 조각 그림을 묘사하고 연결하여 이야기 꾸미기, [d]어떤 주제에 대한 자신의 의견 말하기 등이다. 사실, 우리가 일상생활에서 말을 하는 경우는 대부분 서술하기,

묘사하기, 자기 의견 말하기 등이다. 예를 들면, 묘사하기에는 그림이나 사진, 사람, 물체 묘사하기 등이 있고, 서술하기에는 농담하기나 과거 경험 말하기, 사용 방법 설명하기, 목격한 교통사고에 대해 말하기 등이 있다. 자기 생각 말하기에는, 이를테면, 수업 시간에 핸드폰의 전원을 켜 두는 문제에 대해 어떻게 생각하는지에 대해 말하기나 자신의 주장을 변호하기 등이 있을 수 있을 것이다.

구술시험은 학교안 평가에서 학생이 교육과정의 말하기 성취기준을 달성했는지 여부를 평가하기 위해 학생 개개인에게 구술시험 과제를 제시함으로써 그 성취 정도를 파악할 수 있다. 혼자 말하기는 대화 능력을 구성하는 핵심 요소가 되기 때문에 학교안 평가의 방법으로 적절하다고 여겨진다. 또한, 오늘날 컴퓨터 활용 영어 말하기 시험이 일반화되어 가고는 있지만, 아직 사람들이 주고받는 실제적인 대화를 평가하기는 어렵기 때문에 구술시험은 컴퓨터 활용 말하기 시험에서 적절하게 활용할 수 있을 것으로 보인다(예: TOEIC Speaking 시험).

[참고] 구술시험 응시에 관한 참고 사항
구술시험에서 응시자는 자신이 하는 말을 듣는 사람(혹은 시험관)이 헷갈리지 않고 분명하게 알아듣도록 말을 조리 있게 정돈하여 말해야 한다. 또 어떤 모범답안 내용을 외워서 말하거나, 실제로 말하는 것처럼 자연스럽게 말하지 않는다면 좋은 점수를 얻기 어려울 것이다.

(2) 대화시험(그룹토론 시험)

대화하기는 상대방과 말을 주고받으면서 상황에 맞게 적절하게 상호작용하는 것이다. 정보나 지식, 의견 등을 서로 주고받으면서 사회적 관계를 유지해 나가거나, 어떤 문제를 해결하기 위해 토론을 하거나, 다른 사람을 가르치거나 학습하거나 하는 목적으로 사용된다. 이런 것들을 총칭하여 '대화하기'라 부르기로 하자. 좀 더 높은 수준의 대화하기는 '그룹토론'이라 부를 수도 있을 것이다. 대화하기는 적어도 2명 이상이 참여하는데, 항상 상대방이 있기 때문에 상대방과 대화하는 시간과 장소, 상대방과의 관계, 상대방의 대화 태도, 대화하는 문제의 성격 등 다양한 요인이 복합적으로, 실시간으로 영향을 미친다. 이렇게 대화하는 것이 바로 의사소통이다. 대화시험이 구술시험과 다른 점은 상호작용 요소를 중요하게 고려한다는 것이다.

대화시험은 주로 사람 주도 말하기 시험에서 사용할 수 있다. 2명 이상의 응시자가 (그룹)토론을 하도록 시험과제를 제시할 수 있다. 학교안 평가에서는 2~4명의 학생을 그룹으로 묶어서 그 2~4명이 서로 정보를 교환해서 문제를 해결하도록 하는 방식의 시험과제를 제시함으로써 대화능력을 평가할 수도 있을 것이다[231~256쪽, 5.2 대화시험 시험과제의 실용 모형 예시 참조].

또 대화시험은 학교밖 평가에서도 사람이 주도하는 시험인 경우에는 사용이 가능할 것이다. 응시자 간의 대화와 협력을 통해서만 해결이 가능한 시험과제를 제시하고 각 응시자의 대화 능력을 평가할 수 있을 것이다.

특히, 어떤 직업 영역의 능력을 평가하는 시험의 경우에는 그룹토론 방식의 대화시험이 유용할 것이다. 그러나 학교밖 대화시험은, 소규모의 인터뷰 시험 이외에는, 사람 주도 시험이 초래하는 비용의 문제로 시행하기 어려운 측면이 있다. 컴퓨터 활용 대화시험 또한 아직은 시기상조로 여겨지고 있다. 응시자와 컴퓨터 간의 자연스러운 상호작용과 대화가 현재까지는 가능하지 않기 때문이다. 물론 컴퓨터 프로그램 속의 아바타가 인터뷰하는 방식의 시험(예: OPIc)이 있기는 하지만, 진정한 인터뷰 시험은 아니다. 준(準)인터뷰 시험이라 할 수 있다. 그러나 이것도 자세히 들여다보면 전체적으로 구술시험의 형태를 크게 벗어나지 못하고 있다.

3.2 말하기 시험의 기본 요건과 구성 요소

1. 말하기 시험의 기본 요건

말하기 시험은 응시자가 실제로 발화하는 말을 직접 듣고 관찰하여 정해진 채점기준[48]에 맞춰 주관적으로 판단하여 채점하고 그 결과를 바탕으로 의사결정을 하는 방식으로 운영된다. 구술시험이든, 대화시험이든 말하기 시험은 기본적으로 다음의 요건을 갖추고 있어야 한다.

---

[48] '채점기준'은 '채점척도'라고도 하는데, 채점척도란 rating scale을 번역한 말이다.

1) 수행 평가여야 한다

수행 평가여야 한다는 것은, 응시자가 실제로 입으로 표출하는 말의 질과 수준을 평가해야 한다는 뜻이다. 듣기나 읽기 시험에서처럼 응시자가 실제로 말을 하지 않는다면 말하기 평가를 할 수가 없다. 응시자가 너무 적게 말을 해도 평가할 거리가 없을 것이다. 응시자가 시험과제를 효과적으로 수행할 수 있도록 해서 채점하기에 충분한 양의 말을 유도해 내어야 한다.

2) 직접 평가여야 한다

직접 평가여야 한다는 것은, 응시자가 말하는 것을 실제로 보고 들으면서 직접 채점해야 한다는 뜻이다. 사후 채점을 할 경우에도 녹음이나 녹화 자료를 보고 들으면서 직접 채점해야 한다. 듣기 평가를 통해 말하기 능력을 간접 평가한다고 하는 것은 말이 안 된다. 응시자가 실제로 말하고 채점자가 직접 채점하는 방식이어야 한다. 운전면허 시험의 주행 시험은 직접 평가의 대표적인 예이다. 실제로 운전을 시켜 보고 채점하고 합격, 불합격을 결정한다. 그래서 시간이 많이 걸리고, 불편하고, 비용도 많이 든다. 그럼에도 불구하고 운전수행 시험은 반드시 시행한다. 말하기 시험도 이와 비슷한 것이다.

3) 통합 평가여야 한다

통합 평가여야 한다는 것은, 말하기에 포함되는 여러 요소들을 동시에 함께 고려하여 평가해야 한다는 뜻이다. 상대방이 있는 대화식 말하기는 단어, 문법, 말의 내용, 눈짓, 표정, 화자의 기분, 성격 등 여러 요소가 한꺼번에 작동하는 복잡한 언어 행동이다. 말하기에는 여러 가지의 요인과 변수가 동시에 작용하는데, 그중 어느 한두 개 요소를 잘한다고 해서 말하기를 잘하는 것은 아니다. 이를테면, 단어나 문법을 잘 알아야 말하기를 잘할 수 있지만, 단어나 문법을 잘 안다고 해서 항상 말하기를 잘하는 것은 아니다. 그것은 말하기를 잘할 수 있는 필요조건이지 충분조건은 아니기 때문이다. 즉 언어 자체의 실력이 말하기 능력을 보장해 주지는 못한다. 말하기 시험은 응시자가 단어, 어구, 문장을 발화하는 구두언어적 행동을 포함하여, 몸짓, 표정, 손짓 등 비언어적 언어행동과 실생활에서의 당면 문제와 상호작용하는 것을 함께 고려하여야 한다.

4) 준거 채점 해야 한다

준거 채점 해야 한다는 것은, 미리 만들어진 채점기준에 근거하여 채점해야 한다는 뜻이다. 채점자가 어떤 주어진 기준 없이 자의로 채점해서는 안 된다. 말하기 평가는 채점자의 주관적 판단을 필연적으로 수반한다. 응시자가 같은 의미의 말을 하더라도 다른 단어, 다른 표현을 사용하면 그 의미의 깊이나 적확도(preciseness)가 얼마든지 달라질 수 있기 때문이다. 그래서 복수 채점자들의 주관적 판단에 차이가 크게 나지 않도록 하는 것이 필요하다. 이를 위해 채점자들이 참조하고 기준으로 삼을 공통 기준을 마련해야 한다. 채점기준을 미리 만들어서 채점자들이 자신의 주관적 판단을 앞세우지 않고, 오직 채점기준만을 토대로 적용하도록 하는 훈련을 하면 채점자들 간의 판단 차이가 현격하게 줄어들 것은 확실하다. 글로벌 영어시험들의 경우엔 예외 없이 채점기준 마련 + 채점자 훈련의 방법을 사용한다. 채점자 훈련은 1인이 채점할 경우에도 꼭 필요한 일이다. 1인 채점자가 여러 명의 응시자들의 말을 듣고 일관성 있게 채점할 수 있으려면, 참조할 채점기준이 있어야 하고, 그 채점기준을 일관성 있게 적용할 수 있는 훈련을 해야 한다.

2. 말하기 시험의 구성 요소

말하기 평가의 2가지 기본 요건은 말하기 유도(elicitation)와 채점 (rating)이다. 응시자에게서 측정 가능한 분량[49]의 말을 표출하도록 유도해 내어야 하고, 그 표출된 말을 일관성 있게 채점하여야 한다.

1) 말하기 유도

말하기 유도란 응시자로부터 말을 이끌어 내는 것을 가리킨다. 영어 말하기 시험은 응시자가 영어로 말을 할 수 있는 조건을 만들어 주고(=시험 과제 제시), 응시자가 한 말을 채점기준에 맞추어 채점하여 그 결과를 산출

---

[49] 응시자가 표출한 말의 양이 너무 적다면 측정 자체를 할 수가 없을 것이다.

하는 방식으로 진행된다. 여기서 핵심은 응시자로부터 어떻게 말을 최대한으로 이끌어 낼 것인가이다. 이 말하기 유도의 방법과 기술이 말하기 평가의 성패를 좌우한다. 응시자가 너무 적게 말하거나 아예 말을 못하거나 하면 측정을 할 거리가 없어 채점을 할 수가 없다. 그래서 최소한도 측정할 수 있을 만큼의 분량, 혹은 그 이상 분량의 말을 유도해 내는 것이 중요하다. 응시자가 측정할 수 없을 정도로 적은 분량의 말을 하는 것에 그친다면, 그것은 실력 부족, 시험 불안감(test anxiety) 등 응시자 자신에게 원인이 있을 수 있지만, 말 유도자료(prompt)가 충실하지 않아서 그럴 수도 있다는 것을 유념해야 한다.

이때 한 가지 유의할 점은, 말하기 시험에서 응시자에게서 이끌어 낼 언어 형태(=특정 단어나 문장구조)를 미리 선정해 놓는다면 그것은 타당하지도 않고 가능하지도 않다는 것이다. 말하기 시험에서 문법의 중요성을 고려해 본다면, 시험에서 유도된 말은 사실 대부분이 좋은 언어 샘플은 아니다. 중복적이거나 지엽적인 것들이 많다. 선정해 놓은 언어 형태는 발화되지 않는 경우가 많다. 이런 현상은 사람들 간의 실제 의사소통에서도 마찬가지이다. 특정 단어나 어구, 문장구조를 유도하려고 한다면 그 시험 자체가 부자연스럽고, 의사소통과 거리가 먼 것이 될 것이다. 특히, 시험과제가 상대방과의 구두 상호작용을 요구하는 형태라면, 특정 언어 형태의 사용을 찾아서 채점하기는 대단히 어려울 것이다. 그렇기 때문에 응시자가 발화할 언어 형태를 예측하거나 요구하기보다는 응시자가 자유롭게 발화하는 말이 문법적인지 아닌지를 판단하는 정도에 머물러야 한다.

2) 말하기 유도 자료

말하기 유도 자료란 말하기 시험과제를 가리킨다. 말하기 시험과제는 시험의 방식에 따라 그 성격이나 내용이 달라지지만, 어느 방식이든 응시자가 충분하게 말할 거리를 제공해야 한다는 것은 분명하다. 여기서한 가지 유의할 점은, 말하기 시험과제가 응시자의 머릿속에 들어 있는 [a]영어 말하기 능력의 기저능력(competence) 측정에 초점을 맞추면 실생활에서의 과제 해결 능력을 추론하는 데 어려움이 있고, [b]과제해결능력 측정에 초점을 맞추면 시험에 포함되지 않은 과제에 대해서는 자신 있게 추론할 수 없게 된다는 것이다.

이와 관련하여 여러 학자들은 평가의 측정 표적(target)에 관해 다양한 견해를 제시했는데, Cummins(1979, p.198)는 언어 사용 능력의 2가지 차원, 즉 BICS[50]와 CALP[51]를 제시하였다. BICS는, 인지적으로 큰 부담이 되지 않는 대인간의 일반적인 언어사용 능력을 가리킨다. 즉 주변의 사람과 일상생활에 관한 일상적인 대화 능력을 가리킨다. CALP는, 개인의 문식력(literary skills)의 발달과 관련이 깊은, 인지적으로 부담이 되는, 학술적이기나 전문적인 주제에 대해 언어를 사용하는 능력을 가리킨다. Cummins는 CALP가 개인의 기저 언어능력과 관계가 깊다고 보았다.

---

50 BICS(Basic Interpersonal Communication Skills), which are cognitively un-demanding manifestations of language proficiency in interpersonal situa-tions(Cummins 1979, p.198).

51 CALP(Cognitive/Academic Language Proficiency), which is closely related to the development of one's literary skills. He associated the CALP with the un-derlying dimension of language proficiency(Cummins 1979, p.198).

또, Canale & Swain(1980, p.34)은 의사소통 기저능력(communicative competence)이란 의사소통에 필요한 '지식'과 '기술'의 기저 시스템이라고 보았다. 지식[52](knowledge)이란 언어 자체에 관해, 또 의사소통에서의 언어사용에 관해 의식적 혹은 무의식적으로 알고 있는 것을 가리킨다고 하였고, 기술[53](skill)이란 실제 의사소통에서 이 지식을 얼마나 잘 사용하는가, 즉 지식 사용의 능숙도를 가리킨다고 하였다.

이들은 실제 의사소통 상황에서 언어를 효과적으로 사용하기 위해서는 지식과 기술 중 어느 하나만으로는 충분하지 않고, 지식과 기술의 소지 비율은 사람마다 다르겠지만, 둘 다 필요하다고 하였다. 이들의 이런 제안을 살펴보면, 지식과 기술이 통합적으로 합쳐진 상태를 능력(ability)이라 부르는 것이, 즉 ability = knowledge + skill이라고 보는 것이 명료하고 편리하다고 여겨진다.

이들은 더 나아가 의사소통 기저능력이 4개의 분리된 모듈[54](module)로 구성되어 있고, 각 모듈의 비중은 상대적으로 독립적으로 발달하며 숙달도는 사람마다 다르다고 하였다. 이들이 제시한 4개의 모듈은 Hymes(1972)의 제안을 더 발전시킨 것으로, 문법기저능력(grammatical competence),

---

52 Knowledge refers to what one knows, consciously or unconsciously, about the language and about other aspects of communicative language use(Canale & Swain 1980, p.34).

53 Skills refer to how well one can perform this knowledge in actual communication(Canale & Swain 1980, p.34)

54 모듈이란 그 자체는 독립적이지만, 전체를 구성하는 일부가 되는 요소 혹은 구성단위를 가리킨다.

사회언어학적 기저능력(sociolinguistic competence), 담화기저능력(discourse competence), 전략기저능력(strategic competence)이다. 이러한 의사소통 기저능력에 관한 논의는 그 후에 Bachman & Palmer(1996), The Council of Europe(2001, p.101) 등을 거치면서 의사소통 기저능력은 서로 상호작용하는 여러 가지 구성요소들로 구성된 복합적 능력이라는 것이 정설로 되어 있다. 사람들은 이런 구성 모듈들을 독립적으로 발달시켜 나가며 각 모듈들에 대한 능숙도도 사람마다 다르게 소지하게 된다. 따라서 듣기, 말하기, 읽기, 쓰기 영역의 능숙도가 사람마다 다른 것은 이런 이유 때문이다. 한 가지 유의할 점은, 이 4개의 기능이 서로 어떻게 상호작용하는지, 실제 의사소통에서는 어떤 요인들이 작용하는지에 대해서는 논의가 없다는 점이다. 즉 확실히 모른다는 것이다.

이렇게 보면, 말하기 평가의 표적은 의사소통 기저능력(communicative competence)이 되어야 한다.[55] 그런데 의사소통 기저능력은 직접 측정이 가능하지 않기 때문에, 평가 상황에서는 제시하는 시험과제의 해결을 위해 응시자가 하는 말을 측정하여 의사소통 기저능력을 추정하는 방식을 취한다. 이에 실세 말하기 평가에서는, ⓐ각 모듈의 특성에 초점을 맞추이 각각 모듈에 해당히는 지식과 기술을 측정하는 시험과제를 제시하는 방법과, ⓑ각 모듈에 대한 고려 없이 실생활에서 있을 수 있는 의사소통 과제(content profile)를 만들어 제시하는 방법을 사용한다. 어느 것이나 응시자가 주어진 과제를 해결해 나가는 과정에 표출하는 말을 주어진 채점기준에

---

55 Bachman(2006)은 의사소통 기저능력을 construct라 불렀고, "Constructs, after all, are the whole point of the test"라 하였다(이완기 2015, p.78).

맞추어 채점하는 것이다. 제대로 된 말하기 평가를 하기 위해서는 의사소통 기저능력이 무엇인지에 대한 보다 명료한 정의와 기술이 필요하다고 본다.

3) 채점(rating)

응시자가 영어로 말을 하면 그것을 채점해야 하는데, 이 채점의 과정에 채점자의 주관적 판단이 개입할 수밖에 없다. 이런 주관적 판단의 불가피성에 대해 Underhill(1987)은 "말하기 시험은 사람들 간의 만남의 장이고, 사람이 만들고 사람이 시행하고 사람이 시험을 보고 사람이 채점을 한다. 이런 전적으로 인간에 의한 활동을 객관성을 확보한다는 명분으로 통계 기반의 야만적 기계에 좌우되게 한다는 것은 시험 설계자의 책임을 포기하는 것이다[56]"라고 하였다. 그래서, Clark(1979, p.49)는, 말하기 평가에서 주관적 판단이 적절한가 아닌가를 논하지 말고, 정보를 충분히 제공하고 어느 정도의 주관성이 꼭 필요한가를 묻는 것이 합리적이라 하였다. 결국 말하기 평가에서는 절대적인 채점 일정성이란 불가능하다는 것을 인정해야 할 것이다.

만약 1명의 채점자가 채점을 한다면 한 사람의 주관에 지나치게 의존하는 결과가 되기 때문에 대개 2인 이상의 채점자를 활용한다. 이때 각

---

56 An oral test is a personal encounter between human beings: it is designed by humans, administered by humans, taken by humans and marked by humans, and it would be a surrender of the test designer's responsibility to allow the evaluation and development of this wholly human activity to be dictated by the statistical savage-machine(Underhill 1987, p.105).

채점자가 서로 크게 다른 성적을 준다면 전체적으로 그 채점은 믿을 수가 없기 때문에[57] 채점자들 간에 주는 성적의 차이를 최소화하는 노력을 해야 한다. 그래서 채점 요소의 의미와 성취 수준이 기술되어 있는 채점기준을 미리 만들어 두고, 이 채점기준을 모든 채점자가 일관성 있게 적용할 수 있도록 반드시 채점자 훈련[58]을 실시해야 한다. 말하기 시험 채점의 주관성 문제해결을 위한 공감대는, 채점자들이 미리 정해진 채점기준에 따라 판단을 한다면 채점자 간 판단의 불일치성은 현저히 줄어들 것이라는 믿음에 근거하고 있다. 즉 채점자들에게 채점기준을 제공하고, 각 용어들의 의미와 그 채점기준을 사용하는 방법을 중심으로 채점자 훈련을 시킴으로써 채점자 내 신뢰도, 채점자 간 신뢰도를 실질적으로 증대시킬 수 있다. 이런 준거기반 채점은 그 자체로는 의미가 별로 없는 숫자 점수의 의미를 잘못 해석할 위험을 줄이기 위해서 사용하는 것이다. 채점기준은 응시자의 실생활에서 드러나게 될 영어 말하기 능력에 대해 추정하고 판단하기 위해서 만들어 제공하는 것이다.

채점에는 소규모 시험의 경우 현장 채점 방법이 일반적이지만, 평가의 성격에 따라서는 사후 채점 방법을 사용하기도 안다. 컴퓨터 활용

---

[57] 채점자들이 준 점수의 차이가 크다면 평균 점수는 아무 의미가 없다.

[58] Morrow(1986)는, 짧은 기간의 훈련으로 채점자가 높은 수준의 일관성을 보이는 질적인 판단을 할 수 있다고 하였다. "With a short period of initial training, markers are able to make qualitative judgments about a testee's performance with a high degree of reliability."(Morrow 1986, p.9)

시험의 경우에는 시험 진행과 거의 동시에 채점하는 자동채점[59](CAS: Computer-Automated Scoring) 방법과 녹음이나 녹화를 한 후에 사람이 사후 채점하는 방법을 사용하기도 한다[179~181쪽, 2. 채점 방법의 종류 참조].

3.3 말하기 시험의 종류

말하기 시험 응시자는 시험 불안 속에서, 익숙하지 않은 영어로 말을 하는 것이 두렵기도 하고, 어렵기도 하기 때문에 시험 현장에서 말을 충분히 길게 이어 나가기가 어렵다. 그럼에도 불구하고 말하기 시험은 응시자로부터 충분한 양의 말을 효과적으로 유도해 내어야 한다.

먼저 말하기 유도 기법에는 어떤 것들이 있는지 살펴보고, 실행가능한 말하기 평가의 방법, 시험의 종류에 대해 알아보고, 각각에 대해 장단점을 살펴보고자 한다.

---

[59] 컴퓨터 활용 평가와 더불어 등장한 컴퓨터 자동채점(CAS: Computer-Automated Scoring) 방식은 채점자의 주관성을 크게 줄일 수는 있지만, 시험 현장에서 응시자가 보인 세세한 반응들을 — 목소리의 질, 말의 뉘앙스, 응시자의 표정과 몸짓 등 — 민감하게 고려하지 못하고 응시자가 하는 말의 언어적 정확성, 어휘, 문법의 범위, 말의 길이 등만을 주로 고려하도록 프로그램 되어 있기 때문에 장단점과 호불호가 갈리는 채점 방법이라 할 수 있다.

1. 말하기 유도의 기법

말하기 시험은 구술시험 방식인가, 아니면 대화시험 방식인가에 따라 제시하는 시험과제의 내용과 형태가 다를 수 있다. 일방향 말하기이든, 양방향 말하기이든 응시자의 입에서 말이 나오게 하는 방법으로서의 말을 이끌어 내는 기법엔 어떤 것들이 있는지 알아보기로 하자.

① 소리 내어 읽기 → 영어 텍스트를 소리 내어 읽게 함(영어 발음의 정확성과 유창성을 측정함)

② 바꾸어 말하기 → 영어 텍스트를 읽고 자신의 말(영어)로 바꾸어 말하게 함

③ 그림 묘사하기 → 그림이나 사진, 삽화의 내용을 영어로 묘사하여 말하게 함

④ 겪은 일 말하기 → 최근에 자기가 한 일, 겪은 일의 과정을 순서대로 말하게 함

⑤ 연속 질문에 답하기 → 몇 가지 연속적인 질문에 대한 응답을 영어로 밀하게 함

⑥ 이야기 꾸며 말하기 → 몇 개의 조각 그림을 묘사하고 이야기를 꾸며 말하게 함

⑦ 상황에 맞는 말하기 → 곤란한 상황을 말(글)로 제시하고, 그 상황을 해결하는 말을 하게 함

⑧ 명령 발화하기 → 목표 동작을 할 수 있는 명령어를 연속적으로 발화하게 함(TPR[60] 참고)

⑨ 자기 생각 말하기 → 특정 주제에 대해 일정 시간 동안(1~2분 정도) 자기 생각을 말하게 함

⑩ 조사 발표하기 → 특정 주제에 대해 개별, 혹은 모둠별로 조사, 정리해서 발표하게 함

⑪ 요약 발표하기 → 특정 주제에 대해 영어로 듣거나 읽고 그 요지를 영어로 말하게 함

⑫ 과제 해결하기 → 특정 과제를 주고 영어를 사용하여 그 과제를 해결하게 함

⑬ 통제인터뷰 하기 → 미리 정해진 질문을 모든 응시자에게 똑같이 제시하고 응답하게 함

⑭ 자유인터뷰 하기 → 질문 내용을 미리 정하지 않고 즉흥적으로 융통성 있게 응답하게 함

⑮ 역할극하기 → 상황과 역할을 정하고 연습을 한 다음, 혹은 즉흥적으로 역할극을 하게 함

⑯ 그룹토론 하기 → 2명 이상의 응시자가 주어진 문제에 대해 그룹으로 토론하게 함

---

60 TPR(Total Physical Response)이란, 상대방의 말(지시나 명령)을 듣고 그 말의 의미를 손, 발, 얼굴 등 몸 전체를 사용하여 재현하도록 하는 학습 활동을 가리킨다. 듣고 이해하기를 가르칠 때 주로 쓴다.

이들 기법은 말하기 시험의 규모에 맞게 한 가지 혹은 2가지 이상을 선정하여 실제로 사용 가능할 것이다. 이들 기법을 사용할 때엔 말 유도 자료로 무엇을 어떻게 사용할 것인가를 면밀히 검토하여 시험과제를 설계해야 한다.

2. 말하기 평가의 방법과 시험의 종류

말하기 평가 방법은 응시자로부터 말을 이끌어 내는 유도 자료의 성격에 따라 달라진다. 말 유도자료로 무슨 주제적 내용(예: 여행? 병원? 미래 사회?)을 어떻게(예: 구술시험? 대화시험?) 포함시킬 것인가를 면밀히 검토해야 한다. 시험과제는 무엇을 어떻게 하라고 하는 것인지를 응시자가 쉽고 명료하게 이해할 수 있도록 제작하고 제시해야 한다.

이 장에서는 위의 16개 말하기 유도 기법을 통합적으로 고려하여 6개의 말하기 평가 방법 및 시험의 종류를 제시하고자 한다. 1)인터뷰 시험, 2)역할극 시험, 3)서술·묘사 시험, 4)문제해결 시험, 5)그룹토론 시험, 6)컴퓨터 활용 시험 등이다. 이 중에서 어느 방법을 선택해서 시행하느냐는 시험 시행의 목적과 주어진 여건을 고려하여 최적의 것을 정해야 할 것이다.

[참고] 말하기 시험 시행 시 유의 사항

① 한국어로 수행 가능한 수준의 시험과제를 제시해야 한다.

한국인 응시자가 한국어로 해결할 수 없는 수준의 시험과제를 영어로 해결하라고 제시한다면, 응시자가 영어로 말할 의욕을 상실할 것이다. 한국어로도 말하기 어려운 것을 영어로 어떻게 말할 수 있을 것인가? 그래서 응시자가 한국어로 어려움 없이 해결할 수 있는 수준의 주제, 단어, 문장구조를 사용하도록 요구하는 시험과제를 제시해야 채점하기에 충분한 양의 말을 이끌어 낼 수 있다. 또, 인지적 복잡도와 문화적 거리감이 적은 내용을 시험과제에 포함시키는 것도 시험과제를 만들 때 꼭 고려해야 할 사항이다.

② 할 말을 준비할 시간을 주어야 한다.

말하기 시험과제가 그림, 사진, 그래프, 텍스트 등의 자료를 포함하는 경우에는 응시자가 할 말을 준비할 시간을 주어야 한다. 한국어로 말할 때에도 자료 해석을 위해 시간이 걸리기 때문이다. 제시된 자료를 정확하게 파악하지 못한 상태로 말을 하면 필요한 말을 충분하게 하지 못할 것이다.

1) 인터뷰 시험

일반적으로 인터뷰는 어떤 사안에 대해 전문가의 의견을 듣는 것을 목적으로 시행한다. 인터뷰는 전문가가 제시하는 해당 사안에 대한 내용이나 의견 등이 중요하므로, 그 전문가가 사용하는 언어에는 별로 관심을 두지 않는다. 인터뷰의 목적이 전문가 의견의 내용을 듣기 위함이기 때문이다. 그러나 언어능력 평가의 방법으로 사용하는 인터뷰 시험은 응시자가 하는 말의 내용이나 의견이 중요한 것이 아니라, 그 응시자가 사용하는 언어 자체가 중요하다.

영어 말하기 평가로서의 인터뷰 시험은 응시자(interviewee)와 인터뷰 진행자(interviewer, 시험관)가 직접 만나서 진행자가 주도적으로 제시하는 질문에 응시자가 응답하는 방식으로 진행된다. 인터뷰 진행자의 질문이 인터뷰의 말 유도자료가 된다. 인터뷰는 대개,

- 1단계(몸풀기): 응시자가 분위기에 적응할 수 있도록 가벼운 신상 질문과 응답
- 2단계(수준 점검): 응시자의 말하기 능력의 수준 가늠을 위한 간단한 질문과 응답
- 3단계(정밀 조사): 대략 가늠된 수준에 맞는 질문 제시와 응답 유도
- 4단계(마무리): 인터뷰 마무리와 끝내기의 4단계로 진행된다.

인터뷰 시험은 진행자가 정해진 질문만 제시하고 응시자가 응답만 하는 형태로 진행되면 거의 구술시험에 가깝고, 만약 진행자가 정해진 질문 없이, 혹은 자유롭게 이야기하듯이 진행한다면 대화시험에 가깝다고 할 수 있다. 그러나 인터뷰 진행 빙향이 정해져 있다는 점에서 보면 인터뷰 시험은 준대화형(semi-dialoguc) 시험이라 할 수 있다. 그러면, 인터뷰 시험에는 어떤 장점(⊕)과 단점(⊖)이 있는지 알아보기로 하자.

⊕ 응시자의 말하기 실력을 직접 관찰하며 채점할 수 있다.
⊕ 응시자의 성격이나 시험 목적에 맞춰 인터뷰의 내용과 방법을 조정할 수 있다.

⊕ 소규모 인터뷰 시험의 경우, 간편하고 쉽게, 빠르게 진행할 수 있다.

⊕ 잘 훈련된 채점자들이 채점하면 높은 수준의 채점 일정도를 얻을 수 있다.

⊖ 응시자를 개별적으로 모두 인터뷰해야 하기 때문에 비용과 시간이 많이 소요된다.

⊖ 인터뷰 장소 이외에 응시자가 대기할 장소도 따로 마련해 두어야 한다.

⊖ 훈련받은 영어 구사력이 높은 인터뷰 진행자가 있어야 하고, 훈련받은 채점자가 있어야 한다. 또 인터뷰 대기자를 관리하고 안내해 주는 인력도 필요하다.

⊖ 응시자가 많으면 진행자는 모든 응시자에게 똑같은 입력을 제공하기 어렵고, 진행자와 채점자는 피로도가 커지고 채점 시 후광효과[61]가 나타날 수도 있다.

⊖ 질문의 수와 내용이 한정되므로 채점하기에 충분한 양의 말을 유도해 내기 쉽지 않다.

⊖ 진행자는 응시자의 말을 유도하는 데 집중하므로 이 둘 사이에는 진정한 의미의 상호작용과 의미협상이 일어나지 않는다. 진행자와 응시자의 역할과 지위가 불균형적이고, 응시자는 질문할 기회가 거의 없이 대답만 해서 '취조'받는 인상을 받을 수도 있다. 그 결과 응시자에게 심리적 저항감이나 과잉행동이 나타날 가능성이 있다(예: 불안감 때문에 평소보다 말수가 적거나, 색깔 없는 목소리를 낼 가능성이

---

61 후광효과(halo effect)란, 말을 잘하는 응시자 뒤에 오는 조금 잘 못하는 응시자는 매우 잘 못하는 것으로 느껴질 수 있는 현상을 가리킨다(거꾸로도 마찬가지이다).

있고, 너무 방어적인 자세를 취하거나, 과도하게 친밀하게 행동할 가능성도 있다).

⊖ 무엇보다 채점자의 주관적 판단을 배제하기 어렵다. 채점기준을 만들고 채점자 훈련을 시키는 데 많은 비용과 시간이 소요된다.

⊖ 채점기준이 있어도 응시자의 능력 수준을 미세하게 변별하기에는 충분하게 상세하지 않을 수 있다. 너무 상세할 경우 채점에 적용하기 어렵고, 너무 거칠 경우 말하기 능력을 바르게 측정할 수가 없다.

⊖ 학습 관련 평가의 경우에 문법, 어휘 등 꼭 필요한 언어적 요소를 유도해 내기 어렵다.

2) 역할극 시험

역할극 시험은 주어진 문제 상황 속에서 복수의 응시자들이 참여하여 주어진 문제를 해결하거나 논의하도록 하는 방식으로 진행된다. 특징적인 점은, 각 응시자는 주어진 문제 상황 속 등장인물의 역할을 각각 맡아서 그 등장인물의 입장에서 영어로 말을 하도록 하고, 그 과정에서 사용하는 영어 능력의 수준을 채점하는 방식이다. 대화문을 외워서 말하는 것이 아니라, 문제 상황 속에서의 각 인물의 역할과 문제에 맞는 말을 하도록 하는 것이 중요하다. 역할극은 원래 연극을 평가 목적으로 변형하여 사용하는 것이므로 문제 상황 속 등장인물의 역할, 생각, 주장 등을 잘 살려 내는 것이 중요하다. '역할극하기'에서의 말 유도자료는 응시자에게 주어지는 문제 상황 속 등장인물의 역할일 것이다. 역할극 시험은 일견 대화시험 형태이지만, 자연스러운 상호작용이 일어나기 어렵다는 면에서 보면 <u>준대화형 시험</u>이라 할 수 있을 것이다. 이 방법도 몇 가지 장단점을 가지고 있다.

⊕ 응시자가 문제 상황 속의 당사자가 되어 말을 하게 되므로 자연스러운 의사소통에서 응시자가 말할 수 있는 능력을 추정하여 평가할 수 있다.

⊕ 문제 상황 속에서 자신의 역할을 견지해야 하므로 상대방의 말에 따라 적절하게 대응하는 의사소통 전략의 사용 능력을 평가할 수 있다.

⊕ 응시자의 말하기 능력 평가보다는 학교에서 수업을 하고 난 다음, 학생들의 말하기 학습 성취의 정도를 가늠하는 비공식적인 장치로 활용하면 효과적이다.

⊖ 상대방의 역할에 대한 이해 없이 자신이 계획했던 말만, 혹은 외워 두었던 말만 할 수 있다. 이럴 경우 상호 연결성이 없는 여러 가지 말의 집합이 될 수밖에 없어 채점할 가치가 없을 수도 있다.

⊖ 말할 차례(turn-taking)가 교대로 하도록 정해져 있어서 자연스러운 의사소통적 상호작용과 다를 수 있고, 참여자가 어색함을 느낄 수 있다.

⊖ 제시된 상황이나 문제, 혹은 상대방의 말에 대한 이해도는 평가하지 않기 때문에, 말하는 행위 자체가 상호작용적이지도 않고, 예측 불가능하지도 않을 가능성이 크다.

⊖ 자신이 아닌 다른 사람인 것으로 가장하는 것을 사람에 따라서는 좋아하지 않을 수 있다. 사람은 좋아하지 않는 것을 잘 말하기는 어렵다. 그래서 응시자의 능력이 충분히 발휘되지 않을 수도 있다.

3) 서술·묘사 시험

서술·묘사 시험의 말 유도자료는 응시자에게 말할 거리와 단초(端初)를 제공하는 사람, 사물, 그림, 사건 등이다. '서술'이란 사건이나 생각 따위를 순서에 맞춰 말이나 글로 표현하는 것을 의미한다. 서술형 말하기는 묘사하기(describe), 지시하기(instruct), 이야기하기(narrate), 설명하기(explain) 등을 포함한다. 평가와 관련하여, 각각 어떻게 하는 것인지를 간략히 알아보기로 하자. 묘사하기는, 사람, 사물, 그림 등이 어떻게 생겼는가, 어떻게 움직이고 있는가 등을 말로 표현하는 것이다. 지시하기는, 어떤 행동을 하도록 하거나, 어떤 기구를 사용하여 어떤 일을 하도록 말로 시키는 것이다. 이야기하기는, 주로 일어난 일이나 과거 경험 등을 시간적 순서에 따라 말로 표현하는 것이다. 설명하기는, 듣는 사람이 알지 못하고 있는 내용을 잘 알 수 있도록 말로 알려 주는 것이다. 서술·묘사 시험은 응시자가 혼자 말하기로 묘사, 지시, 이야기, 설명하는 것을 듣고 응시자의 말하기 능력을 측정하는 것이 일반적인 방식이다.

또 다른 방법으로, 응시자가 묘사, 지시, 이야기, 설명하는 것을 듣고, 다른 사람이 들은 내용을 그림이나, 글, 행동으로 그대로 재구성하게 하고, 응시자의 말하기 능력을 측정하는 방법도 있다. 그러나 이 경우 상호작용성은 어느 정도 생겨날 수 있지만, 듣는 사람의 재구성의 정확성은 듣는 사람의 듣기능력에 크게 좌우될 수 있고, 듣는 사람의 태도에 따라 응시자의 말이 영향을 받을 수밖에 없다. 즉 듣는 사람의 태도가 진지하지 않다거나, 듣는 사람이 어떻게 재구성하는지를 이미 알고 있다면 응시자의 말이 맥 빠질 것이다. 따라서 이 서술·묘사 시험은 구술시험의 한 방법으로 보아야 할 것이다.

서술·묘사 시험의 장단점에 대해 알아보기로 하자.

⊕ 실제 생활에서 매우 흔하게 접할 수 있는 과제에 대해서 말해야 하므로 응시자가 실제 의사소통 상황에서 말하는 능력을 상당 부분 추정할 수 있다.

⊕ 응시자가 상당히 길게 혼자 말해야 하므로, 대화 상황에서의 응시자 말하기 능력을 상당 부분 추정할 수 있다.

⊕ 응시자는 주어진 자료를 보다 면밀하게 다각도로 생각해서 말해야 하므로, 실생활에서의 비슷한 과제에 대해 말하는 능력을 상당히 잘 추정할 수 있다.

⊖ 상대방과 상호작용하는 것이 아니라, 과제 자체와 상호작용해야 하므로 사람과의 상호작용 능력을 직접적으로 평가하기는 어렵다.

⊖ 시험과제의 유형별 응답 요령이나 패턴을 연습해서 익힐 수 있기 때문에 경험해 보지 못한 새로운 과제에 대한 즉각적인 응답 능력을 평가하기 어렵다.

⊖ 주로 구술시험으로 시행되기 때문에, 사람과의 의사소통에 항상 수반되는 다양한 비언어적 언어 행위(예: 몸짓, 표정, 손짓, 음조 등)를 고려하여 채점에 반영하기 어렵다.

4) 문제해결 구술시험

문제해결 구술시험은 주어진 문제를 응시자 혼자 해결하면서 혼자 말해야 하는 혼자 말하기 시험이다. 어떤 해결해야 할 문제를 제시하고, 생각할 시간을 1~2분 정도 주고 난 다음, 그 문제를 해결하는 방법을 구술하라는 방식으로 진행된다. 이때 응시자는 문제해결의 과정과 절차, 결과 등을 구술해야 한다. 이때 응시자가 하는 말을 채점의 대상으로 삼는다 [226~228쪽, 4. 문제해결 시험과제의 예 참조]. 이 문제해결 구술시험의 장단점을 살펴보기로 하자.

⊕ 문제의 해결 과정 전체를 설명하므로 영어로 상당히 길게 말하도록 하는 효과가 있다.

⊕ 산출 결과가 분명히 제시되어 있어서 응시자가 말을 할 목적과 내용, 방향을 알 수 있다.

⊕ 문제해결 과정에 사용하는 영어가 예측 불가능성이 있으므로 실제 의사소통과 충분히 흡사하고, 따라서 진정성(실제성)이 있다.

⊕ 문제해결 과정을 다른 사람에게 설명해 주라고 하거나, 다른 사람과 협력히여 해결히라는 식으로 시험과제를 설계하면, 상호작용성도 일정 부분 확보할 수 있다.

⊕ 사후 채점을 하면, 응시자가 일관되게 틀리는 부분을 더 잘 찾아낼 수 있다. 녹화 후 사후 채점을 하면 응시자의 수행을 눈으로 볼 수 있고, 반복해서 틀리는 실수를 찾아낼 수 있다.

⊖ 한 번에 응시자 1명만 시험과제를 수행할 수 있기 때문에 시간과 비용이 많이 들지만, 인터뷰보다는 적게 들 수 있다.

⊖ 의사소통의 상호작용성을 확보하기 어렵다. 구술시험으로만 사용할 수 있기 때문이다.

⊖ 문제를 해결한 후 제시해야 할 최종 산출물을 반드시 포함하는 시험 과제를 제작하는 것이 쉽지 않다.

5) 과제수행 대화시험(그룹토론 시험)

구술시험은 상대방과의 상호작용을 포함하지 못하는 한계가 있기 때문에, 응시자들이 상호작용하는 대화시험도 시행할 필요가 크다. 특히, 학교에서는 의사소통의 본모습인 상호작용을 중요하게 가르치기 때문에 상호작용 요소가 들어간 대화 능력을 평가할 필요가 매우 크다.

과제수행 대화시험은 기본적으로 그룹토론 시험이다. 이 그룹토론 시험은 2명 이상의 응시자가 그룹을 이루어 각자 자신이 가진 모든 영어 지식과 세상 지식을 총동원하여, 다른 응시자와 영어로 말을 주고받으며, 상호작용하고 의미협상함으로써 공동의 노력으로 시험과제가 요구하는 결과물을 산출해 내어야 하는 시험이다(Lee, 1991). 이 과정에서 응시자들이 발화하는 영어를 채점함으로써 영어 말하기 능력을 평가하는 것이다. 이 시험은 시험과제 자체가 응시자로부터 말을 이끌어 내는 유도자료의 역할을 한다. 이를 위해서 제시하는 시험과제는 뚜렷한 목표, 적절한 입력자료(언어적, 주제적 내용), 구체적인 수행 절차, 최종 산출 결과물 등이 모두 포함되도록 구조화된 것이어야 한다.

　이 방법의 기본 틀은 2명[62]의 응시자를 한 그룹으로 묶어 그 그룹에게 시험과제를 제시하고, 그 시험과제에 대해 두 사람이 대화함으로써 해결해 나가는 과정에 영어를 사용하도록 하는 것이다. 이를 위한 시험과제는, 정보차 시험과제, 의견차 시험과제, 추리차 시험과제[63] 등을 고려해 볼 수 있다[이를 위한 구체적인 예는, 231~256쪽, 5.2 대화시험 시험과제의 실용 모형 예시 참조]. 특히 학교에서는 학습한 내용을 중심으로, 정보차, 의견차, 추리차 활동이 가능하도록 시험과제를 만들어 제시함으로써 학생의 학습 성취도를 효과적으로 평가해 낼 수 있을 것이다[그림 6 참조].

[그림 6] 2인 동시평가의 모형

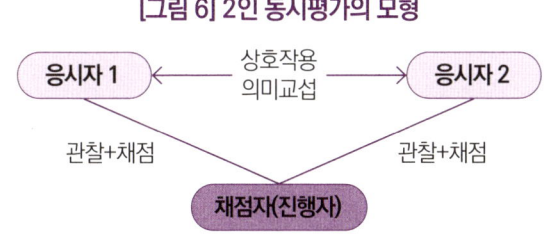

이 2인 동시평가 시험은 2인 동시 채점을 기본으로 한다. 2인 동시채점의 경우 한 명의 언어 행동이 상대방의 언어 행동에 영향을 끼치기 때문에 1:1 채점하는 것보다 훨씬 더 어렵다.

이를테면, 응시자별 언어능력 수준 차이, 말을 많이 하거나 적게 하는 응시자의 성향[64], 시험 시간, 2명을 동시 채점할 수 있는 채점자의 전문성 등 여러 요인들이 함께 작용하기 때문이다. 그러나 2인 동시 채점은 응시자 2인을 채점기준의 항목별로 비교하면서 채점할 수 있기 때문에 채점 결과는 두 사람의 우열을 분명하게 가리는 데 도움이 될 것이다[139쪽, 영어 말하기 시험 채점표(2인용) 참조].

더 나아가서, 채점자의 경험과 시험 여건에 따라서는 3인 혹은 4인도 동시에 채점할 수 있을 것이다. 이를테면, 일상적인 교육상황에서의 말하기 시험인 경우에는 3~4인을 한꺼번에 채점할 수 있을 것이다. 이 경우 채점자(교사)의 전문성과 경험이 매우 중요한 변수로 작용하겠지만, 교육적으로 필요한 자료를 얻는 데는 충분할 것이다.

그럼, 과제수행 대화시험(그룹토론 시험, 2인 동시채점 시험)의 장단점을 살펴보기로 하자.

---

64 이를테면, 활발하게 적극적으로(assertive) 말하는 사람과 그렇지 않은(non-assertive) 사람을 그룹으로 묶을 때, 활발하게 적극적으로 말하는 사람이 더 높은 점수를 얻는 경향이 있고, 활발하지 않은 사람은 다른 사람의 활발성에 영향을 받지 않는다고 한다(Ockey 2009).

⊕ 응시자들 간의 상호작용이 포함되므로 실제 의사소통 능력 평가에 근접하는 방식이다.

⊕ 응시자들이 대등한 지위에서 질문, 대답하므로 자연스러운 의사 소통을 유도해 낼 수 있다.

⊕ 과제의 목표가 뚜렷하게 제시되므로 응시자들이 상호 질문하고 대답하며 계속 이어서 말을 하는 과정에 응시자들의 말하기 능력의 단면을 직접적으로 평가할 수 있다.

⊕ 과제의 종류와 수준에 따라 상당히 많은 양의 말을 응시자들로부터 유도해 낼 수 있다.

⊕ 시험과제 자체가 시험 시행을 이끌어 가므로 시험 진행자의 업무나 역할이 다른 형태의 시험에 비해 경감될 수 있다.

⊕ 학습과 관련된 학교안 평가나, 특정한 직무능력을 평가하는 데 사용할 수 있다.

⊖ 유도되는 말의 양을 극대화해야 하기 때문에 특성과 능력 수준이 다른 2인 이상 응시자를 한 그룹으로 묶는 데 어려움이 생길 수 있다 [136쪽, 각주 64 참조].

○ 2인 이상 채점이 경제적일 수는 있지만, 채점자에게는 보다 큰 부담으로 작용할 수 있다.

⊖ 학교에서 가르친 특정한 언어요소를 유도해 낼 수 있는 시험과제를 제작하기 어렵다. 그래서 채점기준에 따라 일반적 영어 말하기 능력을 평가할 수밖에 없다.

[참고] 과제수행 대화시험(그룹토론 시험)의 용도

① 학교안 평가의 방법으로 적합하다. 학교안 평가에서 컴퓨터 활용 시험이 어느 정도 가능하겠지만, 학생들 간의 변별이나 등수 내기가 아니라, 교육 목적으로 학생의 성취도를 점검하는 소규모 시험의 경우에는, 사람 주도 영어 말하기 평가를 시행하는 것이 합리적이고 현실적이다. 2~4명의 학생을 한 그룹으로 묶어서 시험과제를 주고, 그 2~4명을 교사가 동시에 채점하면, 많은 수의 학생을 비교적 빠른 시간 내에 평가할 수 있어서 1:1 인터뷰보다는 경제성이 높을 것이다. 이 방식의 시험은 수업 시간에 가르친 영어 표현들(문장, 어구, 단어 등)을 학생이 사용하는가 못 하는가도 어느 정도 점검할 수 있다. 출제자가 시험과제에 대한 모범답안을 작성해 보면 대략 예측할 수 있기 때문에 가르친 내용을 평가하는 성취도 평가의 방법으로도 유용할 것이다. 그래서 학교에서는 과제수행 대화시험(그룹토론 시험)이 실행가능하고, 지속가능하며, 확장가능한 방법이라 여겨진다. 대규모 시험을 염두에 두는 학교밖 평가에서는 과제수행 대화시험(그룹토론 시험)을 Zoom이나 MS Teams를 활용하여 화상회의 형태로 시행할 수도 있을 것이다. 그러나 학교밖 평가 업체들은 상업적으로 수지가 맞는 수준에서 시험과제를 개발하여 시행할 것이기 때문에, 학교에서 학생들이 그룹토론을 하는 형식으로 컴퓨터 활용 과제수행 영어 말하기 시험을 제공하는 데는 상당한 시간이 더 걸릴 것으로 예상된다.

② 실제 업무 능력 평가에 사용할 수 있다. 시험과제 속에 포함된 문제를 응시자들이 서로 협력해서 해결해야 하는 이 방식은 특정 업무 내용에 관한 문제해결 능력을 평가하는 시험으로도 사용할 수 있을 것이다. 즉 영어 말하기 능력뿐만 아니라, 특정 분야의 실무적 업무 능력을 평가하는 시험으로도 사용 가능할 것이다. 이를테면, 분쟁이 있는 법률 업무, 회사 경영상의 문제, 특정 기술 적용의 문제 등 다양한 형태의 특정 업무 분야의 문제를 해결하는 능력을 평가하고, 더불어 영어 의사소통능력도 평가하는 데 사용할 수 있을 것이다.

[참고] 영어 말하기 시험 채점표(2인용)

학생 1 [이름/번호]										학생 2 [이름/번호]								
C-1	C2	C+3	B-4	B5	B+6	A-7	A8	A+9		C-1	C2	C+3	B-4	B5	B+6	A-7	A8	A+9
						✔			**정확성** • 문법적 실수									
					✔				**범위** • 단어/문장구조 사용의 다양성									
					✔				**적절성** • 상황과 맥락에 맞는 정도									
				✔					**유창성** • 말의 흐름 • 의미 전달의 효과성									
				✔					**상호작용** • 의미협상에 적극 참여									
					✔				**발음** • 모국어 발음 잔재 • 억양의 자연스러움									

이 채점표는 말하기 능력을 A, B, C 3개 등급으로 구분하여 규정한 채점기준을 사용하는 경우를 상정한 것으로, 이 채점표의 각 칸에 ✔된 곳의 점수를 모두 합산하면 (말하기 능력 구성 요소별로 가중치를 주지 않을 경우) 전체 점수가 된다. 이를테면 학생 1은 54점 만점에서 35점(7+6+6+5+5+6)을 받았으므로 학생 1의 말하기 능력 수준은 B등급에 해당한다고 추정할 수 있다(이완기 2015).

등급	C-	C	C+	B-	B	B+	A-	A	A+
획득 점수	6~11	12~17	18~23	24~29	30~35	36~41	42~47	48~53	54

6) 컴퓨터 활용 시험

언어평가에 기계를 활용하려는 시도는 녹음기를 이용한 영국의
ARELS[65] 시험이나 미국의 SOPI[66] 시험을 예로 들 수 있다. 현대에 와서
는 과학기술의 발달로 녹음기 대신에 컴퓨터를 이용하는 다양한 형태의
컴퓨터 활용 시험이 사용되고 있다. 컴퓨터 활용 시험은 컴퓨터 프로그램
으로 미리 만들어진 말 유도자료를 제시하여 수험자가 말하도록 하는 방
식의 시험으로 이제는 웹기반의 대규모 시험으로 발전되어 나가고 있다.
응시자의 응답은 녹음/녹화되는데, 채점이 프로그램상으로 바로 되는 경
우와 시험이 끝난 후에 사후 채점을 하는 경우가 있다. 컴퓨터 활용 시험
은 기본적으로 <u>구술시험</u>에 해당한다.

컴퓨터 활용 시험의 장단점을 살펴보기로 하자.

⊕ 과학기술의 발달로 사람 주도의 평가 대부분을 컴퓨터를 활용하
여 평가할 수 있다. 말하기 평가는 아직 해결되지 못한 부분이 상당
히 있지만(예: 사람 간 상호작용이 포함되는 대화시험), 듣기, 읽기,
쓰기 시험은 거의 대부분 매우 효율적으로 시행할 수 있다.
⊕ 대규모 시험에서 비용과 시간 면에서 매우 경제적이다. 소규모의
시험은 비용과 시간이 많이 들기 때문에 대규모로 시행하기 어렵지만,
컴퓨터 장비만 갖추어 놓으면 대규모 시험을 반복적으로 시행할 수

---

65 ARELS = Association of Recognised English Language Schools

66 SOPI = Simulated Oral Proficiency Interview

있어서 장기적으로는 비용과 시간이 적게 드는 셈이 된다.

⊕ 모든 수험자에게 완전히 똑같은 입력자료가 제시되기 때문에, 완전히 똑같은 말을 하지는 않는 인터뷰보다 더 공정하다고 할 수 있다. 어떤 수험자에겐 쉬운 질문을 하고 다른 수험자에겐 어려운 질문을 했다는 등 질문이 다르거나, 어떤 불리한 요소가 있었다는 등 수험자의 불평을 방지할 수 있다.

⊖ 기계를 통한 평가는 말하기의 본질적 특성인 상호작용성, 즉 양방향 의사소통이라는 특성을 무시하는 결점을 갖는다. 실제 의사소통 상황에서 상대방의 말에 구두 반응을 전혀 보이지 않거나, 한 사람만 계속 말하고 다른 사람은 한마디도 하지 않는 경우란 거의 없다는 것을 생각해 본다면, 상호작용성이 없는 말하기는 의사소통의 본질적 특성이 결여된 것이다. 컴퓨터 활용 평가는 이런 점에서 평가의 안면 타당도가 낮을 수밖에 없다. 그러나 현대에 와서 인공지능(AI), 가상현실(VR), 증강현실(AR), 화상회의 등[67]의 기술 발전으로, 인간과 같은 모양의 아바타가 실시간으로 말을 주고받는 대상으로 등장함으로써 상호작용 부재와 같은 문제는 상당 부분 해결이 되고, 앞으로 이런 방향으로 나아갈 개연성이 크다.

⊖ 컴퓨터에 말하는 것과 보통 사람에게 말하는 것은 느낌이 같지 않다. 시험 상황에서 적극적인 반응이 없는 컴퓨터에게 말을 할 경우에는 생소함이 대단히 클 것이다. 컴퓨터 활용 시험에 익숙하지 않은

---

67 AI = Artificial Intelligence(인공지능), VR = Virtual Reality(가상현실), AR = Augmented Reality(증강현실), 화상회의 = Video Conferencing.

응시자는 시험 상황에서 심리적 태세가 상당히 달라질 수도 있을 것이다. 그러나 오늘날 빠른 속도로 응시자들이 컴퓨터 활용 평가 방식에 익숙해져 가고 있으므로 이것은 큰 문제가 되지 않을 것으로 보이기도 한다. 현재의 추세로 보면, 응시자들이 컴퓨터나 모바일 기기를 대상으로 말하는 것은 피할 수 없는 일이 되어 가고 있다.

컴퓨터 활용 평가에는, 크게 컴퓨터기반 시험(CBT), 웹기반 시험(WBT)이 있는데, 각 방법의 장단점을 살펴보기로 하자.

(1) 컴퓨터 기반 시험(CBT)

평가에 컴퓨터를 사용하는 방법 모두를 가리켜 컴퓨터 기반 평가(Computer-Based Test)라고 할 수 있으나, CBT는 전통적인 평가 방법을 거의 그대로 컴퓨터를 사용해서 평가하는 방법을 가리킨다. 듣기, 읽기, 쓰기 시험은 전통적인 지필시험의 방식을 거의 그대로 컴퓨터로 옮겨서 사용할 수 있다. 그러나 말하기 시험은 지필시험 방식으로 시행할 수가 없다. 그래서 컴퓨터를 활용하여 말하기 시험을 본다면 사람 간 의사소통의 상호작용성을 고려하여 상당한 기술적 뒷받침이 필요하다. 현대에 와서는 원어민 음성과 아바타(avatar)를 사용하여 말하기 평가를 시행하는 여러 가지 방법이 개발되고 있다. 이 방법의 장단점은 대개 다음과 같다.

⊕ 말하기 시험으로서의 안면 타당도가 높아 보인다.
⊕ 시험과제가 실제성이 높아 보이고, 응시자의 몰입을 유도할 수 있다.

⊕ 기술적 결함이 나타나지 않으면 평가의 시행이 직선적이고 효율적이다.
⊕ 자동 녹음/녹화된 응시자 반응을 채점하므로 채점이 더 간편하다.

⊖ 응시자 개인에게 1대의 컴퓨터가 필요하므로 비용이 많이 든다.
⊖ 사전 점검을 철저히 해도 예측 못한 기술적 결함이 나타날 수 있다.
⊖ 일정 기간 동안 컴퓨터실을 다른 목적으로 사용하기 어렵게 된다.

(2) 웹기반 시험(WBT)

전 세계에 통용되는 웹(World-Wide Web)을 사용하여, 정해진 날짜나, 컴퓨터실 같은 장소에 구애받지 않고 웹브라우저를 이용하는 평가 방법으로 오늘날 국제적으로 통용되는 영어 말하기 시험들은 웹기반 시험의 형태로 되어 있다. 웹기반 시험의 단점은 컴퓨터 기반 시험(CBT)의 단점과 비슷할 것이고, 장점은 다음과 같은 것들이 있을 것이다.

⊕ 시간과 공간적 제약이 적어서 시험 시행이 응시자에게 편리하고 효율적이다.
⊕ 문제 제작과 시행에 익숙한 웹브라우저를 사용하여 응시자에게 친숙감을 준다.
⊕ 컴퓨터 자동채점 시스템(CAS, Computer-Automated Scoring)을 활용하면 짧은 시간에 적은 비용으로 채점이 가능하다.

(3) 컴퓨터 적응 시험(CAT)

컴퓨터 적응 시험(Computer-Adaptive Test)은 기본적으로 선택형 시험에 적용하는 것이 일반적이지만, 참고로 제시한다. CAT는 IRT[68] 기법을 사용하여 문항의 난이도와 변별도를 미리 계산해 놓은 다음, 먼저 평균 난이도의 문제를 제시하고 응시자가 그것을 맞추면 더 어려운 문제를 제시하고, 틀리면 좀 더 쉬운 문제를 자동으로 제시하는 방식의 시험으로 제시된 각 문항별로 응시자의 능력 수준을 추정해 낸다. 장단점을 살펴보기로 하자.

⊕ 선택형 시험에서의 응시자 성적을 정확하게 추정한다.
⊕ 영점 조정[69](calibration)을 시행한 적은 수의 문항을 사용한다.
⊕ 시험의 시행과 결과 처리가 직선적이고 효율적이다.

⊖ 영점 조정된 문항을 난이도의 폭이 넓게 대량으로 확보해야 한다.
⊖ IRT를 사용하여 모든 문항의 난이도와 변별도를 미리 계산해 놓아야 한다.

---

68 IRT(Item Response Theory)는 난이도, 변별도, 추측도 등을 추정하는 통계적 확률모형이다. IRT의 원리는 일정 수준의 난이도를 가진 문항을 응시자가 맞힐 확률은 응시자의 능력에 달려 있다는 전제하에 평균 수준의 사람 능력을 0이라 설정하고, 0을 기준으로 + 혹은 − 표준편차의 값으로 문항 난이도와 견주어 사람 능력을 추정해 낸다.

69 영점 조정(calibration)이란, (개략적으로) 해당 시험의 문항 표준값을 산출한 다음, 시험에 사용할 각 문항들을 그 표준값과 비교하여, 각 문항들이 표준값에서 얼마나 떨어져 있는지를 정해 놓는 수리작업을 가리킨다[273쪽, 각주 93 참조].

⊖ 문항의 난이도와 변별도를 계산하기 위해서는 수백~수천 개의 응답이 필요하다.

IRT를 활용하는 컴퓨터 적응시험(CAT)은 주로 선택형 평가에 적용하도록 만들어졌지만, 오늘날에 와서는 말하기, 쓰기 시험에도 응용하는 방법이 개발되고 있는 중이다.

영어 말하기 평가는 위의 6가지 방법의 원리, 장단점 등을 잘 고려하여 당면한 말하기 평가 상황에 가장 잘 맞는 방법을 채택해야 할 것이다. 이 6가지 시험들이 가지고 있는 한계점들을 중요하게 고려해야 할 것이다.

3.4 지속가능한 말하기 평가 방법

앞에서 살펴본 여러 가지 말하기 평가 방법들 중, 실행가능하고, 지속가능하며, 확장가능한 말하기 평가 방법은 무엇일까? 말하기 시험은 먼저 현장에서 실행가능해야 하고, 1회성으로 끝나는 것이 아니라 반복적으로 실행할 수 있어야 히고, 지속적으로 실행하면서 평가의 영역을 좀 더 확장해 나가거나 정교화해 나갈 수 있어야 한다.

사람 주도 영어 말하기 시험은 학교안 평가나 학교밖 평가에서도 시간과 비용, 인력 등의 문제로 소규모로 실행할 수밖에 없다. 즉 인터뷰 시험, 역할극 시험, 서술·묘사 시험, 문제해결 구술시험, 과제수행 대화시험

(=그룹토론 시험) 등에 대해 실행가능성, 지속가능성, 확장가능성을 검토해 보면 모두가 만족스럽지는 않다. 물론 인터뷰나, 역할극, 과제수행 대화시험 등에 2인 이상의 응시자를 참여시켜서 좀 더 경제성 있게 시험을 시행할 수 있을 것이다. 그러나 사람 주도 영어 말하기 시험을 시행하는 것은 비용이 많이 들기 때문에 꼭 해야 하는 소규모의 말하기 시험에만 사용할 수 있는 방법이 되어 가고 있다.

반면, 컴퓨터 활용 영어 말하기 시험은, 인터뷰, 역할극, 서술·묘사, 문제해결 구술시험, 과제수행 대화시험 등의 방식을 채택할 수 있는데, 대화시험보다는 구술시험의 형태로 시행하는 것이 매체의 특성에 맞는 것 같다. 과학기술의 발달로 앞으로는 보다 정교하고, 보다 자연스러운 말하기 평가를 하는 것이 가능할 것으로 기대되는데, 평가의 타당도, 신뢰도, 실용도 등의 측면에서 이상과 현실을 유연하게 타협하면 실행가능, 지속가능, 확장가능한 면면을 갖추고 있다고 보인다.

말하기 평가는 학교 안에서는 교육 목적으로 말하기 평가를 시행해야 하고, 학교 밖에서는 평가 결과를 입학, 취업, 승진 등의 실용적 목적으로 시행한다. 즉 두 갈래의 평가는 시행 목적이나 시행 방법, 현실적인 여건 등이 매우 다를 수밖에 없다. 이에 각 갈래별로 지속가능한 말하기 평가의 방법을 찾아 논의해 보기로 하자.

1. 지속가능한 학교안 평가 방법

학교안 말하기 평가는 사람 주도로 시행하는 것이 바람직하다. 학생의 학습 성취 정도를 엄밀하게 변별하기보다는, 학생의 학습에 도움을 주는 것이 교육적으로 중요하기 때문이다. 이를 위한 방법으로 크게 3가지 방법을 생각해 볼 수 있다.

1) 서술·묘사 시험

학교안 평가는 학습한 내용의 학습 여부를 점검하는 것이 가장 중요한 기능이기 때문에, 학생이 학습한 내용을 중심으로 학생이 혼자 말을 하도록 하는 서술·묘사 시험이 시행 가능하고, 지속가능할 것이다.

첫째는, 서술하기 시험의 형태로
• 연속 질문에 답하기
• 과거 경험이나 일화 말하기
• 어려운 상황 돌파하기
• 자료 참고하여 말하기 등의 시험과제를 제시하여 시행할 수 있고,

둘째, 묘사하기 시험의 형태로,
• 그림이나 사진 묘사하기
• 조각 그림 연결하여 이야기 꾸며 말하기 등의 시험과제를 시행할 수 있다.

셋째, 교육과 관련된 어떤 사안이나 찬반 의견이 갈리는 문제 등에 대해
• 의견 말하기 시험과제를 제시할 수 있다.

교실 안에서의 서술·묘사 시험은 수업 시간에 학습한 내용을 바탕으로 만들어진 짧고 간단한 시험과제들을 제시하면, 정해진 시간 내에 많은 학생을 평가할 수 있다. 한 학생이 서술, 묘사, 의견 말하기 등을 하면 다른 학생들은 모두 잘 듣도록 하는 훈련을 시킴으로써 교육적으로 학습의 효과를 높일 수 있을 것이다.

2) 인터뷰 시험

인터뷰 시험은 학교안 평가에서 교사가 학생에게 배운 내용에 대해 간단하게 질문하고 대답을 하게 하는 방식으로 실행이 가능할 것이다. 학습한 내용을 중심으로 짧고 간단한 질문을 미리 만들어서 시행한다면, 학생 1명당 시간이 오래 걸리지 않고도 많은 학생을 인터뷰할 수 있을 것이다. 인터뷰 질문과 적절한 시행 요령을 익히면 교실 안에서도 인터뷰 시험을 시행하는 것이 가능할 것이다. 물론, 학생들 간에 변별을 하기 위해서 수업 시간 이외에 따로 인터뷰 시험을 보아야 한다면, 자주 시행하기 어렵고, 따라서 지속가능한 시험이 되기 어려울 것이다. 1명의 교사가 20여 명이 넘는 학생들을 대상으로 개별 학생 하나하나에 대해 시행한다면 너무 많은 시간이 걸리고, 교사의 피로도가 높아질 것이기 때문이다. 이런 어려움 때문에 수업연계 과정중심의 학습도움평가가 필요한 것이다[94쪽, 2) 과정중심 학교안 평가(학습도움평가) 참조].

3) 문제해결 구술시험

문제해결 구술시험은, 어떤 해결해야 할 문제가 들어 있는 시험과제를 제시하고, 그 문제를 해결하는 방법이나 과정, 절차 등을 혼자서 말하도록 하는 방식의 시험이다. 이를 위해 몇 분간의 준비 시간, 생각할 시간을 주어야 한다. 교실에서 실행가능한 시험이지만, 다인수 학급에서 모든 학생을 대상으로 시행하기는 어려워 지속가능성은 크지 않은 형태의 시험이다.

위의 1), 2), 3) 방법 모두 학생들의 능력을 변별하기 위한 목적이 아니라, 학습을 도와주는 평가의 용도로 실행가능하고 지속가능할 것이다. 학생들 간의 변별을 목적으로 하는 평가로서는 지속가능하지 않을 것이다. 학생 1인을 개별적으로 평가해야 하는 데서 오는 많은 비용과 시간과 불편함을 내포하고 있기 때문이다. 지속가능성이 낮은 방법들이라 할 수 있다.

4) 과제수행 대화시험(그룹토론 시험)

영어 의사소통능력의 증진을 주요 목표로 삼고 있는 학교 영어교육 현장에서 상대방과 상호작용하는 의사소통의 모습을 평가에 포함시켜야 할 필요성은 매우 크다. 과제수행 대화시험(그룹토론 시험)은 1인이 아니라 2명 이상의 학생을 동시에 평가하여 비용과 시간의 문제를 어느 정도 해결할 수 있는 방법이다. 2명 이상의 학생이 상호작용하고 협력해야 해결할 수 있는 시험과제를 제시하고, 그 과제를 해결하는 과정에 2명 이상의 학생이 사용하는 영어의 수준을 2인 동시 채점하는 방법을 생각해 볼 수 있다. 이를 위해 시험과제가 목표, 입력자료, 수행 절차, 최종 산출 결과물 등이 모두 포함되도록 구조화하여 제시한다면, 학교안 평가에서 실행가능하고 지속가능한 시험이 될 것이다. 과제수행 대화시험은 시험 과제 자체가 학생들의 말을 유도해 내기 때문에 교사가 영어로 계속 말을 할 필요 없이 시험과제 수행의 방법만 알려 주면 된다. 그리하여 비원어민 영어 교사의 영어 말하기 구사력 부족을 보충할 수 있게 된다.

2. 지속가능한 학교밖 평가 방법

컴퓨터 활용 영어 말하기 시험은 현대사회에서 실행가능하고, 지속 가능하고, 확장가능한 형태의 시험임에 틀림없다. 컴퓨터를 활용하여 다양한 형태의 말하기 시험을 시행하는 것이 가능하지만, 사람과 사람 간 의 역동적인 대화를 포함하는 시험은 컴퓨터로 구현하기 어려운 것 같다. 즉 컴퓨터를 활용하여 인터뷰 시험, 역할극 시험, 서술·묘사 시험, 문제해결 구술시험 등의 말하기 시험을 시행할 수는 있지만, 응시자들 간의 역동적 인 대화를 수반하는 과제수행 대화시험(그룹토론 시험)은 실행가능하지 않을 것 같다. 컴퓨터는 사람들 간의 자유로운 상호작용을 중재할 수는 있어도 컴퓨터가 직접 사람과 역동적인 상호작용을 하기는 어렵기 때문 이다. 물론, 컴퓨터와 사람 간의 초보 수준의 대화는 지금도 가능하지만, 토론과 같은 좀 더 높은 수준의 말하기는 아직까지는 가능하지 않다.

현재 한국에서 가장 많이 사용되고 있는 컴퓨터 활용 영어 말하기 시험 은 TOEIC Speaking 시험과 OPIc 시험인데, 전자는 대체로 서술·묘사

중심 시험이고, 후자는 <u>모의 인터뷰 중심 시험</u>이다. 사람과 사람이 주어진 과제를 두고 협의해서 문제를 해결하는 형태의 과제수행 대화시험의 시험과제는 제시되지 않는다. 이 두 시험 모두 사람들 간의 자연스러운 대화의 모습 중 일부분만 평가를 하고 있는 셈이다. 그 이유는, 사람과 사람 간의 대화에는 기본적으로 3개 층의 화행[70](話行, speech act)이 작용하는데, 예측 불가능하게, 통합적으로 일어나는 이 3개 층의 화행을 컴퓨터상으로 정확하고 적절하게 구현하기가 현재로서는 불가능하기 때문일 것이라 추측된다. 지속가능한 컴퓨터 활용 말하기 시험이 가능한 형태를 살펴보기로 하자.

1) 서술·묘사 시험

혼자 말하기 형태의 시험은 컴퓨터로 얼마든지 가능하다. 응시자가 자료 없이 그냥 묻는 말에 대답하기나, 주어진 자료를 바탕으로 서술하기, 묘사하기, 의견 말하기 등의 시험과제를 제시할 수 있고, 컴퓨터는 응시자의 응답을 녹음할 수도 있고 채점도 실시간으로 처리할 수 있다.

---

[70]　화행이란, 언어행위라고도 하는데, 언어를 통해 이루어지는 행위를 가리킨다. 화자의 발화 자체(locutionary act), 화자의 발화 속에 포함된 진정한 의미(illocutionary meaning), 그 진정한 의미가 초래하는 결과적 행위(perlocutionary effect)가 3겹으로 쌓인 언어행위가 일어난다.

2) 준(準)인터뷰 시험

　인터뷰 시험은 실행가능, 지속가능, 확장가능한 영어 말하기 시험의 방법으로 간주된다. 컴퓨터 그래픽으로 만들어진 아바타가 사람 주도 인터뷰 시험에서 시험관(interviewer)이 하는 행위를 대부분 할 수 있도록 프로그램 되어 있어서 아바타와 응시자 간에 일정 수준의 상호작용이 가능하다. 이때 아바타는 응시자가 반응할 것으로 예상되는 경우의 수를 대부분 프로그램 되어 있어서 그 범위 안에서 응시자와 말을 주고받을 수 있을 것이다.

　이 경우 아바타가 시험관의 역할을 하므로, 응시자와 아바타 간에 간단한 역할극을 수행하는 것도 가능할 것이다. 순수 인터뷰 이외에 다른 형태의 말하기 시험이 추가되면 좀 더 정확하게 응시자의 말하기 능력을 측정할 수 있는 자료를 확보할 수 있게 될 것이다.

3) 문제해결 구술시험

　문제해결하기 시험은 응시자 혼자 문제를 해결하도록 하는 구술시험이기 때문에, 컴퓨터를 활용하여 충분히 실행가능하고, 지속가능한 형태의 시험이 될 것이다. 학교밖 평가에서는 컴퓨터 활용 영어 말하기 시험이 대세로 자리 잡아 가고 있기 때문에 문제해결 구술시험도 실행가능하고 지속가능한 방식의 시험이라 볼 수 있다.

본 3장에서는 말하기 평가의 요건과 말하기 시험의 종류에 대해 알아보았다. 또 현재와 미래 사회에 실행가능하고 지속가능한 영어 말하기 평가의 방법으로, 학교안 평가는 서술·묘사 시험, 인터뷰 시험, 문제해결 구술시험, 과제수행 대화시험(=그룹토론 시험)이 제시되었고, 학교밖 평가는 컴퓨터를 활용하는 서술·묘사 시험과 인터뷰 시험, 문제해결 구술시험이 제안되었다. 다음 4장에서는, 영어 말하기 시험의 출제 및 채점 방법에 대해 알아보기로 하자.

4장

영어 말하기 시험의 출제 및 채점 방법

4.1 영어 말하기 시험의 발달 과정

Fulcher(2003)에 의하면, 영어 말하기 시험의 역사는 정치적, 군사적 사건들과 관련이 깊다고 한다. 그의 주장을 요약해 보면 다음과 같다.

1. 미국의 이민 정책과 영어 말하기 시험

1923년 미국의 30대 대통령 Calvin Coolidge는, "미국은 미국다움을 지켜 나가야 한다[71]"고 주창하면서 입국 이민자들에 대한 부정적 시각을 공식화하였다. 1924년에 제정된 미국의 이민법은 지능이 모자라는 외국인의 입국 이민을 규제하였는데, 그것은 결함이 있는 혈통이 생겨서 미국 전체 인구에 퍼져 나가는 것을 막아야 한다는 취지를 갖고 있었다.

---

71 "America must be kept American."

또 1924년 이 민법은 미국 대학에서 입학허가를 받은 외국인에게는 제한 없이 비자를 내어 주도록 하고 있었는데, 이 허점으로 인해 학생 비자 소지자가 급격히 늘어났다고 한다. 이에 1926년에 미국 이민국은 '모든 학교와 대학은 학생을 입학허가 하기 전에 그 학생의 정확한 영어 지식을 제시하도록' 하는 규정을 의무화하였다. 그리하여 1930년에 북미 최초의 영어 말하기 평가인 The College Board's English Competence Examination을 개발하여 미국 대학에 진학하려는 외국인에게 부과하기 시작하였다. 이 시험은 학생이 자신의 견해를 영어로 표현하는 능력을 측정하였는데, 채점기준을 나열함으로써 말하기 능력의 구인(構因)을 제시했다는 데 의미가 있다고 할 수 있다.

반면, 영국에서는 영어 말하기 시험에 대해 '바람직하지만 실현 가능하지 않다'[72]는 입장을 취했고, 1913년에 도입된 CPE(Certificate of Proficiency in English)의 한 부분으로 영어 말하기 시험을 포함시켰다. 영국에서는 시험의 가장 중요한 목적은 교육과정을 지원하고 좋은 교수·학습이 이루어지도록 독려하는 것이라는 입장을 가지고 있었다. 이렇게 보면 영국에서 영어 말하기 시험은 교육적 가치 때문에 만들어진 것이라고 볼 수 있는데(Fulcher 2003, p.6), 이런 입장이 현재 미국 시험 (예: TOEFL)과 영국 시험(예: IELTS)의 차이를 보여 주는 결과로 이어졌다고 여겨진다.

---

72 "desirable but not feasible."

2. 군사적 목적의 말하기 평가

제2차 세계대전 당시 미국은 전쟁 임무를 수행하기 위해서 외국어 능력을 갖춘 많은 수의 군인이 필요하였다. 1942년에 The Army Specialized Training Program(ASTP)을 설립하고, 외국어 말하기 기능에 초점을 둔 언어학습 프로그램을 미군들에게 공급하였는데, 1944년까지 약 14만 명의 군인이 이 집중 연수 프로그램을 이수했다고 한다. 이 프로그램은 최초의 구어 말하기 훈련 프로그램이었기 때문에 말하기 교육의 방법도, 평가의 방향도 혁신되어서 문법 지식 중심에서 수행 능력 중심으로 바뀌게 되었다고 한다. 이때 사용된 최초의 영어 말하기 평가의 모형은 1944년에 Agard & Dunkel(1948, p.55)이 의사소통능력의 평가에 초점을 두고 개발했다고 하는데(Fulcher 2003), 그들 평가의 모형은 다음과 같은 과제를 포함하고 있었다.

- 그림 묘사하기(몇 개의 조각 그림을 묘사하여 이야기 만들기)
- 길게 말하기(주어진 토픽에 대해 즉흥적으로 좀 길게 말하기)
- 지시대로 이행하기(듣고, 지시한 대로 말하거나 행동하기)

또, 미국에서는 제2차 세계대전 중에 군사 외교관들의 외국어 능력이 부족한 문제점을 인식하고, 외무원[73](FSI)을 설립하여 해외 근무자들에게 외국어 교육을 실시하였다. 말하기 시험의 개발은 처음에는 군사적 필요

---

[73]   FSI = Foreign Service Institute(국무부 외무원)

에 의해 이루어졌으나, 1952년 이후에는 FSI에서 교육받은 사람들을 평가하는 데 사용되었다. 이때 사용한 <u>인터뷰 시험</u>은, 말하기 능력이 전혀 없는 수준(1단계)에서부터 원어민 수준까지 6개 등급으로 된 채점기준에 따라 직관적으로 채점하는 종합 채점기준[74]을 개발하고, 4등급을 합격선으로 설정하였다. 왜 4등급을 합격선으로 정했는지에 대한 정보는 없다.

이 FSI 채점기준을 만들 때에는 업무의 복잡성을 피하기 위해서 말하기 능력의 구성요인을 분리하려는 노력은 하지 않았다고 한다(Fulcher 2003, p.9). 그런데 FSI 말하기 시험에서 수험자의 나이와 계급이 채점자의 판단에 영향을 준다는 검사편견(test bias)이 발견되었다. 그래서 1958년에 와서는, 발음[75], 이해, 유창성, 문법, 어휘 등 5개의 말하기 구인을 기준으로 서술한 6개 등급의 채점기준을 개발했다. 그 후 이 FSI 채점 척도는 국방어학원[76](DLI), 중앙정보국[77](CIA), 평화봉사단(the Peace Corps) 등에서 채택 사용하였다.

3. 군사적 말하기 평가 모형의 확대 재생산

FSI 인터뷰는 영어 원어민이 담당했는데, 인터뷰 신행사는 영어를 유창하게 잘할 필요는 없었고, 다만 응시자가 하는 실수에 민감한 사람이

---

74 이것은 Fulcher(2003)에 나오는 an intuitive six-band holistic rating scale을 가리킨다.

75 이때 발음은 원어민 발음에 얼마나 가깝게 발음하는가를 보는 accent를 중심으로 보았던 것 같다.

76 DLI = Defense Language Institute(국방부 언어원)

77 CIA = the Central Intelligence Agency(중앙정보국)

면 충분했다. 처음엔 가벼운 인사치레 대화로(social dialogue) 시작하고, 특정 문법 구조를 유도하는 문제를 제시하고, 그 다음에 역할극이나 준비된 대화문을 사용했다. FSI 채점기준은 5개의 구인별로 6등급 채점을 하도록 되어 있는데, 문법에 가장 큰 가중치를 두었다(〈표 3〉 참조).

〈표 3〉 FSI 채점기준

construct	no ability	←		marks		→		native level
Accent	foreign	1	2	3	4	5	6	native
Grammar	inaccurate	1	2	3	4	5	6	accurate
Vocabulary	inadequate	1	2	3	4	5	6	adequate
Fluency	uneven	1	2	3	4	5	6	even
Comprehension	incomplete	1	2	3	4	5	6	complete

* evenness: linked to 'rephrasing and groping for words'
* adequate: linked to 'satisfactoriness in quantity or in quality'

평가 상황에서의 영어 말하기 능력이 비평가 상황에도 적용될 수 있으려면, 채점기준은 다양한 영어 사용 상황들 속에서의 언어 기능이나 영어 사용 능력을 바르게 기술한 것이어야 했고, 시험과제는 실제 영어 사용 상황(=비평가 상황)에도 적용할 수 있는, 일반화할 수 있는 것이어야 했다. 이를 위해 '정도'를 나타내는 다양한 수식어를 사용하여 채점기준을 기술하였다(예: constant, frequent, occasional, few errors). 이런 수식어의 사용은 순전히 채점기준 작성자의 직관적 판단에서 나온 것으로 보인다. 이후 평화봉사단 등 민간 기관이 FSI 시스템을 사용하게 되었고, 1970년대에 와서는 많은 대학들에서도 사용하게 되었다.

1968년엔 베트남 전쟁 경험의 여파로, 다양한 기관들의 평가 모형들을 통합하고 표준화하려는 의도로 ILR[78] 채점기준을 만들었다. 군사적 평가 모형이 개선되어 학교나 대학 등에서 많이 사용하게 되자, 학생들 간의 수준 차이를 보다 세분하기 위해서 더 많은 능력 수준을 제시하는 채점기준을 개발하였다. ILR 채점기준은 FSI 채점기준이 사용했던 6개의 등급에 5개의 등급을 추가하여 총 11개의 등급으로 구성하였다. ILR 채점기준은, FSI 채점기준과 마찬가지로 용어를 엄밀하게 규정하지 않고 채점자의 직관적 판단에 따르도록 했다. 이어서 ETS[79], ACTFL[80] 등의 민간 기관에서는 ILR 채점기준을 새로운 목적에 맞도록 수정하여 사용하였다. 이 중, ACTFL은 국가교육과정을 개발하는 임무를 맡게 되었는데, 이를 위해 영어뿐만 아니라 다른 외국어에도 적용할 수 있는 ACTFL Proficiency Guidelines(1982, 1986, 1999, 2012)를 개발하였다. 이 ACTFL Proficiency Guidelines는 시험과제의 형태와 주제 영역을 언어적, 비언어적으로 혼합하여 만들었는데, 현재의 OPIc 시험의 근간을 이루고 있다.

---

78 ILR = Interagency Language Roundtable(관계기관 언어 원탁회의)

79 ETS = Educational Testing Service(TOEFL, TOEIC 시험의 개발 시행 기관)

80 ACTFL = American Council on the Teaching of Foreign Languages(미국외국어교육협회)

이때까지 말하기 평가에서는 주로 채점기준 개발이 주요 관심사였고, 시험과제 개발이나 시험과제의 역할 등은 부차적으로 다루어졌다. 말하기 능력의 구인(構因) 문제는 Chomsky가 제안한 competence와 performance의 구분에 기초하여 1970년대에 와서야 연구되기 시작하였다. 영어 말하기 평가의 역사는 대개 이런 과정을 거쳐 시작되었고, 오늘날에 와서는 컴퓨터를 활용하여 전 세계에서 대규모로 시행이 가능한 단계까지 발전하였다. 이에 오늘날 사용 가능한 영어 말하기 시험과제의 제작 방법과 채점 방법에 대해 알아보기로 하자.

4.2 영어 말하기 시험과제 제작 방법

1. 영어 말하기 시험과제의 특성

영어 말하기 평가의 목적은, 실생활 의사소통에서 영어를 사용해야 할 때, 영어를 얼마나 효과적으로 사용할 수 있는지를 측정해 내는 것이다. 한 번의 시험으로 영어 사용능력을 완벽하게 측정해 낼 수는 없지만,[81] 시험 상황에서 보여 준 응시자의 영어 말하기 능력이 시험 상황이 아닌 상황에서, 즉 일반적인 의사소통 상황에서 어느 정도(수준)가 될지를 추정하는 것이다. 이를 위해 시험과제를 제작하고 시험을 시행해야 하는데 이와 관련해서 논의하기로 한다. 영어 말하기 시험은 응시자가 말을 하도

---

81 시험은 응시자가 시험 보는 시간대에 가지고 있는 능력을 순간적으로 포착하는 것이므로, 응시자는 시험을 볼 때마다 항상 같은 성적을 얻는 것은 아니다. 즉 한 번의 시험이 절대적인 것은 아니다.

록 유도(elicitation)해 내고 응시자가 한 말의 질을 채점(rating)하는 것을 2가지 핵심 요소로 삼고 있다. 응시자로부터 말을 가장 효과적으로 유도해 내는 것이 무엇보다 중요한데, 핵심은 응시자에게 제시할 시험의 내용, 즉 시험과제를 만들거나 선정하는 일이다.

   말하기 시험과제는, 응시자가 시험과제를 해결하는 절차와 방법을 설명하고 안내하는 지시문(instruction)과 응시자가 말을 하도록 촉발시키고 유도하는 프롬프트(=말 유도자료)로 구성된다. 말하기 시험과제의 프롬프트로는 듣기자료, 읽기자료, 그림/사진자료, 동영상자료, 실물자료 등 여러 가지가 사용된다. 즉 듣고 말하기, 읽고 말하기, 그림/사진 보고 말하기, 보고 듣고 말하기 등의 형태로 말하기 시험과제가 설계된다.

   영어 말하기 시험과제는 꼭 짚어서 규정할 수는 없지만 일반적으로 그 시험을 보는 대부분의 응시자가 실생활에서 마주칠 가능성이 크다고 판단되는 영어 말하기 활동을 예측하여 선정한다. 영어 말하기 시험이 응시자의 실생활에서의 영어 사용 능력을 측정한다고 말하려면, 시험과제가 실생활에 있는 과제와 매우 유사해야 한다. 만약, 시험과제가 실생활에서 일어나는 일이나 실생활에서 하는 과제와 유사하지 않다면 응시지의 말하기 시험 성적을 보고 그 사람의 실생활 말하기 능력이 어느 정도 되는지를 추정하기 어려울 것이다(Bachman & Palmer 1996). 여기서 '매우 유사해야 한다'는 것은 시험과제의 진정성에 관한 것인데, 이 용어의 의미가 간단하지 않다. 응시자는 실생활에서 하는 과제를 시험에서 그대로 수행하는 것도 아니고, 또 실생활에서와 같은 안정된 심리 자세로 시험에

임할 수도 없다. 그런 점에서 Davies(1988, p.12)는, 진정성은 시험과제 자체가 아니라 시험과제를 해결하는 응시자의 태도에 달려 있다[82]고 하였다. 그래서 시험과제는 어느 정도 인위적이긴 하지만, 실생활 과제와 충분히 닮은 것이라면 시험과제로서 문제가 없다는 것으로 해석할 수 있을 것이다[67~69쪽, 2) 인위성의 원리 참조].

2. 영어 말하기 시험과제 제작 시 고려사항

영어 말하기 시험과제는 관련성(關聯性)과 대표성(代表性)이 커야 한다. 시험의 목적과 관련성이 커야 하고, 다양한 내용들 중에서 대표성이 크다고 인정되는 내용을 선정해야 한다. 즉 대부분의 응시자들에게 관련이 있을 것으로 예측되는 실생활 언어 활동과 언어 기능을 수집하여 선정해야[83] 한다. 실제 의사소통 상황에서 응시자들 대부분이 접촉할 가능성이 있는 영어의 다양한 쓰임은 대략적으로 예측이 가능하다. 이와 관련하여 Morrow(1986, p.7)는 시험 내용의 결정을 위해서는 이 분야 전문가의 직관적 판단이, 그렇게 과학적이지 않은 요구분석보다 훨씬 더 가치가 높다[84]고 하였다. 또 Bachman & Palmer(1996)는 TLU Domain[85]

---

82 Authenticity lies in the testees' attitude toward the tasks he/she has to perform, not in the tasks themselves(Davies 1988, p.12).

83 이것을 language content profile(시험 내용 항목 개요)이라 한다.

84 The expert intuitive judgment is worth far more than a pseudo-scientific needs analysis in deciding test content(Morrow 1986, p.7).

85 TLU Domain(Target Language Use Domain) 이란, 실생활 언어사용 영역, 즉 시험 상황이 아닌 실생활 언어 사용 영역을 가리킨다.

이란 용어를 도입하여 TLU 영역을 먼저 정하고 그 속에서 시험과제를 선정, 제작해야 한다고 주장하였다. 그것은 시험 상황 밖에서 응시자가 영어를 얼마나 잘 사용할 것인지를 추정해 내는 것이 시험의 목적이기 때문이라고 하였다.

1) 말하기 시험과제 설계의 준거(準據)

말하기 시험과제를 설계할 때엔 무엇을 평가 표적으로 삼을 것인가가 매우 중요한 문제가 된다. 평가 표적이 그 시험의 목적을 가장 직접적으로 반영할 것이기 때문이다. McNamara(1996)는, 시험과제 설계 시에 (1)과제 완성(task completion)이나 (2)언어 사용(language use)을 평가 표적으로 삼을 수 있다고 하였다. 이에 대해 살펴보기로 하자.

(1) 과제 완성 기반 시험과제 설계

과제 완성을 평가 표적으로 삼는 경우에는, 응시자가 인지적으로 과제 완성에 집중하여 말을 거의 하지 않거나, 말을 매우 적게 함에도 불구하고 완성할 수 있는 과제가 있을 수 있기 때문에 말하기 능력 평가를 위한 시험과제로는 적절하지 않을 수도 있다. 말하기 시험에서는 응시자가 시험과제를 다 완성하는 것보다 말을 많이 하도록 하는 것이 더 중요하기 때문이다. 그래서 말하기 능력 평가보다는 특정한 업종의 직무능력을 평가하는 시험과제를 설계하는 데 적합할 것으로 보인다(예: 기술직 채용시험).

(2) 언어 사용 기반 시험과제 설계

언어 사용을 평가 표적으로 삼는 경우에는, 응시자로부터 충분히 많은 양의 말을 유도해 낼 수 있도록 시험과제를 설계할 것이므로 과제의 수행 과정에 사용된 언어의 양과 질이 주 채점 대상이 될 것이다. 이때 과제 완성 그 자체는 2차적인 문제가 될 것이다. 이렇게 보면, 영어 말하기 시험과제는 과제 완성보다는 언어 사용에 초점을 두고 제작하는 것이 바람직할 것이다.

이에 더 나아가서, 시험과제를 언어 사용에 초점을 두고 설계할 경우에도 시험과제가 응시자의 [3]기저능력에 기반을 두느냐, 혹은 [4]사용영역에 기반을 두느냐에 따라 2가지 방식이 있을 수 있다. 이에 대해 알아보기로 하자.

(3) 기저능력 기반 시험과제 설계

이 방법은 영어 말하기 능력의 근원적 구성요소(construct)를 먼저 이론적으로 규정하고, 응시자가 그 능력의 구성요소들을 어느 정도 보유하고 있는지를 보여 주는 증거를 포착할 수 있는 과제를 만들어 제시하는 방법이다. 이 방법의 경우 영어 말하기 능력의 구성요소가 무엇인지를 규정하는 것이 쉽지 않고, 통일된 견해도 없고, 그것들을 언어로 정의하기도 대단히 어렵다. 현재까지 의사소통능력의 구성요인이 무엇인지에 대해 이론적으로 여러 가지 가설이 제기되어 있지만(Hymes 1972, Canale & Swain 1980, Bachman & Palmer 1996 등), 어느 것도 총체적으로 만족할 만한 가설이 아닌 것으로 여겨지고 있다. 완벽하지는 않지만 이 학자들이 제시한 의사소통능력의 모형과 구성요인들을 영어 말하기 능력의 구성요인으로 삼아 영어 말하기 시험과제를 설계하고 제작할 수 있을 것이다.

(4) 사용영역 기반 시험과제 설계

이 방법은 실생활에서 영어를 사용할 영역(TLU)을 예측하여 시험과제를 선정하거나 제작한 후에 실생활에서의 사용과 관련하여 수정·보완하여 제시하는 방법이다. 즉 응시자들이 실생활에서 사용할 것 같은 주제 영역과 그에 따르는 영어 사용의 예들을 예측하여 영어 말하기 시험과제로 설계, 제작하는 방법이다. 예측한다는 것은 시험의 목적과 응시자의 일반적 성격 등을 염두에 두고 주제 영역, 대화 상대자의 성격과 범위, 언어(모국어) 사용의 특징 등을 고려하여 TLU 영역을 정한다는 뜻인데, 완전히 새롭게 예측하기보다는 기존에 사용되어 오고 있는 TLU 영역을 차용, 수정, 보완하여 사용하는 것이 보다 현실적일 것이다. 이에 따른 채점은 응시자가 실생활에서 영어를 얼마나 잘 사용할 것인가를 중심으로 채점 기준을 만들어서 진행하면 될 것이다. 그러나 이 방법은 실생활에서의 영어 사용 영역을 포괄적으로 넓게 포함하기 어렵다는 한계를 지닌다.

2) 말하기 시험과제 선계 및 제작의 원칙

그러면 영어 말하기 시험과제 설계 및 제작 시에 고려해야 할 원칙들에 대해 알아보기로 하자. 시험과제 설계 및 제작 시에는 응시자의 성격, 과제의 수행과정, 과제의 결과물 등을 종합적으로 고려해야 한다. 구술시험, 대화시험 어느 쪽이든, 영어 말하기 시험과제는 정보(주제) 요소와 언어

요소가 입력자료로 들어가 응시자에게 말을 하도록 요구하고, 입력자료에 대해 응시자가 하는 말이 산출자료로 나온다. 즉 어떤 정보(주제)에 관한 과제와 그 과제에 대한 지시문이 응시자에게 입력자료로 제시되고, 응시자는 그 과제의 지시문에 따라 구술, 혹은 대화의 형태로 산출자료를 만들어 낸다. 응시자가 이 과정 전체를 수행하는 것을 '시험수행'이라 부른다[그림 7 참조].

[그림 7] 말하기의 입력자료와 산출자료

입력자료(input)	시험수행	산출자료(output)
언어	구술하기	언어
정보/주제	대화하기	정보/주제

말하기 시험과제의 설계 및 제작의 원칙은 West(1990, pp.37-39)의 제안을 참고하여 다음과 같이 정리하였다.

① 시험의 목적과 응시자의 성격에 맞아야 한다. 말하기 시험과제는 측정하기에 충분할 만한 양의 말을 응시자로부터 유도해 내어야 한다. 그래서 과제 설계 이전에 응시자의 종류와 성격을 정확하게 파악해야 한다. 즉 응시자가 시험을 보는 목적이나 배경에 관계가 깊은 시험과제를 설계해야 한다. 이를테면, 간호사 시험을 보는 응시자를 대상으로 관광 해설사가 할 일을 입력자료로 넣어 시험과제를 설계해서는 안 될 것이다.

구술시험 시험과제는, 입력자료에 포함된 주제적 내용 요소에 관해 응시자가 혼자 말을 길게 이어 가기에 적합한 입력자료를 제공해야 한다. 반면, 대화시험 시험과제는, 응시자가 입력자료를 바탕으로 상대방 응시자와 적절하게 상호작용하고 의미협상하여 최종 결과물을 도출해 내기에 적합한 입력자료를 제공해야 한다.

② 제작 과정과 시험 시행이 어렵지 않아야 한다. 말하기 시험과제는 만들기가 너무 어렵지 않아야 하고, 무엇을 어떻게 하라고 하는지를 응시자가 쉽게 이해할 수 있게 만들어야 한다. 시험과제를 만드는 데 시간이나 돈이 너무 많이 든다면 시험을 자주 시행하기가 어려워질 것이다. 시험과제의 내용과 수준도 너무 쉽거나 너무 어렵지 않아야 한다. 응시자가 자신의 모국어로는 능히 해낼 수 있는 정도의 수준이 적절하다고 한다. 시험과제의 주제는 응시자들의 현실 생활과 너무 동떨어진 것은 좋지 않다. 이해하고 조작하기 어려울 것이기 때문이다. 누구나 이해가 안 되는 것에 대해 말을 잘하기는 어렵다. 또한 현실 생활에 너무 흔히 접하는 것도 좋지 않다. 지겹거나 별것 아니라고 생각하기 쉽기 때문이다.

③ 유도되어 나올 말의 성격을 예측해 보아야 한다. 시험과제를 살펴보면 응시자가 발화할 언어적 요소들(단어, 문장구조)이 어떤 것일지를 개략적으로는 예측하거나 통제할 수 있어야 한다. 응시자들이 어떤 말을 어떻게 할지를 정확하게 예측할 수는 없다. 그렇지만, 시험과제를 보면, 상호작용 긴말/짧은 말, 정보교환 긴말/짧은 말을 할 것이라는 것 정도는 예측할 수 있을 것이다. 유도해야 할 말의 양이나 성격, 종류는 시험과제

의 성격과 수준에 따라 달라질 것이다. 그래서 출제자는 시험과제를 제작한 후, 실제 시험에 사용하기 전에, 각 시험과제에 대한 모범 응답을 만들어 보아야 한다. 모범 응답을 만들어 보면, 처음 대충 생각했던 것과는 상당히 다른 응답이 나올 수도 있다는 것을 알게 된다. 어떤 단어, 어떤 표현을 반복적으로 쓰게 되는지, 혹은 길게 이어서 말을 할 수 있는지 없는지 등을 알 수 있게 된다. 이에 따라 시험과제 자체를 어떻게 수정·보완해야 할지를 결정할 수 있게 된다.

④ 짧은 조각말이 아니라, 긴말을 유도해 내어야 한다. 언어 산출이 긴말 생산적이어야 한다. 이것은 시험과제가 여러 문장이 연결된 상당히 긴말을 유도할 수 있는 입력자료를 포함하고 있어야 한다는 뜻이다[49쪽, 각주 21번 '긴말'의 정의 참조]. 정보 교환이 필요한 토론, 설명 등은 긴말을 할 수밖에 없지만, 정보 교환이 그리 중요하지 않은 농담하거나, 최근에 겪은 일 이야기하기 등도 상당히 긴말을 할 수밖에 없는 성질의 것들이다. 응시자가 의미나 정보를 담은 상당한 분량의 긴말을 해야 그 사람의 말하기 능력을 평가할 자료를 확보할 수 있다. 말하기 시험과제는 채점하기에 충분한 분량 이상의 질이 좋은[86] 말의 표본을 확보하도록 설계하는 것이 매우 중요하다. 짧고 단편적인 조각말만 유도하는 시험과제는 응시자의 말하기 능력을 제대로 평가하지 못한다. 반복적으로 사용되는 짧고 간단하고 쉬운 생활영어를 통달한다고 해서 긴말하기가 자동적으로 보장되는 것은 아니기 때문이다(Brown & Yule 1983). 긴말 이어 말하기와 다양한 표현을 유도해 낼 수 있도록 시험과제를 설계해야 한다.

---

[86] '질이 좋은'이란, 짧고 간단하고 단편적인 조각말이 아니라, 주어 동사를 갖춘 문장 수준의 긴말을 가리킨다.

⑤ 필요한 정보를 충분하게 제공해야 한다. 시험과제는 응시자가 긴말을 많이 할 수 있는 말할 거리를 제공해 주어야 한다. 응시자가 어떤 정보를 어떻게 다루도록 할 것인지를 고려하여 충분한 양의 정보를 시험과제에 포함해야 한다는 뜻이다. 이를테면, 묘사·서술 과제나 문제해결 구술과제, 과제수행 대화과제, 정보차 과제, 추론차 과제, 혹은 의견차 과제들 중에서 어떤 과제를 시험과제로 할 것인지를 먼저 정하고, 응시자가 주어진 과제를 수행하면서 긴말을 충분하게 많이 할 수 있는지 여부를 검토해 보아야 한다.

⑥ 분명한 결과물을 산출해 내도록 해야 한다. 시험과제는 응시자에게 최종 도달점이 어디인지, 최종 결과물이 무엇인지를 분명하게 제시해야 한다. 최종 결과물은 주로 과제의 정보(주제)가 최종적으로 어떤 결과를 나타내는지를 가리킨다. 산출해야 할 분명한 결과가 있으면, 응시자는 구두 상호작용해야 할 방향을 분명하게 알 수 있고, 과제수행에 대해 흥미와 관심을 증대시킬 수 있다. 과제수행에서 가야 할 방향이 구체적으로 정해지지 않는다면, 응시자는 혼란과 불확실성에 휩싸일 것이고, 다음에

무엇을 해야 할지를 모르고 당황하거나 초조해할 것이다. 혹은 말을 해야 한다는 강박에 사로잡혀 시험과제와 관계없는 말을 할 수도 있을 것이다. 결과물은 머릿속으로 생각한 것만으로 충분하지 않고, 반드시 구체적으로 글이나 그림 등의 형태로 나타나도록 해야 한다. 최종 결과물이 무엇인지를 시험 지시문에도 제시해야 하고, 과제 속에도 포함시켜야 한다. 특히, 대화시험의 말하기 시험과제는 2명 이상의 응시자가 서로 협조해서 상호작용을 잘하지 않으면 결과물이 도출될 수 없도록 하는 형태로 설계해야 한다[231쪽 이하, 5.2 대화시험 시험과제의 실용 모형 예시 참조].

⑦ 협력적 상호작용이 활발하게 일어나게 해야 한다. 먼저, 구술시험 시험과제의 경우, 응시자가 시험과제 자체와 적극적으로 상호작용할 수 있도록 해야 한다. 즉 응시자가 시험과제의 내용을 확실히 알고 빠짐없이 고려하여 시험과제의 어떤 부분에 대한 응답이 다른 부분에 대한 응답과 상충되지 않게 일관성 있고 논리성 있게 응답할 수 있도록 해야 한다.

대화시험 시험과제의 경우, 응시자는 시험과제 자체와, 또 다른 응시자와 같은 시간에 상호작용을 해야 하기 때문에, 각 응시자는 자신이 해야 할 일, 해야 할 말을 확실히 알고 다른 응시자(혹은 시험 진행자)와 의미 협상을 할 수 있도록 시험과제를 설계해야 한다. 또 한 명의 응시자가 말할 기회를 과도하게 독점하고 상대방에게 말할 기회를 주지 않으려고 하는 것은 의사소통의 기본적 속성인 상호작용 부적절이라는 이유로 감점을 받을 수 있다는 것을 시험 지시문에 명료하게 제시해야 한다.

⑧ 흥미와 관심을 불러일으킬 수 있어야 한다. 시험과제는 응시자에게 생각의 거리를 제공해야 하고, 해 볼 만하다는 생각이 들 정도의 난이도가 있어서 응시자가 끝까지 흥미를 유지할 수 있어야 한다. 시험과제의 내용이 응시자가 전혀 모르거나 경험한 적이 없는 것이면 생각의 거리를 제공할 수 없을 것이다. 그러면 응시자는 생각도 제대로 못하고, 말도 제대로 하지 못할 것이다. 또한 시험과제의 수준이 너무 쉽거나 너무 어려우면 응시자는 시험과제 자체를 가볍게 생각하거나, 아예 모르겠다는 생각이 들어 흥미를 잃을 수도 있기 때문에, 시험과제는 대부분의 응시자들이 알고 있거나 경험했을 것 같은 주제적 내용을 선정해야 하고, 너무 쉽지도, 너무 어렵지도 않아서 '해 볼 만하다'(challengeable)라는 생각이 들 정도의 난이도를 유지해야 한다.

⑨ 시험 결과를 쉽게 피드백할 수 있어야 한다. 응시자가 시험과제 수행이 끝난 후, 자신이 그 시험과제를 얼마나 잘 했는지를 인식하고 이해할 수 있어야 한다. 좋지 않은 성적을 받은 응시자는 '내가 무엇을 잘 못했는지, 어떤 점에서 부족한지'에 대해 매우 알고 싶어 하고 심지어는 시험 주최 측에 문의하기까지 한다. 이런 문의에 응답하는 것은 채점자나 시험주최 측에서 대단히 꺼리는 일 중의 하나이다. 사실 자세한 설명을 듣기는 매우 어렵다. 응시자에게 시험에 관한 피드백을 제대로 제공하려면, 채점 기준과 채점 요소를 철저하게 반영해서 시험과제를 만들어야 한다. 채점 기준, 채점 요소는 발표되어 있지만, 심각하게 고려하지 않고 그냥 일반적인 상식으로 시험과제를 만든다면 응시자에게 피드백을 제대로 제공할 수 없을 것이다. 응시자가 채점기준과 채점 요소들에 대해 먼저 잘 살펴서

충분히 이해한 다음, 그것들을 자신의 시험수행을 비교해 봄으로써 응시자 스스로 피드백을 얻을 수도 있을 것이다.

영어 말하기 시험과제를 제작할 때 핵심적으로 해야 할 일은 출제자가 시험 문제를 직접 풀어 보고 또 다른 사람에게도 풀어 보게 한 다음(이때 보안 유지 필요), 시험과제를 수정·보완하고, 최종 확정된 시험과제에 대한 모범 답안을 만들어 두어야 한다는 것이다.

4.3 영어 말하기 시험 채점 방법

채점(採點)이란 시험 답안의 맞고 틀림을 살펴서 성적을 정하는 일이다. 일반적으로 scoring이나 marking은 100점 만점에 몇 점과 같이 숫자로 점수를 매기는 방식을 가리킨다. 그러나 말하기 평가는 숫자 점수로 매기는 경우도 있지만, 일반적으로는 상중하(123, ABC) 등의 등급을 나누어 능력의 수준을 기술해 놓은 채점기준의 어느 등급에 해당하는지를 지목하는 등급 정하기(rating) 방식을 취한다. 그 지목된 등급이 응시자의 능력 수준을 서술적으로 설명해 준다. 그냥 숫자 점수만 주는 것보다는 응시자의 능력 수준을 좀 더 분명하게 알 수 있게 해 준다.

채점은 응시자가 하는 말에 초점을 맞춰 진행되기 때문에 말하기 시험의 형태나 종류에 따라 다른 채점기준을 마련해야 할 필요는 없다. 즉 혼자 말하기 형태인 구술시험이나 인터뷰, 그룹토론 등 대화시험 모두에 한 가지 채점기준을 적용해도 문제가 없다. 구술시험 채점은 대화시험 채점 요소 중에서 응시자 간의 상호작용 정도와 응시자의 듣기 이해 능력의 정도 (채점 요소로 포함된 경우)를 배제한 상태로 채점을 진행하면 된다. 그러나 시험의 목적이 달라지면 채점기준도 달라져야 한다.

채점에서 중요한 것은, 채점기준의 등급을 몇 개로 정하고 어떻게 일관성 있게 등급별로 기술할 것인가와 채점자가 채점기준을 일정하게 적용할 수 있도록 어떻게 채점자 훈련을 시행할 것인가이다. 이에 대해 알아보기로 하자.

1. 채점기준의 개발

1) 채점기준의 필요성

어떤 특정한 문제에 대해 한 사람이 다른 사람과 다른 생각을 가지는 것은 어쩔 수 없는 일이고, 우리 모두가 받아들여야 할 사안이다. 말하기 시험 채점의 경우에도 마찬가지이다. 이를테면, 1명의 응시자의 말하기 능력을 2명의 채점자가 채점한다면, 한 명은 '한국처럼 이렇게 열악한 환경 속에서 저 정도면 아주 잘하는 것'이라고 생각하고, 또 다른 한 명은 '아무리 그래도 영어를 몇 년이나 배웠는데 저 정도밖에 안 되나'라고 생각할 수도 있다. 앞의 채점자는 응시자를 좀 우호적으로 채점할 가능성이 높고, 후자는 같은 응시자를 좀 더 박하게 채점할 가능성이 높다. 즉 같은 응시자에게 2명의 채점자가 다른 성적을 줄 가능성이 매우 크다. 또한

한 사람이 채점할 경우에도 채점의 시간적 선후에 따라 채점자의 판단이나 생각이 달라질 수 있다. 이렇게 채점 성적에 편차가 생기는 경우, 쉬운 해결책으로 흔히 채점 성적의 평균을 내려고 하는데, 만약 채점 성적의 편차가 일정 수준 이상으로 크다면 평균은 아무런 의미가 없게 된다. 이렇게 여러 채점자가 각기 다른 채점 결과를 내놓는다면, 어느 것이 진정한 응시자의 능력을 나타내는 것인지를 알 수가 없게 되고, 따라서 말하기 시험은 왜 시행했는지에 대해 의구심을 갖게 만들 것이다. 말하기 평가에서 채점자의 주관적 판단의 불가피성은 Underhill(1987)의 주장이 아니더라도 현실적으로 인정할 수밖에 없는 사안이라 생각된다[120쪽의 각주 56, 128쪽의 각주 61 참조].

 그런데 시험이란 현실적으로 응시자의 운명을 결정하기도 하기 때문에 채점의 엄격성, 객관성이 절대적으로 요구된다. 그래서 채점자들 간의 주관적 판단의 폭을 좁히려는 노력을 하게 되었다. 예를 들어서, 물건 여러 개의 길이(=여러 응시자의 능력)를 측정하는 경우를 상정해 보자. 만약 고무줄 잣대를 쓴다면 측정하는 사람이 얼마나 힘을 주어 당기느냐에 (=주관성) 따라 측정 대상물의 길이가 얼마든지 달라질 수 있을 것이다. 그런데 늘어나지 않는 금속이나 나무 잣대로 대상을 잰다면 잴 때마다 동일한 수치가 나올 것이다. 말하기 시험의 채점을 위해서는 금속 잣대나 나무 잣대가 필요한 것이다. 그래서 채점자가 말하기 능력을 채점할 때 참고해서 판단할 수 있도록 해 주는 금속 잣대나 나무 잣대와 같은 역할을 하는 것을 생각해 내었는데, 그것이 채점기준이다. 그래서 각 채점자가 가진 생각과 가치관이 다른 것은 채점 상황 이외의 실생활에서는 인정하고 존중하되, 채점 상황에서는 자신의 생각, 가치관을 버리고 오로지 참고해서 판단할 어떤 기준에 의해서만 채점하도록 하면 시간, 장소, 사람에 따라 달라질 수 있는 채점 성적들 간의 편차를 줄일 수 있을 것이다. 또 그 기준을 동일하게 적용하기 위한 훈련을 한다면, 그 편차는 더욱 줄어들 것이다. 채점자의 주관적 생각을 완전히 제거할 수는 없겠지만 채점자의 주관성의 차이를 줄이는 기준으로 채점기준이 필요한 것이다.

말하기 시험 채점의 주관성을 줄이는 방법으로 채점기준을 만들어 사용한 것은 1960년대 미국과 영국에서였다.[87] 1980년대 영국문화원의 어학 시험에서 이와 같은 채점기준을 사용함으로써 그 후에 많은 시험 기관에서 채용하면서 오늘에 이르고 있다. Pino(1989)는 채점자가 운용할 수 있을(manageable) 정도의 채점기준을 포함하는 분석적 채점기준을 사용함으로써 채점의 주관성을 현저히 줄일 수 있다[88]고 주장하였다.

---

[87] 미국의 Foreign Service Institute와 영국의 English Language Teaching Development Unit에 의해서였다 한다.

[88] The use of an analytic scale that comprises a manageable list of criteria, each weighted appropriately for programme objectives, goes far to reduce subjectivity(Pino 1989, p.488).

2) 채점 요소의 선정

　말하기 시험 채점기준은 시험의 목적, 시험의 내용(프롬프트), 말하기의 본질적 특성 등을 고려하여 만든다. 시험의 목적에 맞춰 시험과제가 만들어질 것이고, 시험과제를 해결하는 과정에 사용하는 영어 말하기의 본질적 특성이 채점기준에 포함되어야 할 것이다. 일반적인 영어 말하기 시험의 경우, 말하기 능력의 구성 요소를 파악하여 채점 요소를 구체적으로 설정해야 한다. 채점기준은 등급의 수가 너무 많거나, 고려해야 할 채점 요소의 수 너무 많으면 채점자가 일관성 있게 적용하기 어렵게 된다. 이렇게 되면 평가의 신뢰도가 낮아지게 된다. 그렇다고 등급의 수나 채점 요소의 수가 너무 적으면, 채점하기는 쉽겠지만 진정으로 말하기 능력을 평가했는가에 대한 의문을 갖게 한다. 이렇게 되면 평가의 타당도가 낮아지게 된다. 그래서 채점기준을 만들 때에는 적정선을 잘 지켜야 한다[158쪽, 5개의 채점 요소와 6개의 등급으로 구성되어 있는 〈표3〉 FSI 채점기준 참조].

　이를 위해서는 세계적으로 통용되는 영어능력 평가 기관의 말하기 시험의 채점기준을 분석해 보는 것이 효과적일 것이다. 세계의 여러 공인된 평가들(FCE, CAE, CPE, IELTS, ASLPR 등)[89]의 채점기준에서 공통적으로 고려하고 있는 요소는, 정확성, 범위, 적절성, 유창성, 상호작용, 발음, 전체적 인상 등 6~7개 정도이다. 응시자는 일반적으로 이들 각각의 채점 요소들을 균등한 비율로 소지하고 있는 것은 아니라, 각 요소를 불균등한

---

[89]　이 시험들의 이름은 참고 문헌 뒷부분에 나와 있다.

비율로 소지하고 있다. 이를테면, 정확성이나 상호작용 요소는 좋은데, 유창성이나 발음 요소는 부족할 수가 있는 것이다. 그래서 채점기준에는 각 요소별로 잘함-못함의 정도를 판정할 수 있도록 장치가 포함되어 있다. 주로 숫자로 등급을 규정하지만, 각 등급을 보다 구체적으로, 세밀하게 서술하기도 한다.

(1) 정확성(accuracy)

말을 할 때 사용하는 문법이나, 문장구조를 얼마나 정확하게 사용하느냐에 관한 것이다. 특히, 시제의 일치나 단수, 복수의 사용이 영어의 문법과 어법에 맞는 정도를 가리킨다.

(2) 범위(range)

말하는 사람이 의미 전달을 위해 동원하는 문법이나 어휘의 수가 얼마나 많고 다양한가의 정도를 가리킨다. 같은 단어, 같은 문장구조를 자꾸 반복해서 쓰지 않고 다양한 단어, 문장구조를 사용하는 정도를 가리킨다.

(3) 적절성(appropriacy)

상대방의 특징이나 말하는 상황과 목적에 잘 맞는 종류의 언어 표현을 골라서 상황과 맥락에 잘 맞춰 쓸 줄 아는 것을 가리킨다. 오해를 초래하거나 무례를 범하지 않고 사회적 관행에 잘 맞는 말을 하는 정도를 가리킨다.

(4) 유창성(fluency)

말을 할 때 적합한 단어를 찾느라 과도하게 더듬거나 망설이지 않고, 또 같은 말을 자꾸 반복하지 않고 자연스럽게 자신감을 갖고 말하는 것을 가리킨다. 응시자의 말의 속도가 너무 느리거나 한 단어 한 단어를 또박또박 말하여 듣는 사람이 따라가며 이해하는데 불편함을 느낄 정도라면 유창성의 감점 요인이 될 것이다.

(5) 상호작용⁹⁰(interaction)

상대방의 이해 정도나 반응에 유연하게 잘 맞춰서 말을 하는 것을 말한다. 수동적으로 반응만 보이지 않고 능동적으로 상대방의 말을 이끌어 내는 것과, 혼자서 말을 독점하지 않고 상대방이 말할 기회를 적절히 주는 것은 상호작용의 중요한 요소가 된다.

(6) 발음(pronunciation)

개별 단어들의 발음과 억양이나 강세, 악센트 등을 전체적 발화 속에서 의미를 효과적으로 전달하는 정도에 관한 것이다. 특히 모국어의 발음 잔재가 어느 정도 있는 것은 문제가 없지만, 너무 심하게 많이 남아 있어서 영어 발음을 이해하기 어려울 정도라면 발음 부분에 감점 요인으로 작용할 것이다.

---

90 상호작용 요소는 구술시험에서는 고려되지 않고, 주로 대화시험에서 고려되는 요소이다.

(7) 전체적 인상(overall impression)

응시자가 영어 말하기를 잘한다, 중간쯤이다, 못한다 등의 전체적 인상, 느낌 등을 가리키는데, '이 정도면 ~은 할 수 있겠다'는 정도의 대략적 판단을 포함한다. 시험에 따라서는 전체적 인상을 포함하지 않는 시험도 있다.

물론 말하기 시험의 채점 요소가 6~7가지로만 구성되어 있는 것은 아니다. 그러나 채점기준을 만들 때 훈련받은 채점자가 통제할 수 있는 6~7개 정도의 채점 요소를 포함하는 것이 바람직할 것이다.

2. 채점 방법의 종류

1) 현장 채점과 사후 채점

인터뷰 시험의 경우, 채점은 인터뷰 진행자가 진행과 채점을 둘 다 하는 경우와 진행자와 채점자가 분리되어 채점자는 채점만 하는 경우가 있다. 어떤 경우에든 채점기준을 미리 만들어 두어야 한다. 채점은 시행하는 시간 후은 시점에 따라 현장 채점과 사후 채점으로 나뉜다.

(1) 현장 채점

현장 채점이란, 응시자가 말을 하고 있는 현장에서 채점이 실시간에 진행되는 것을 가리킨다. 응시자가 말하는 것을 직접 보고 들으면서 채점하기 때문에 응시자와 그의 말, 그리고 언어 외적인 요소 등을 보다 직접적으로 판정할 수 있다는 이점이 있다. 그러나 평가 상황이 한번 지나가 버리면 다시 되돌릴 수 없는 한계 때문에 전문 훈련을 받은 채점자가 아니면 효과적으로 채점하기가 상당히 어렵다. 인터뷰 시험의 경우에는, 인터뷰 진행자가 인터뷰 진행과 채점을 함께하는 경우와, 인터뷰 진행자는 채점을 하지 않고 별도의 채점자가 채점만 하는 경우도 있다.

(2) 사후 채점

사후 채점이란, 말하기가 진행되고 있는 현장에서가 아니라, 녹음이나 녹화를 하여 시험이 다 끝난 후에 채점하는 방식이다. 말하기의 현장 모습을 녹음이나 녹화해 두었기 때문에 미심쩍은 곳이나 확실하지 않은 부분, 혹은 다수 채점자들 간의 의견이 일치하지 않는 부분은 몇 번이고 되풀이하여 듣고 볼 수 있어서 채점의 신뢰도를 높이는 데 도움이 된다. 이를 뒷받침하는 예로, TSE를 평가한 2인 1조의 채점자들의 채점자 간 평균 신뢰도가 .88이었다는 보고가 있었다(ETS 1992).

2) 통합 채점과 분석 채점

말하기란 그 속을 들여다보면 말하는 전체적 상황과 맥락, 그리고 비언어적 요소에 매우 밀접하게 관련되어 있는 매우 복잡한 현상이다. 그 속에서 언어 요소, 비언어 요소, 맥락 요소 등을 채점 목적으로 분리해 낸다면 실생활에의 일상적인 말하기의 상호작용적 특성을 훼손하는 결과를 초래할 것이다. 말하기 시험의 채점에는 응시자의 말하기를 전체적 인상을 중심으로 채점하는 통합 채점 방법과 말하기 시험 채점 요소를 하나하나 분석적으로 고려하는 분석 채점 방법이 있다.

(1) 통합 채점

통합 채점은 응시자가 표출한 말 전체를 한 덩어리로 보고 '전체적으로 어떠하다'라고 채점하는 방식이다. 이것은 전문 훈련을 받은 경험 많은 채점자들이 할 수 있는 채점으로서, 응시자의 말 속에 포함되어 있는 어휘, 문법, 발음, 유창성 등을 한꺼번에 전체적으로 고려하여 인상적으로 채점하는 방법이다.

(2) 분석 채점

분석 채점은 말하기 시험의 채점 요소들을 하나하나 고려하여 각 요소별로 채점하여 합산하는 방식이다. 이를 위해서는 먼저 적정한 수의 채점 요소를 선정하고 규정하는 것이 중요하다. 분석 채점은 응시자의 말하기 능력을 채점 요소별로 보다 구체적으로 판단할 수 있는 정보를 제공한다.

분석 채점이 통합 채점보다 항상 비교 우위에 있는 것은 아니다. 따라서 분석 채점을 한 후에 전체인상을 덧붙이는 방식으로 2가지의 채점 방법을 모두 다 사용하는 것이 보다 합리적일 것이다. 통합 채점기준과 분석 채점기준의 예로 영국문화원의 IELTS 채점기준을 살펴보기로 하자.

3) 통합 채점기준과 분석 채점기준의 예

통합 채점기준은 구성 요소에 대한 구분 없이 말하기 능력의 등급을 전체적, 인상적으로 서술한 채점기준이다. 반면, 분석 채점기준은 말하기 능력을 구성 요소별로 구분하여 등급을 서술하고 각 구성 요소들에 적절하게 다른 비중을 부과하여 구성한 채점기준이다.

(1) IELTS의 통합 채점기준

IELTS band descriptors

band		descriptor
9	Expert user	has fully operational command of the language: appropriate, accurate and fluent with complete understanding.
8	Very good user	has fully operational command of the language with only occasional unsystematic inaccuracies and inappropriacies. Misunderstandings may occur in unfamiliar situations. Handles complex detailed argumentation well.
7	Good user	has operational command of the language, though with occasional inaccuracies, inappropriacies and misunderstandings in some situations. Generally handles complex language well and understands detailed reasoning.
6	Competent user	has generally effective command of the language despite some inaccuracies, inappropriacies and misunderstandings. Can use and understand fairly complex language, particularly in familiar situations.
5	Modest user	has partial command of the language, coping with overall meaning in most situations, though it is likely to make many mistakes. Should be able to handle basic communication in own field.
4	Limited user	has basic competence which is limited to familiar situations. Has frequent problems in understanding and expression. Is not able to use complex language.
3	Extremely limited user	conveys and understands only general meaning in very familiar situation. Frequent breakdowns in communication occur.
2	Intermittent user	has no real communicative ability except for the most basic information using isolated words or short formulae in familiar situations to meet immediate needs. Has great difficulty understanding spoken and written English.
1	Non-user	essentially has no ability to use the language beyond possibly a few isolated words.
0		Did not attempt the test: No assessable information provided.

IELTS의 통합 채점기준은 9개 등급으로 구성되며, 각 등급별 영어 사용의 능숙도의 대표적 특징을 간략하게 기술해 놓고 있다.

(2) IELTS의 분석 채점기준

IELTS Speaking assessment criteria
(band descriptors - public version)

Band	Fluency and coherence	Lexical resource	Grammatical range and accuracy	Pronunciation
9	• Speaks fluently with only rare repetition or self-correction; any hesitation is content-related rather than to find words or grammar • Speaks coherently with fully appropriate cohesive features • Develops topics fully and appropriately	• Uses vocabulary with full flexibility and precision in all topics • Uses idiomatic language naturally and accurately	• Uses a full range of structures naturally and appropriately • Produces consistently accurate structures apart from 'slips' characteristic of native speaker speech	• Uses a full range of pronunciation features with precision and subtlety • Sustains flexible use of features throughout • Is effortless to understand
8	• Speaks fluently with only occasional repetition or self-correction; hesitation is usually content related and only rarely to search for language • Develops topics coherently and appropriately	• Uses a wide vocabulary resource readily and flexibly to convey precise meaning • Uses less common and idiomatic vocabulary skilfully, with occasional inaccuracies • Uses paraphrase effectively as required	• Uses a wide range of structures flexibly • Produces a majority of error-free sentences with only very occasional inappropriateness or basic/unsystematic errors	• Uses a wide range of pronunciation features • Sustains flexible use of features, with only occasional lapses • Is easy to understand throughout; accent has minimal effect on intelligibility

7	• Speaks at length without noticeable effort or loss of coherence • May demonstrate language-related hesitation at times, or some repetition and/or self-correction • Uses a range of connectives and discourse markers with some flexibility	• Uses vocabulary resource flexibly to discuss a variety of topics • Uses some less common and idiomatic vocabulary and shows some awareness of style and collocation, with some inappropriate choices • Uses paraphrase effectively	• Uses a range of complex structures with some flexibility • Frequently produces error-free sentences, though some grammatical mistakes persist	• Shows all the positive features of band 6 and some, but not all, of the positive features of band 8
6	• Is willing to speak at length, though may lose coherence at times due to occasional repetition, self-correction or hesitation • Uses a range of connectives and discourse markers but not always appropriately	• Has a wide enough vocabulary to discuss topics at length and make meaning clear in spite of inappropriateness • Generally paraphrases successfully	• Uses a mix of simple and complex structures, but with limited flexibility • May make frequent mistakes with complex structures, though these rarely cause comprehension problems	• Uses a range of pronunciation features with mixed control • Shows some effective use of features but this is not sustained • Can generally be understood throughout, though mispronunciation of individual words or sounds reduces clarity at times
5	• Usually maintains flow of speech but uses repetition, self-correction and/or slow speech to keep going • May over-use certain connectives and discourse markers • Produces simple speech fluently, but more complex communication causes fluency problems	• Manages to talk about familiar and unfamiliar topics but uses vocabulary with limited flexibility • Attempts to use paraphrase but with mixed success	• Produces basic sentence forms with reasonable accuracy • Uses a limited range of more complex structures, but these usually contain errors and may cause some comprehension problems	• Shows all the positive features of band 4 and some, but not all, of the positive features of band 6

	Fluency and coherence	Lexical resource	Grammatical range and accuracy	Pronunciation
4	• Cannot respond without noticeable pauses and may speak slowly, with frequent repetition and self-correction • Links basic sentences but with repetitious use of simple connectives and some breakdowns in coherence	• Is able to talk about familiar topics but can only convey basic meaning on unfamiliar topics and makes frequent errors in word choice • Rarely attempts paraphrase	• Produces basic sentence forms and some correct simple sentences but subordinate structures are rare • Errors are frequent and may lead to misunderstanding	• Uses a limited range of pronunciation features • Attempts to control features but lapses are frequent • Mispronunciations are frequent and cause some difficulty for the listener
3	• Speaks with long pauses • Has limited ability to link simple sentences • Gives only simple responses and is frequently unable to convey basic message	• Uses simple vocabulary to convey personal information • Has insufficient vocabulary for less familiar topics	• Attempts basic sentence forms but with limited success, or relies on apparently memorised utterances • Makes numerous errors except in memorised expressions	• Shows some of the features of band 2 and some, but not all, of the positive features of band 4
2	• Pauses lengthily before most words • Little communication possible	• Only produces isolated words or memorised utterances	• Cannot produce basic sentence forms	• Speech is often unintelligible
1	• No communication possible • No rateable language			
0	• Does not attend			

IELTS의 분석 채점기준은 유창성+일관성(fluency and coherence), 단어 다양성(lexical resource), 문법 범위와 정확성(grammatical range and accuracy), 발음(pronunciation) 등의 크게 4가지 채점 요소를 고려하여 9개 등급으로 채점한다.

채점기준	비중
fluency and coherence(유창성, 일관성)	25%
Lexical resource(단어 다양성)	25%
Grammatical range and accuracy(문법 범위, 정확성)	25%
Pronunciation(발음)	25%

4) 채점 예시 및 논의

　다음 시험과제에 대해 3명의 응시자가 각각 다음과 같은 응답을 하였다고 가정해 보기로 하자. 이들의 응답을 앞에서 제시한 채점 요소인, 정확성, 적절성, 범위, 유창성, 상호작용, 발음, 전체적 인상 등의 측면에서 살펴보기로 하자. 단, 이 시험과제가 구술 시험과제이므로 3개의 응답 모두에서 상호작용, 유창성, 발음 부분의 성적은 실제 음성을 들어 보아야 정확하게 판단할 수 있을 것이므로 논의에서 제외하기로 한다.

[시험과제]

Describe the pattern.

[응답 예시 a] <u>There is</u> a circle, and <u>there is</u> a triangle in the circle, and <u>there is</u> a black square in the triangle.

[응답 예시 b] <u>There is</u> a circle, and a triangle is inside the circle, with each vertex of the triangle touching the circle. And a black-colored square <u>is located</u> inside the triangle, with two vertices of the square touching the two sides of the triangle.

[응답 예시 c] <u>There are</u> three different types of shapes: a big circle, a medium-sized equilateral triangle, and a small black square. They are arranged *<u>as following:</u> <u>There is</u> a big circle in which an equilateral triangle is <u>touching</u> the circle from inside with its three vertices. A black square <u>is located</u> inside the equilateral triangle, with its base (bottom side) touching the base of the triangle and its two vertices <u>contacting</u> the two sides of the triangle from inside.

[응답 예시 a] 이 응답은 패턴의 모양, 즉 원, 삼각형, 사각형의 위치를 대략적으로 알 수 있게 말했고, 문법적 정확성이 높다. 그러나 각 도형들이 어떻게 위치하고 있는지에 대해서는 묘사하지 않았고, 같은 문장구조(there is 구문)를 3번 반복하여 사용함으로써 문장구조 사용의 범위가 좁다는 것을 보여 준다. 또 삼각형을 그냥 triangle이라고 해서, 이것이 정삼각형인지, 이등변 삼각형인지 알 수가 없다. 최소한도로 묘사를 해서 도형들이 어떻게 배치되어 있는지는 대략적으로 알 수 있겠지만, 정확하게는 알기 어렵다. 적절성은 시험과제의 성격으로 볼 때 이렇게 무미건조하게 묘사할 수밖에 없을 것이다. 이럴 경우 적절성 부분은 감점되지 않을 것이다. 전체적으로는 말의 양이 적고 간단하여 영어를 배운 지 오래되지 않은 초보자의 영어 말하기 능력 수준이라 판단할 수 있을 것이다(* IELTS Band 4 정도).

[응답 예시 b] 이 응답도 여전히 그냥 triangle이란 단어를 쓰지만, 꼭짓점(vertex)이란 단어도 쓰고, 도형들의 접촉 여부도 묘사에 포함해서 좀 더 풍부하고, 보다 정확하게 위치를 알 수 있다. there is 구문과 is, is located 등의 여러 표현을 사용하여 문장구조의 사용 범위는 넓은 편에 속한다고 볼 수 있다. touching, inside 등의 단어를 사용하여 삼각형, 사각형, 원이 서로 어떻게 위치하고 있는지에 대해 보다 명료하게 보여 준다. 문법적 정확성은 높고, 적절성은 과제의 성격에 비추어 볼 때 적절한 것으로 보인다. 전체적으로는 말의 양도 상당히 많고 a black-colored triangle 같은 조어를 만드는 것을 보면 영어를 상당히 잘하는 중급 이상의 영어 말하기 능력을 갖춘 수준이라 채점할 수 있을 것이다(* IELTS Band 5~6 정도).

[응답 예시 c] 이 응답은, 한층 더 나아가서 정삼각형(equilateral triangle)이란 단어를 쓰고, 꼭짓점, 밑변 등의 용어도 사용하여 보다 정확하게 도형들의 위치를 알 수 있게 묘사했다. 과제수행의 전략도 전체적으로 큰 원, 중간 크기의 삼각형, 작은 검은색 정사각형 등 3개의 다른 도형이 있음을 먼저 묘사해서 듣는 사람이 전체의 구도를 파악하기 쉽게 하였고, 이어서 각각의 도형이 배치된 모습을 구체적으로 이해하기 쉽게 묘사하였다. 세부 묘사 바로 앞에 as follows라 해야 할 것을 as following으로 말한 것 이외에는 문법적으로 모두 정확하다. 단순 실수이고 의미전달에 장애를 주지 않기 때문에 채점에서 감점받지는 않을 것이지만, 채점자는 표현상 실수가 있었다는 의식을 갖고 있을 것이다. 사용하는 단어나 문장구조가 다양하고 풍부한 느낌을 주고 있어서 (예: there are, there is, are arranged, is located, touching, contacting, bottom side, vertex) 단어와 문장구조의 사용 범위가 상당히 넓다는 것을 보여 준다. 또 touching from inside 등의 표현을 사용하여 도형들의 위치를 매우 정확하게 묘사하고 있다. 전체적으로는, 말의 양도 매우 많고 묘사의 정확도가 높은 것으로 보면, 영어를 매우 잘하는 상급, 혹은 그 이상의 영어 말하기 능력 수준이라 채점할 수 있을 것이다(* IELTS Band 7 정도).

> **[참고] 말하기 능력의 수준 차이**
> 응시자 a, b, c의 말하기 능력 수준에 차이가 난다는 것은 훈련받지 않은 일반인도 판단할 수 있을 것이다. 이렇게 응시자 간의 시험수행이 분명하게 드러나면 채점하기는 쉬울 것이다. 앞에 제시한 IELTS의 채점기준에 비추어 어느 등급에 해당할지를 독자들께서 직접 가늠해 보기 바란다.

3. 채점자 훈련

1) 채점기준 적용의 일관성

영어 말하기 시험의 채점자는 오로지 주어진 채점기준에만 의존하여 응시자의 말하기 능력을 채점하는 방법을 훈련을 통해서 익혀야 한다. 채점자 훈련이 없으면 채점자는 고무줄 잣대를 가진 것처럼 동일한 기준으로 일관되게 적용하지 못할 것이다. 즉 금속 잣대나 나무 잣대를 사용하는 것과 같은 동일하고 엄격한 적용을 담보하는 장치가 채점자 훈련이다. 채점자 훈련은 비디오 테이프를 사용하는 Underhill(1987, pp.90-92)의 방법이 널리 이용되고 있으며, 실정에 따라서 약간의 변형이 가해지기도 한다. 채점자 훈련에 걸리는 시간은 채점기준의 종류와 성질에 따라서 상당히 다를 수 있다. Clark(1975)는 채점자 교육에 4일이 걸린다고 했지만 4~5시간의 채점자 훈련 및 표준화 훈련을 통해 상당히 높은 수준의 채점기준 적용의 일관성(r=.877-.971)을 확보한 예도 있다(Carroll & West 1989, pp.107-110).

채점자는 채점 시에 응시자들 간의 수행 능력을 비교하지 않을 수 없는데 이 경우에도 채점자가 채점기준을 일관성 있게 적용하는 채점자의 내적 일관성만 확보된다면 큰 문제는 없다. 채점자 훈련 중 가장 중요한 것은 표준화 과정[91](standardization process)인데, 이것은 채점자들

---

[91] 조정 과정(moderation process)이라고 한다.

이 미리 숙지한 채점기준을 녹화된 표본(=응시자의 말하기 수행)을 보고 자기 나름대로 판단하고 성적을 부여해 보는 것이다. 이때 채점자는 채점기준의 해석과 적용에 대한 자기일관성을 항상 염두에 두어야 한다. 그 다음, 자신이 채점한 성적과 다른 채점자들이 채점한 성적을 비교해 본다. 이때 성적 부여에 차이가 난다면 채점기준의 해석상의 차이라든지, 혹은 채점자 각자가 머릿속에 그리고 있는 채점기준 상의 말하기 능력 수준 등에 관해 같은 해석을 하고 있는지에 대해 서로 의견을 교환함으로써, 자신의 판단과 성적 부여가 다른 채점자들과 왜, 어떻게 다른지에 대해 이견(異見)이 있으면 그것을 좁혀 나가도록 노력한다. 즉 채점기준을 해석하고 적용하는 데 우선 채점자 자신의 내적인 일관성을 확보하고, 다른 채점자들과의 차이가 나지 않도록 녹화된 표본과 채점기준을 중심으로 토론을 하는 것이다. 이 표준화 과정은 동일 표본 비디오에 대해 두세 번 정도 반복하면 상당히 높은 수준의 일관성을 확보할 수가 있다. 이 훈련의 목표는 이미 만들어진 채점기준에 각 등급별로 서술된 내용을 채점자 모두가 똑같이 해석하고 이해해서 똑같이 적용하도록 하는 것이다.

2) 채점자 훈련의 단계

채점자 훈련을 위해 우선 가장 중요한 준비물은 다음과 같다.

- 응시자의 말하기 모습이 녹화된 비디오 테이프
- 등급별로 서술된 말하기 능력 채점기준
- 채점 요소가 표시된 말하기 시험 채점표

그러면, 가장 기본적인 채점자 훈련의 단계를 살펴보기로 하자.

- 1단계: 채점기준을 채점자 각자가 충분히 읽고 이해한다. 채점기준은 대개 몇 개의 등급으로 구성되어 있으며, 각 등급별 서술에 사용된 용어들의 일관성, 통일성 등을 고려하여 등급의 수준을 나름대로 가늠하도록 한다. 채점자의 자기일관성에 유의한다.

- 2단계: 여러 채점자들이 한자리에 모여서 각자 이해한 채점기준에 관한 질의와 토론을 하여 각자가 가지고 있던 의문점 등을 해소하도록 한다.

- 3단계: 미리 준비된 어느 응시자의 말하기의 실제 모습을 비디오로 보면서 실제로 1, 2단계에서 숙지한 채점기준을 스스로 적용하여 채점표에 독자적으로 채점을 하도록 한다.

- 4단계: 채점자들이 모두 모여서 각자가 채점한 채점표를 비교해 본다. 채점자 간에 매긴 점수에 차이가 있는 경우, 이 차이를 중심으로 채점표의 각 항목에 왜 이 점수를 주었는지에 대해 서로 논의한다. 어떤 항목에 대해 자신이 준 점수와 다른 채점자가 준 점수가 다를 경우, 채점기준에 서술된 내용을 근거로 서로 토론하여 그 차이를 좁히도록 한다.

이 표준화 훈련은 말하기 평가를 실시할 때마다 반드시 거쳐야 한다. 전문 채점자들도 정기적으로 위에서 제시한 것과 비슷한 방법으로 표준화

과정을 거친다고 한다. 채점자 훈련을 거치지 않고 바로 말하기 평가에 임하면 인정할 만한 정도의 평가 신뢰도를 확보하기가 어렵다.

본 4장에서는 영어 말하기 시험의 역사와 말하기 시험과제의 제작 및 채점 방법, 채점자 훈련 등에 관하여 알아보았다. 다음 5장에서는 영어 말하기 시험의 출제 및 채점 방법에 관해 좀 더 구체적으로 알아보기 위해서, 영어 말하기 시험과제의 실용 모형(working model)의 예를 제시하고, 각 예시별로 필자의 논의를 첨가하고자 한다.

5장.
영어 말하기 시험과제의 실용 모형 예시

최근까지 영어 말하기 시험은 거의 사람이 주도해서 시행하였다(개별 인터뷰, 그룹 인터뷰 등). 그러나 앞으로는 컴퓨터를 활용한 영어 말하기 시험이 대세를 이룰 가능성이 커지고 있다. 사람이 주도해 왔던 말하기 시험의 거의 대부분을 컴퓨터를 활용해서 시행할 수 있게 되었기 때문이다. 물론 시험과제를 설계해서 만드는 것은 사람이 주도해야 하지만, 시험의 시행 부분은 컴퓨터를 활용하는 것이 여러 가지 면에서 비교 우위에 서게 되었다.

영어 말하기 시험과제는 크게 <u>구술시험 과제</u>와 <u>대화시험(그룹토론) 과세</u>로 나누어 볼 수 있는데, 이 장에서는 실행할 수 있는 말하기 시험과제의 여러 가지 모형을 제시하고 각 모형에 대해 논의하고, 시험 준비 시의 유의점을 첨가하고자 한다.

5.1 구술시험 시험과제의 실용 모형 예시

먼저 구술시험 시험과제의 성격 및 특징에 대해 살펴보고, 구술시험에서 실제로 사용할 수 있는 구술시험 시험과제의 실용 모형(working model)을 구체적으로 예시해 보기로 하자.

구술시험은 혼자 말하기 시험이다. 말하기 시험에서는 기본적으로 응시자가 하는 말, 즉 구술(口述) 자체가 채점 대상이 된다. 상대방이 있는 대화시험에서도 채점은 응시자가 한 말을 대상으로 채점한다. 이렇게 보면 말하기 시험은 모두가 구술시험이라고 해도 무리가 없을 것이다. 구술시험은 응시자의 혼자 말하기 능력을 보면 대화에서도 어느 정도 잘할지를 짐작하거나 추정할 수 있다는 것을 전제로 한다. 대화시험은 응시자가 상대방과 짤막짤막하게 서로 말을 주고받는 방식으로 진행되지만, 구술시험은 응시자가 한 번에 말하는 시간이나 말의 양이 대화시험에 비해 길거나 많다. 구술시험은 혼자 말하기 시험이기 때문에 채점기준에서 상호작용 채점 요소가 없다는 것이 대화시험과 구별되는 부분이다. 구술시험 시험과제의 대표적인 예는 서술하기 과제, 묘사하기 과제, 의견 말하기 과제, 문제해결하기 과제 등이다. 하나씩 살펴보기로 하자.

1. 서술하기 시험과제의 예

서술하기는 사건이나 생각 따위를 차례를 좇아 글로 쓰거나 입으로 말하는 것을 가리킨다. 즉 자신이나 다른 사람에게 있었던 경험, 일화 등이나,

어떤 것에 대한 자신의 생각을 순서에 맞게 말하는 것을 가리킨다. 서술하기에는 묘사하기도 상당 부분 포함된다. 서술하기 시험과제의 예로, 1)연속 질문에 답하기, 2)과거 경험이나 일화 말하기, 3)어려운 상황 돌파하기, 4)자료 참고하여 말하기 등을 제시한다.

1) 연속 질문에 답하기

[시험과제-A](연속 질문에 답하기)

$\boxed{Q}$: Now let me ask you some simple questions. Answer my questions briefly.

Q1. Where do you live?

Q2. Can you tell me something about your neighborhood?

Q3. Is there anything special or interesting in your own town?

Q4. Who is your favorite singer?

Q5. What kind of sports are you most interested in?

Q6. How do you usually spend your holidays?

[응답 예시]

A1. I live in Seoul. Seoul is the capital city, and it's the center of everything in Korea.

A2. There's a famous art center in my neighborhood. I'm very proud of it. So lots of people come around, especially on Saturdays.

A3. There's nothing special, except the art center. I live in an apartment house in a great apartment complex, so I can see mostly apartment buildings from my place. I can't see rivers or mountains. There's only a small village park nearby. That's really a pity.

A4. I like K-pop music, and I like BTS, and other girl group singers, like….

A5. I like soccer most. I like to play soccer, and to watch soccer as well. Unfortunately the Corona virus has made it difficult for me to enjoy soccer these days. I have to be careful about my health and my family….

A6. During the weekends, I usually go to the nearby park with my dad, and walk with him talking, or with a friend of mine. And on some national holidays, my dad drives us (me and mom) to the famous resort places. We all have a good time together, and I really like it.

시험과제-A는 초급 수준의 말하기 시험과제로 사용될 법하다. 그러나 매우 단순하고 일상적인 생활에 관한 질문이지만, 보통 응시자의 긴장이나 불안감을 완화시켜 줄 목적으로 본 시험 전에 웜업(warm-up) 형태로 제시될 수도 있다. 이런 형태의 문제가 중급 이상 수준 응시자를 대상으로 한 말하기 시험과제로 제시될 수도 있는데, 그럴 경우 응시자는 중급 이상의 수준에 걸맞은 응답을 내놓아야 한다. 위의 예시 응답에서 밑줄 친 부분은 질문에 대한 응답인데, 말하기 시험에서 이와 같이 간단하고 짧게 말을 하고, 더 이상 말을 덧붙이지 않는다면 좋은 점수를 받기는 어려울 것이다. 응답 예시에서 밑줄 친 부분 뒤에 있는 것은 응시자가 알아서 덧붙여야 나가야 할 응답의 예에 해당한다. 기본적으로 말을 길게 많이 하는 것이 유리하므로 시험 준비 시에 유의하여 연습해야 할 것이다.

[시험과제-B](연속 질문에 답하기)

Q : Let me ask you some questions. Answer me briefly.

Q1. Which do you prefer more, watching television or going to the movies? Explain why?

Q2. Can you choose the most memorable movie, book, or play you have ever seen? Will you describe it briefly?

Q3. What kind of job do you want to have in the future? Will you explain why?

[응답 예시]

A1. I prefer going to see the movies, but it is difficult for me to do so frequently. So I watch television more often at home, and watching television is part of my everyday life. I like it, too. So I have to say that I prefer watching television. (* Add more.)

A2. The most memorable movie is Jango, which is a western movie. I can't remember the storyline clearly now, but the scene in which a lower class woman was whipped by a white gangster is still vivid in my memory. The woman's facial expressions, when whipped, were super-real···. (* Add more.)

A3. I want to be a teacher in the future. I like children. I like to play with children. They are pure and innocent. They always look happy. And my mom is an elementary school teacher, and she likes it so much, and talks a lot about her children to me at home. I also want to be happy with them. (* Include as many of your own reasons as possible.)

시험과제-B는 모두 응시자의 일생 생활이나 주변 상황에 대해 다양한 질문을 하여 응시자에 관한 정보를 얻는 방식으로, 응시자는 자신과 자신의 일상생활에 관한 질문에 대해 있는 그대로 응답하면 된다. 실생활에서의 대화와 비슷한 점이 많으므로 자신의 의견을 말해야 할 때도 많다. 응시자에 따라서는 질문에 딱 맞는 대답을 찾기가 어려울 경우도 얼마든지 있을 것이다. 이때 틀리게, 엉성하게 말하느니 그냥 가만히 있자고 생각할 수도 있을 것이다. 그러나 그럴 때에도 짧게 한두 문장만 말해 놓고 입을 닫고 있지 말고 먼저 한 말을 더 꾸미든지 어떤 형태로든 살을 붙여서 말을 길게 많이 하는 것이 중요하다. 살을 붙여 말하기는 시험 준비할 때에 특히 유의하여 연습해야 할 부분이다. 이 시험과제도 본격적인 말하기 시험과제를 제시하기 전에 웜업(warm-up)으로 제시하는 경우도 많이 있을 것이다.

[참고] 적극적으로 상상해서 말해야 할 필요성

이런 형태의 말하기 시험과제가 제시된 경우, 자신이 응답을 너무 짧게 했다고 생각하면, 의도적으로 응시자 자신의 스키마와 상상력, 자신의 영어 능력을 총동원하여 말을 덧붙여 나가는 것이 좋다. 자신의 실생활에 없는 것이라도, 거짓말 한다고 생각하지 말고, 늘려서 길게 말하도록 해야 한다. 단답식으로 짧게 말하고 나서 침묵하고 있으면, 응시자 자신은 질문에 정확하게 응답했다고 생각할 수도 있지만, 채점자의 입장에서는 채점할 거리(speech sample)가 없기 때문에 높은 점수를 줄 수가 없다는 사실을 잘 기억하고 있어야 한다.

---

2) 과거 경험이나 일화 말하기

[시험과제-C](과거 경험 말하기)

[Q]: Tell me about the most interesting overseas trip you've ever taken. Why was it most interesting to you?

[응답 예시]

OK, what comes to mind first is the Singapore trip I had a few years ago. It was a trip with my family to celebrate my father's 60th birthday, which is called "whangap" in Korean. When I first arrived in Singapore, a rather small city-state, I was fascinated by its cleanness all around the city. I was surprised to see a sign that said "No smoking. Fine SG$ 500" "No chewing gum, Fine SG$ 500," "No spitting: Fine SG$ 500," and so on. (* Include additional stories even if they are made up.)

시험과제-C는 응시자의 개인적인 경험을 말해야 하는 실생활 관련 과제로서 과제의 진정성은 높은 편이다. 응시자는 과거에 자신이 했던 해외여행 중 가장 기억에 남는 것, 혹은 가장 먼저 떠오르는 것에 대해 이야기하듯 말하면 된다. 이때 유의할 점은, 인상 깊었던 해외여행 경험을 어떻게 전개해 나갈 것인지를 빠른 시간 내에 정해야 한다는 것이다. 무엇부터 시작해서, 어떻게 전개해 나가고, 재미있었던 일화를 어떻게 제시할 것인가를 생각하면서 말을 해야 한다. 좀 더 체계적으로, 좀 더 길게 풀어서 이야기하듯 말해 나가는 것이 좋은 성적을 얻는 데 도움이 된다. 만약 응시자가 과거에 해외여행을 한 적이 없다면, 자신의 배경지식을 총동원하여 꾸며 내어야 한다. '저는 해외여행 경험이 없는데요'라는 식의 말만

하고 더 이상 말을 이어 가지 않는다면 그 시험에서 좋은 성적을 얻을 수가 없다. 책이나 TV, 인터넷 등을 통해 얻은 해외여행에 관한 지식을 동원하여 뭔가 말을 해야 한다. 주어진 시험과제는 응시자가 개인적으로 해외여행 경험이 없는 상황을 염두에 두지 않는다. 물론 출제자는 응시자의 특성을 개략적으로 고려하여 대부분의 응시자가 경험할 수 없는 것에 대해서는 출제하지 않아야 한다.

[시험과제-D](과거 일화 말하기)

$\boxed{Q}$: Think of your favorite hobby and tell about when you started it and how you are now doing it.

[응답 예시]

I'd like to say that flying drones is my hobby. I like it. I first came across drones flying five years ago. I happened to visit a friend of mine and joined the drone-flying project. His father was an expert in this, and I learned a lot from him. I suddenly developed a liking for that. I have installed a small video camera on my drone, and now I can see the landscape from above the sky. The panoramic view⋯. It's absolutely gorgeous⋯. (* Include additional stories, even if they are made up.)

시험과제-D도 응시자의 실생활과 관련된 것으로 응시자는 자신의 경험과 생각을 주로 말해야 한다. 자신이 평소에 즐기는 취미 활동이 있으면 그것에 대해 말하기는 쉬울 것이다. 무미건조하게 사실적으로 나열하듯 말하지 말고, 듣는 사람이 재미있어 할 것 같은 요소들을 곁들여 말하는 것이 좋다. 응시자에게 특별한 취미가 없다면, 역시 자신의 배경

지식을 총동원하여 이야기를 꾸며 내어야 한다. 시험 상황에서 진실이나 사실만 말해야 한다고 생각하고 말을 이어 가지 못한다면 그 시험은 그걸로 끝나는 것이다. 채점자는 응시자가 가진 취미의 진실성을 평가하는 것이 아니라, 응시자가 하는 말을 평가한다. 책이나 TV, 인터넷 등에서 접한 다른 사람들의 취미 활동을 상기하여 자신의 취미인 것처럼 꾸며서 가능한 한 길게 많이 말을 하도록 해야 한다. 혹은 가족이나 친구 등 잘 아는 사람의 취미 생활에 대해 마치 자기 것인 양 꾸며서 이야기를 해도 된다. '나는 뭐 특별한 취미가 없다'는 식으로 말을 하고, 가만히 있으면 좋은 점수를 받을 수가 없다. 채점자에게 채점할 거리를 제공하지 않으면 성적을 받을 수가 없을 것이다. 이를 위해서는 시험 준비 단계에서 많은 연습을 해야 한다. 특히, 이야기를 상상해서 꾸미고 덧붙여 말하는 연습을 많이 해야 한다.

3) 어려운 상황 돌파하기

[시험과제-E](화재 발생 시 대처하기)

Q : Imagine there is a fire in your house. The hallway, the only way to escape, is on fire. You have to escape the fire. Describe how you should act in this situation. You should explain in full sentences.

First, I would deliberately remind myself of my motto: "Never be surprised, even in an emergency." because you can do nothing properly in dismay. And then I would go into a room with windows, close the door, and look for anything like a bed spread, a blanket, or anything that came into my sight. I would push it under the door and block all the space under it. It will help prevent the smoke from coming in through the gap under the door. Then, I would open the window and shout for help. If I had a mobile phone, I would call 119 immediately. (* Add more.)

시험과제-E는 자기 집에 불이 났을 경우 어떻게 대처하겠는가를 묻는 것이다. 실제로 집에 불이 난 경험을 가진 응시자는 거의 없을 것이다. 그래서 응시자는 화재 대피요령을 자신의 배경지식을 동원하여 말해야 할 것이다. 이 경우 응시자는 대개 자신이 사는 집의 구조를 염두에 두고 말을 할 것이기 때문에, 자신은 잘 아는데, 듣는 사람은 잘 알아듣지 못하는 말을 할 수도 있다는 것을 고려해야 한다. 이 경우 듣는 사람(채점자)이 명료하게 이해할 수 있도록 주변의 상황과 맥락을 제시하면서 말을 이어 가야 할 것이다. 채점자가 잘 알아듣지 못하면 좋은 성적을 얻을 수가 없다. [응답 예시]의 첫머리에서 보듯이 대처 방법을 바로 말하기 전에 자신의 평소 생각, 삶의 방식 등을 먼저 덧붙인다면 채점자들에게 더 좋은 인상을 줄 것이다. 이런 형태의 시험과제에 대비해서 시험 준비 시에 다양한 위급상황을 대상으로 충분히 연습해 두어야 할 것이다. 충분한 연습도 하지 않고 좋은 성적을 얻으려 한다면 그것은 잘못된 것이다.

Q : You had a somewhat serious quarrel with your colleague over a company matter. Intending to make peace with him or her, you invited him or her to dinner at a fancy restaurant. When you tried to pay after dinner, you realized you didn't have your wallet. You don't have any cash or credit cards, and you've never used a mobile payment system. Now tell me how you would cope with this difficult situation without causing him or her to misunderstand your genuine intentions.

[응답 예시-①]

First of all, I would apologize for my fault. I was not careful, and explain how I forgot to bring my wallet. Probably, I would say I had changed into my suit to come to the restaurant and forgot to check the pockets of the previously worn clothes. After telling him/her to wait a bit in the seat, I would go to the corner and call my mom, using my mobile phone and explain the situation. She would most probably rush to the restaurant with money. (Or she would be happy to take care of it by paying directly to the restaurant using her mobile phone.) And apologize to the invitee and explain that my mom would come sooner or later. (Or, explain that my mom would pay directly to the restaurant.) Then the invitee would most likely understand and say it could happen to anyone. Then I can resolve the difficult situation without causing misunderstanding. (∗ Add more, or suggest some creative solutions.)

시험과제-F는 일상생활에서 흔히 접하거나 경험할 수 있는 어려운 상황을 가상적으로 제시하고, 그 상황을 타개하기 위해서 어떻게 할 것인지를 영어로 설명하게 하는 과제이다. 글로벌 영어 말하기 시험들이 자주 사용하는 형태의 시험과제이다. 이 경우 제시하는 상황의 진상을 정확하게 파악하는 것이 무엇보다 중요하다. 그리고 그 상황 속에서 무엇을 어떻게 하면 되겠다는 해결책을 논리적으로, 명료하게 제시하는 것이 중요하다. 응시자의 사전 지식이나 사전 경험이 매우 중요하게 작용한다. 사실 어떻게 해야겠다는 생각이 빨리 정리되지 않으면 말을 이어 나갈 수가 없기 때문에 다양한 각도에서 문제를 바라보고 해결책을 제시하는 연습을 많이 해야 한다. 응답 예시-①과 응답 예시-②를 비교해 보면, 문제 해결의 방법이 조금 다르다. 이렇게 한 가지 해결 방법만 있다고 생각하지 말고 유연하게 생각하고 다양한 방향으로 생각을 하는 연습을 해야 한다. 비슷한 유형의 문제들을 시험 준비서 등을 통해서 많이 연습해야만 다양하게 순발력 있게 해결책을 제시할 수가 있다.

덧붙여, 응시자가 제시하는 해결책이 <u>창의적이고 설득력이 있으면</u> 채점자에게 좋은 인상을 줄 것이고 득점에 도움이 될 것이다. 물론 채점자는 응시자의 영어 말하기 능력 자체의 평가에 집중하겠지만….

4) 자료 참고하여 말하기

[시험과제-G](그래프 내용 말하기)

Q : Look at the bar chart, which presents the percentage of the subjects that high school students like to study. Compare and contrast each subject's ratio on the basis of the chart, and give us your opinion about your preference.

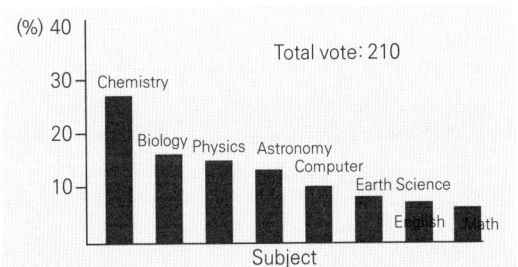

[응답 예시]

Students' preferences for the subjects are in the order of Chemistry, Biology, Physics, Astronomy, Computer, Earth Science, English, and Math. Chemistry is the most favored subject, and math is the least favored one. Actually, I don't like chemistry very much, unlike these students. My favorite subject is biology; I don't exactly know why, but I find I am not aware of passing time when I read biology books or watch TV about living creatures, whatever they are. I especially like to learn about living animals under the deep sea. (* Include more)

시험과제-G는 도표로 제시된 정보를 보고 응답하는 문제인데, 먼저 시험과제가 응시자에게 요구하는 것이 무엇인지를 먼저 확실히 파악하는 것이 중요하다. 그 다음 도표의 내용을 면밀히 살펴 시험과제가 요구하는 것을 도표의 내용과 일치하게 영어로 말하면 된다. 이 도표는 비교적 간단하고 정보를 파악하기도 쉽기 때문에 응답하기도 어렵지 않을 것으로 보인다. 그러나 제시된 정보만 간단하게 말하고 더 이상 덧붙여 말하지 않는다면, 덧붙여 말하는 다른 응시자에 비해 더 좋은 성적을 얻을 수 없을 것이다. 특히, 이 시험과제는 응시자가 자신의 의견과 선호하는 것을 말하도록 하고 있기 때문에 더 꾸미고 덧붙여서 말을 좀 더 많이 할 수 있는 여지를 주고 있다는 점을 파악해야 할 것이다. 그렇다고 해서 관련이 별로 없는 엉뚱한 내용을 만들어 내어서 말을 많이 한다면, 오히려 감점 요인이 될 수도 있을 것이다.

[시험과제-H](습득 물건 처리하기)

Q: A bulky wallet was picked up from the street. It contains a few credit cards, some cash, three family photos, plus three business cards of the owner, and other things. Now answer the following:

* You must always have reasons for each statement for the three questions.

[outcome]

1. the owner's job and age	
2. the owner's character	
3. how to return the wallet	

I think the owner is a man because the word "wallet" is used here. As you know, a wallet is not used by women. Instead, a purse is used for women. For Question 1, I can check and find the owner's job from his business cards. His job is _____. But I can't identify his age because there's nothing that shows his age. For Question 2, I think he's rather sloppy or careless in some ways because he lost his wallet in the street, but looking at the family photo, he looks quite family-oriented because he carries his family photo all the time, and the feel of the photo shows that he is quite kind and good-natured. For Question 3, the easiest way is to call him (you can find his phone number on his business card), explain the situation, and make an appointment to meet with him. Or I can mail it to his company address and then text him to explain the situation.

시험과제-H는 실물 자료를 제시하지 않는 경우와 실물 자료를 제시하는 경우로 나누어 생각해 볼 수 있는데, 말하기 시험과제로는 실물 과제를 제시하지 않고, 말이나 글로 가상의 상황을 제시하고 3가지 질문을 제시하는 것이 더 바람직할 것이다. 시험과제에 제시된 지시에 따라 응시자는 3가지 질문 각각에 이유를 붙여서 응답해야 한다. 지갑 소유자의 성격을 묻는 질문에 대해서는 응시자가 지갑의 내용물 전체를 보고 상상해서 말해야 하는데, 설득력 있게 이유를 제시하는 것이 중요하다.

만약, 내용물이 들어 있는 실물 지갑을 제시하였다면, 응시자는 말보다는 행동으로 문제를 다 해결할 수 있을 것이고, 그렇게 하는 것이 말로 하는 것보다 오히려 더 자연스럽고 실생활과 가까울 것이다. 그래서 실물을 시험과제로 제시하는 것은 적절하지 않을 수도 있다. 응시자의 말을 충분히 많이 유도해 내기 어려울 수도 있기 때문이다. 이런 실물 지갑은 시험과제보다는 초보 수준의 학습자에게 학습 과제로 제시하는 것이 더 바람직할 것이다.

2. 묘사하기 시험과제의 예

묘사하기란, 어떤 대상이나 사물, 현상 따위를 말이나 글로 서술하는 것을 가리킨다. 정지 상태의 그림이나 사진의 내용을 묘사할 수도 있고, 어떤 대상의 움직임을 묘사할 수도 있다. 묘사하기는 얼마나 자세하게 묘사하느냐가 매우 중요한데, 한국어로 자세하게 묘사하지 못하면 영어로도 자세하게 묘사하지 못한다. 그렇다고 해서 한국어로 잘 묘사하는 것이 영어로도 잘 묘사하는 것을 보장하지는 못한다. 묘사하기 시험과제는 응시자가 한국어로 자세하게 묘사할 수 있는 정도를 가늠하여 영어로 묘사하도록 요구해야 한다. 특히, 그림이나 스케치 등을 묘사하는 과제의 경우, 듣는 사람이 그림을 보지 않고 듣기만으로 그림을 재구성할 수 있을 정도로 논리적으로 자세히, 충분히 말을 많이 하는 것이 필요하다. 이를테면, 먼저 전체 그림이 무엇에 관한 것이라고 말한 뒤, 왼쪽 → 오른쪽, 위쪽 → 아래쪽 등을 듣는 사람이 쉽게 좇아서 파악해 나갈 수 있도록 그림 속의 묘사 대상의 위치를 명료하게 말해 주어야 한다. 묘사하기 시험과제에는 1)그림이나 사진 묘사하기, 2)조각 그림 연결하여 이야기 꾸며 말하기 등이 있다. 몇 가지 예를 살펴보기로 하자.

1) 그림이나 사진 묘사하기

[시험과제-I](그림 묘사하기)

Q : Describe the picture in as much detail as possible.

[응답 예시]

In my picture, there is a two-story house located a bit leftward from the center. It is covered with two equally sloping roofs; it is a gable-roofed house.

There are five low peaks of mountains seen a bit backward away from the house, with two clouds over the mountain peaks up in the sky. One is up above between two mountain peaks in the central sky, and the other is a bit rightward up in the sky over the mountains.

Two birds are sitting on the roof of the house. The house has one door in the middle of the ground floor and two windows on each floor. A sedan is parked a bit away from the door, and it's parked facing leftward. And there is an oval-shaped lake on the right side of the house, in which three fish are swimming. There are three trees near the house: a small one is on the left side, and two big ones are on the other side of the lake, which is on the right side of the house. In the right-side tree, there is a cat sitting in the middle of the tree's branches and leaves. On the ground between the two trees, there is a bike parked nearby the lake.

시험과제-I의 그림을 묘사하는 것을 듣고, 듣는 사람이 거의 비슷하게 그려 낼 수 있을 정도로 자세히 묘사하는 것은 쉬운 일이 아니다. 응답 예시는 이 그림의 전체적인 구도, 위치 등은 알 수 있지만, 지붕의 모양이나 창문의 위치 등을 그림 속의 모양처럼 묘사하기는 매우 어렵다. 이런 종류의 시험과제는 사실, 지붕 모양이나 창문 위치 등을 묘사하도록까지 요구하지는 않는다. 대상들의 이름과 위치 등을 대략적으로 묘사하면 되는 정도의 시험과제라 할 수 있다. 즉 *2층 집이 한 채 있고, 지붕 위에 새가 2마리 앉아 있다. 호수가 있고, 그 주변에 나무가 2그루 있고, 자전거가 있다. 집 앞에는 자동차가 1대 서 있고, 집 앞 왼쪽에 작은 나무가 한 그루 심겨 있다. 그리고 뒤로는 산이 보인다*는 정도로 대상들 간의 위치 정도만 묘사하는 것이 일반적인 응답으로 나올 것이다. 그림의 내용이나 사용해야 할 단어나 문장구조가 매우 단순한 초보 수준이지만, 실제로 듣는 사람이 파악할 수 있을 정도로 자세히 묘사하기는 대단히 어렵다. 이와 같이 그림 묘사하기 연습을 많이 하면, 다른 형태의 말하기 시험과제를 수행하는 데에도 큰 도움이 된다.

[시험과제-J](배경 없는 사진 묘사하기)

Q : Describe the photo in detail.

[응답 예시]

There is a woman sitting on a four-legged, (beige) wooden stool. She is sitting with her right leg crossed on top of her left leg. She's playing the guitar and singing a song. She is looking downward at the guitar.

She has short black hair that is parted on the left. The ends of her short black hair are slightly curled inward, dangling down above her right neck. She's wearing a whitish (blue) shirt with long sleeves and is also wearing a white scarf around her shoulders. The long scarf is folded once on her central chest and two ends reach down her belly. She's wearing white pants and white lace sneakers. Since the pants are rather short, her two bare ankles are visible.

She is playing a kind of acoustic guitar. Its body is (orange), its neck is black, and its head is (reddish brown). While she is playing the guitar,

> her left-hand fingers are pressing on the higher part of the guitar neck, and her right-hand thumb is picking on the strings with four other fingers clenched.
>
> She doesn't look like a professional singer or musician. She's an ordinary woman who likes playing the guitar, I think.

시험과제-J의 인물 사진 묘사하기는 그림 묘사하기보다 훨씬 더 어렵다. 세부 사항이 너무 많이 포함되어 있기 때문이다. 위의 예와 같이 배경이 없는 경우에는 좀 더 쉬운 편이지만, 일반적으로 인물 사진은 신체의 각 부분별 위치와 모양, 색깔, 아래위에 입은 옷의 모양, 종류, 색깔, 무늬, 장신구 등 묘사해야 할 대상이 너무 많아서 세부적으로 묘사하기가 매우 어렵다. 이 시험과제는 사진의 내용이 비교적 간단하고 분명해서 보이는 대로 묘사하면 되는데, 적어도 중급, 중상급에 속하는 응시자가 해결해 낼 수 있는 정도의 과제라 보인다. 응답 예시에는 기본적인 내용을 거의 다 묘사되어 있는데, 좀 더 길게 말을 많이 하기를 원한다면 이 사진 속 인물에 대한 응시자의 느낌, 기분, 의견 등을 추가하는 것도 좋다. 어떻게든 좀 더 자세히, 묘사하는 말을 많이 하는 것이 유리하다.

Q : Describe the photo in detail.

[응답 예시]

A young man is carrying a baby on his back, and he's washing a small bowl while standing at the kitchen sink. The stainless steel faucet spout is bent toward him, and it is pushing out water. A picture or photo is hung on the upper wall in front of him, and a blurred picture in a rectangular frame is hung by a large ring on the nail just below the picture or photo. On the left side of the faucet, there is a smaller faucet made of steel pipe. The top part of the smaller faucet is curved down in a reversed U shape. On the right side of the man, near the bottom of the baby, there is a (reddish-brown) pot placed on the hot plate. Above the pot is a kitchen range hood installed with the hood lights on. Four white buttons are visible on the gray band that runs across the front of the hood.

The man has black hair with no parting and is wearing a white T-shirt with short sleeves. He's wearing a black-colored baby carrier that has deep gray shoulder bands with a fixing button on the upper part of the left shoulder belt. The shoulder belts are connected with the baby support, which is covered with blackish triangle patterns. And the waist belt is securely fastened around his waist.

While washing a small bowl, he is looking at his baby worryingly and turning his head left-backward because his baby is going to cry or is expressing unhappiness. The baby has placed his left hand on his mouth, maybe sucking his finger, and is frowning or may be making unhappy noises. The baby also has black hair with a left parting. The baby is wearing white clothes with no pants, revealing his left thigh and left knee to be bare. This photo shows that the man may be a single dad who takes care of everything at home, including child care. Or his wife, the baby's mom, is not home yet from her work or a brief outing. This photo, I believe, represents the kinds of difficulties that young people in modern times face when it comes to housekeeping and childrearing.

시험과제-K는 배경이 있는 사진 묘사하기 과제이다. 배경의 세세한 부분을 다 묘사하는 것은 매우 어렵다. 그렇지만 인물 묘사만으로 말의 길이가 짧다고 생각되어 좀 더 길게 말해야 할 경우에는 눈에 잘 띄는 배경 요소부터, 혹은 위 → 아래, 왼쪽 → 오른쪽 등의 방향을 정하고 순서 대로 묘사해 나가면 된다. 특히 배경에 등장하는 물건들의 모양이나 위치 관계를 세밀하게 묘사하기는 매우 어렵다(위 응답 예시의 앞부분 참조).

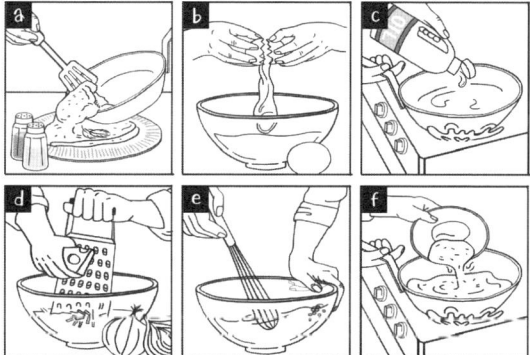

[참고] 관련 자료 활용 연습의 필요성

이런 인물 묘사하기 시험과제는 미리 연습을 충분히 많이 하지 않으면 만족할 만한 성적을 얻기 매우 어렵다. 이를 위해서 344~346쪽의 [참고 자료] 알아 두면 말하기에 큰 도움이 되는 단어들이 도움이 될 것이다.

2) 조각 그림 연결하여 이야기 꾸며 말하기

[시험과제-L](조각 그림 묘사하고 올바른 순서로 나열하기)

Q : Describe each strip of the picture and sequence them in the proper order.

[응답 예시]

a Now your omelet is finished! Take it out of the pan. Add salt and pepper to taste. Serve it next to or on top of toast!

b Break two eggs into a bowl. Be careful not to get bits of eggshell in the bowl, or the omelet will be crunchy!

시험과제-L은 여러 개의 조각 그림들을 연결하여 이야기를 꾸며 말하기 과제인데, 학습과제로 자주 사용되는 것이다. 학습과제를 시험과제로 사용하는 것엔 아무런 문제가 없다. 이 시험과제는 일의 절차가 분명하게 드러나는, 그리고 응시자들이 조각 그림만 보면 그 순서를 금방 알 수 있는 매우 친숙하고 일상적인 과제를 시험과제로 채택하여, 일이 되어 가는 과정이나 경로를 영어로 묘사하게 하는 방식의 시험과제이다. 조각 그림의 수가 6개로 계란 프라이 하는 전 과정을 세부적으로 모두 보여 주지 못하기 때문에 묘사하는 중간중간에 그림에는 없지만, 필요한 사항을 추가해서 말을 늘려야 한다. 이를테면, **c**의 Turn on the heat to medium high나, **f**의 Let the oil get hot. When it is just starting to smoke a little, Hear it sizzle! 등은 그림에 드러나지 않은 내용을 응시자가 추가한 것이다. 이렇게 하는 것이 초보자와 능숙자의 차이를 보여 주는 증표가 된다.

[참고] 시험과제의 다양한 활용 가능성

[참고] 시험과제의 다양한 활용 가능성

이렇게 조각 그림의 수가 6~10개 정도 된다면, 전체 조각 그림을 섞어서 반반으로 나누어 2명의 응시자에게 반씩 나누어 주고, 각자가 자신의 조각 그림을 번갈아 가며 묘사하는 활동을 함으로써 전체적으로 어떤 연결된 이야기를 만들어 내도록 하는 '정보차 시험과제'로 사용할 수도 있다[233~242쪽, 1. 정보차 시험과제의 예 참조].

[시험과제-M](조각 그림 묘사하고 간단한 이야기 꾸미기)

Q : Describe each strip of the picture and make up a simple story.

[응답 예시]

1 A little girl is sitting on the grass in a park near her house. There are some flowers blooming here and there. A cat comes to her and entertains her. She likes the cat, and so does the cat.

2 The little girl is going home, holding the cat in her arms. The cat appears to be happy in her arms. Three other cats also want to play with her and follow the girl.

3 Arriving home, she is asking her mom if she can keep the cat in the house. She is still holding the cat in her arms, and her mom says yes. She is happy.

4 A lot of other cats come to her home and play on the sofa and the floor. Some of them are on the sofa, and one of them is on the back of the sofa. They threw the lamp down on the floor and made the toilet paper unroll on the floor. The room has become a mess, and the girl is at a loss. She may feel regret about bringing the cat to her house.

시험과제-M은 4개의 조각 그림을 보고 논리적으로 분명하게, 또 설득력 있게 이야기를 꾸며서 영어로 말해야 하는 시험과제이다. 사진이 아니라 손 그림으로 되어 있기 때문에 묘사할 내용은 그리 많지 않다. 이 경우에도 각각의 조각 그림 묘사 시에 응시자가 자신의 경험이나 생각을 추가하여 말의 양을 늘리고, 이야기를 더 풍부하게 만들 수 있다. 조각 그림에 보이는 것만 묘사하면 상당히 무미건조한 이야기가 될 수 있고, 그러면 좋은 성적을 얻기 어려울 것이다. 좋은 성적을 얻으려면 묘사할 때 자신의 생각이나 상상력을 섞어서 자세히, 많이 말해야 한다. 조각 그림의 기본적인 내용을 간단하게 몇 마디로 묘사하고 입을 닫고 있는 것보다는 영어로 말을 풍부하게 많이 하는 것이 훨씬 유리하다. 응시자가 영어 지식이 많고 영어 사용에 대한 자신감이 크다는 것을 보여 주는 것이기 때문이다.

[시험과제-N](조각 그림 연결하여 창의적 이야기 꾸미기)

Q: Describe each strip of the picture and complete the story in your own way.

[응답 예시]

1 In a cheap noodle shop, there are three people: a woman, a boy, and a man. The woman is making food while standing facing forward behind the eating table. The long table for customers divides the restaurant into the kitchen and the serving hall. One boy is studying at the eating table on the hall side. The boy seems to be the son of the woman. A man with glasses is sitting next to the boy and is eating a bowl of noodles with chopsticks. The boy and the man are sitting side by side, facing the woman over the dining table. Between the boy who is studying and the man who is eating is a stool, on which a bag is placed. It is probably the man's.

2 After the man went out after eating, the woman and the boy found that the man forgot to take his bag, which was located on the chair on his left side. The boy found the man's bag left behind, and his mom came over to the front. They opened the bag and found a lot of money in it. They were surprised as well as impressed by the big money. They have never seen such big money, and they were at a loss for a while.

3 While the man was walking along the street after he got out of the restaurant, suddenly his money bag came to mind. He remembered leaving his bag behind on the chair in the restaurant. That is, he forgot to pick it up when he went out of the restaurant. He was awfully terrified to recognize it. He was deeply worried about the money and reproached himself for his clumsiness. He hoped nothing happened to the money bag and prayed that it would be there. He became anxious and hasty in mind.

4 What will the man do after he realizes he did not bring his bag with him from the restaurant? He'll most likely rush to the restaurant and inquire about a bag left on the chair while he ate. Even if he was extremely worried, he would say it in a kind and careful voice. According to Picture **2**, the mother and her son found a lot of money in the bag and were surprised; they would probably give it back to the man. Then the man may express his thanks and offer some pocket money to the boy as a token of his gratitude.

시험과제-N은 위 **시험과제-M**과 같이 조각 그림을 묘사하여 이야기를 꾸미는 과제이지만, 이야기의 결말이 정해져 있지 않다는 것이 특징이다. 마지막 조각 그림에서는 결말이 어떻게 될지를 응시자가 스스로 생각해서 말해야 하기 때문에 응시자에게는 부담이 더 크다. 이 시험과제의 경우, 남자가 분명히 식당으로 돌아와서 자신의 돈 가방을 찾을 것인데, 엄마와 아들은 어떻게 반응을 보일 것인지를 상상하여 말하도록 하고 있다. 매우 평범하게 그냥 돈 가방을 돌려받고 남자가 고맙다고 인사하는 정도로 마무리할 수 있지만, 응시자가 창의적으로 이야기를 마무리 한다면 채점자는 보다 높은 성적을 부여할 것이다. 그렇지만 응시자가 너무 엉뚱하거나 부도덕한 내용을 덧붙이거나 상식적으로 말이 안 되는 이야기를 덧붙인다면 오히려 감점을 받을 수도 있을 것이다. 이런 시험과제는 응시자의 창의적 답변을 요구한다는 점에서 학습과제로도 유용하게 쓰일 수 있고, 시험과제로도 효과적이라 생각된다.

3. 의견 말하기 시험과제의 예

일상생활에서 어떤 크고 작은 문제에 대해 자기의 의견 말하는 것은 매우 흔히 있는 일이고, 또 자주 요구받는 언어 활동이다. 실생활의 상황이 아니라, 시험 상황에서는 의도적으로 사람들마다 의견이 다를 수 있는 문제를 시험과제로 제시한다. 즉 찬반양론이 분명히 존재하는, 그룹토론의 대상으로도 삼을 수 있는 일상생활 속의 문제를 제시하는 것이 일반적이다. 대개 의견을 말해야 할 주제는 쉽게, 간단명료하게 해결책을 제시할 수 있는 것들이 아니기 때문에, 이런 형태의 시험과제는 중급 수준을 넘어 상급, 혹은 최상급 수준의 응시자에게 제시할 수도 있다.

다음의 예들은 찬성자와 반대자를 두 팀으로 나누어 진행할 수 있는 디베이트(토론)의 주제로도 사용될 수 있는 것들이다. 만약 디베이트 주제라면 상대방이 제시한 의견이나 이유에 대해 조목조목 반대 의견을 찾아내어 반격하는 열띤 토론을 이어 갈 수 있고 따라서 말의 양이 매우 많아지는 것들이다. 그러나 여기서는 구술시험의 한 예로 제시한 것이기 때문에 혼자서 차분히 자신의 생각이나 의견을 말하도록 하는 시험과제의 예에 해당한다. 대표적으로 1)어떤 주장에 대한 찬반 의견 말하기, 2)사회적 이슈에 대한 자기 의견 말하기 과제를 살펴보기로 하자.

1) 어떤 주장에 대한 찬반 의견 말하기

[시험과제-O](어떤 주장에 대한 찬반 의견 말하기)

Q : Express your opinion about the suggested solution for the parking difficulties in big cities.

In big cities, there are a variety of parking difficulties. There are so many illegal car parks everywhere, causing inconveniences and safety problems. So cars should not be sold to those who do not have secured car parking lots. Do you agree or disagree with this statement? Provide your own reasons.

[응답 예시]

Personally, I agree with the statement. In big cities, car parking is really a problem. There are so many cars parked in places where they should not be, such as on pedestrian roads. Sometimes I have difficulty walking, and sometimes my clothes become dirty. Such illegal parking causes a great deal of inconvenience. If cars are not sold to those who cannot show evidence that they have their own parking space, a great deal of inconvenience will be removed, and a lot of car-related accidents will be reduced.

I do not agree with the statement. Illegal parking is a problem obviously, but forcing potential car buyers to purchase a parking space ahead of time, on the other hand, will cause far more problems. Korea is a well-known car-exporting country in the world. Car companies create a lot of employment opportunities because they have to have a lot of subcontractors. The number of employees working in the car-making industry is enormous. So if car-making companies are forced to sell fewer cars, Korea's whole economy will be weakened in many aspects. Instead of introducing a parking space evidence, illegal parkings should be handled prudently. Of course, people should be encouraged to use public transportation. The city government should make efforts to build as many public parking lots as possible.

시험과제-O는 대도시 생활에서 흔히 볼 수 있는 현상에 관한 것으로, 그룹토론 문제로 제시하면 매우 치열하게 토론을 이어 갈 수 있는 주제를 포함하고 있다. 이런 의견 말하기 활동을 학교에서 잘 훈련받지 않은 사람은 자신의 의견을 조리 있게, 당당하게, 자신 있게 말하는 것이 그런 훈련을 받는 사람에 비해 많이 약할 수밖에 없을 것이다. 의견 말하기 시험에서는, 응시자가 자신의 의견이 특별히 없거나, 생각해 보지 않았을 경우에는 *상상력을 동원해서라도 말을 충분히 많이 하는 것이 중요하다.* "의견 없습니다", "생각해 보지 않았습니다"라고 말한다면 결코 좋은 성적을 얻을 수가 없다. 뭔가를 끌어대서라도 좀 길게 말을 이어 가야 한다. 시험 준비 단계에서 매우 신경 써서 노력해야 할 부분에 해당한다.

다른 한편으로, 이 시험과제는 <u>공정성</u> 측면에서 문제가 있을 수 있다. 대도시에 사는 사람들에게는 불법 주차 문제가 매우 심각한 이슈로 다가오지만, 대도시에 살지 않아서 이런 주차 문제를 겪어 보지 않은 사람들은 이 문제에 대해 평소에 생각을 해 보지 않을 가능성이 크다. 이런 문제를 매일 보고 겪는 대도시 출신의 응시자들에 비해, 이런 문제를 평소에 생각해 볼 기회가 별로 없는 지역 출신의 응시자들은 자신의 의견을, 영어가 아니라 한국어로도 활발하게 제시하기가 어려울 것이다. 즉 이것은 영어 말하기 능력 평가 이전에 시험과제 자체의 공정성, 윤리성 문제가 될 수도 있을 것이다. 출제자들은 이런 문제를 잘 살펴서 출제해야 할 것이다.

2) 사회적 이슈에 대한 자기 의견 말하기

[시험과제-P](정규직, 비정규직에 대한 의견 말하기)

Q : Express your opinion about the employment problem.
(given orally or in writing)

> In the current economic situation, there are so many part-time employees working in our society. There are strong demands for the part-time employees to be converted to full-time ones. Now state what the government's role is in this. Provide your own reasons.

[응답 예시]

In the current society, having no part-time employees is an ideal, not a reality. Part-time employees are at a disadvantage in many aspects, such as wage, working conditions, and welfare. Part-time employees can have more free time, which seems to be considered rather uncomfortable. But their worries about their job stability put them under stress all the time. This should be rectified. But this is not a simple task. This undesirable phenomenon, I think, takes place because there are not enough job opportunities for the job-seekers to enjoy full-time employment. Domestic and international economic situations are changing all the time. As the economic recession continues, many people are finding it difficult to find part-time work.

Here, I'd like to take issue with this matter. The issue is that it is the discrimination that counts for part-time employees. The same pay is not given to the part-timers as it is to the full-timers. The principle of equal pay for equal work does not apply to part-time workers. Part-timers generally get paid a lot less than full-timers. This causes serious problems in many aspects.

As I understand it, converting all the part-timers to full-timers at once or twice is difficult, if not impossible, because each company's situations are different and difficult. So the government needs to take steps so that the same-work, same-pay policy can be effectively implemented in all the companies while making a constant effort to convert the part-timers to full-timers. If the recession improves, more new job opportunities will be created, and more full-time workers will be employed, reducing the number of part-time workers.

시험과제-P는 어떤 사회적 현상에 대해 응시자가 자신의 의견을 이유를 대며 말하라고 요구하는 시험과제이다. 제시된 문제 자체가 그냥 간단하고 단순하게 해결될 수 있는 것이 아니기 때문에, 응시자는 어떤 측면에서 말을 해야 할까를 빨리 결정해야 한다. 문제의 원인과 현상 등에 대해 다양하고 많은 측면에서 접근하면 좋겠지만, 시험과제의 특성상 어떤 정답을 요구하는 것은 아니다. 이 시험과제는 초보 수준의 응시자에게는 맞지 않고, 적어도 중급 이상의 응시자에게 맞을 것이다. 또한 이런 내용의 시험과제는 경제에 대해 공부를 한 사람에게 유리할 수도 있다. 단순히 신문이나 방송을 통해 알고 있는 상식 수준의 응시자보다는 이 분야를 공부한 사람이 좀 더 체계적으로, 조리 있게 말할 수 있을 것이기 때문이다. 출제자는 특정 분야 전공자에게 더 유리할 수 있는 성격의 시험과제인지 아닌지를 좀 더 면밀히 검토해서 출제에 참고해야 할 것이다. 이것은 시험의 공정성 이슈와 관련이 되는 것이다.

4. 문제해결 시험과제의 예

우리는 일상생활에서 어떤 문제에 부딪힐 때, 혼자 해결할 수 없으면 타인의 도움을 요청한다. 이때 도움을 요청하는 사람이나 도움을 줄 사람이 그 문제의 핵심을 빠르고 정확하게 파악하는 것이 무엇보다 중요하다. 문제의 핵심을 파악하지 못하면 문제를 제대로 해결할 수 없을 것이다. 이에 문제의 핵심이 무엇인지, 문제의 해결 방법은 어떠한지를 영어로 설명하도록 하는 형태의 시험과제를 만들어 영어 말하기 시험에도 사용할 수가 있다. 문제해결 시험과제란, 정보가 의도적으로 나누어지지 않은 문제가 들어 있는 시험과제를 가리킨다. 응시자는 주어진 문제 해결을 위해 자신이 가진 언어적, 지식적, 기술적 자원과 사전 지식, 배경 지식을 최대한 동원하여 자신의 의견이나 생각을 말할 것이므로 이 과정에 사용된 영어를 평가의 대상으로 삼으면 된다. 즉 문제해결 시험과제는 해결해야 할 문제가 온전하게 들어 있고, 응시자가 혼자서 문제의 해결책을 설명하는 구술시험 시험과제를 가리킨다.

[시험과제-Q](규칙에 맞춰 링 옮기기)

Q: Your brother is asking you how to solve the following problem, which he found in a student magazine. He has tried but failed, so he is asking you for help. Assume your brother is present, and explain how to solve the problem to him.

As in the picture below, there are three different-sized rings and three same-sized pegs. Initially, on the left peg, the small one is on top, the large one is on the bottom, and the medium-sized one is in the middle of them. Now move all the rings to the right peg.

You have one minute to prepare before you start to speak.

When moving rings, you must FOLLOW THE RULE:
① Move only one ring at a time
② The larger one should never be placed on the smaller one.
③ No rings should be put anywhere other than on the pegs.

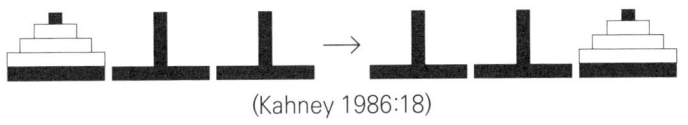

(Kahney 1986:18)

First, [1]move the small ring onto the right-most peg, and [2]the mid ring onto the mid peg. Then the large ring is left on the left peg.

Second, [3]move the small ring of the right peg onto the top of the mid ring of the mid peg, then the right peg has nothing on it.

Third, [4]move the large ring of the left peg onto the right-most peg, Then there's nothing on the left peg. And [5]move the small ring which is on top of the mid ring to the left peg. Now from left to right, the small ring is on the left peg, the mid ring is on the mid peg, and the large ring is on the right peg.

Fourth, [6]move the mid ring of the mid peg onto the top of the large ring on the right peg. And [7]move the small ring of the left peg onto the top of the mid ring of the right peg. Now it's complete. The small ring, the mid ring, and the large ring have been moved to the right peg, and piled up in order of size with the small one on top, the mid one in the middle, and the large one on the bottom.

[응답 예시-②]

For convenience's sake, let's call the small ring Ring 1, the mid-sized ring Ring 2, and the large one Ring 3. Without naming and distinguishing among those, it may be difficult to describe things clearly without confusions.

First, [1]pick up and move Ring 1 onto the right-most peg, and [2]Ring 2 onto the mid peg, then Ring 3 is on the left peg. Now the rings are placed in the order of large one, mid one, and small one from left to right.

Second, [3]move Ring 1 of the right peg onto the top of Ring 2 of the mid peg, and then [4]move Ring 3 of the left peg onto the right-most peg. Then the left peg is empty, and the mid peg has two rings with Ring 1 on top of Ring 2, and the right peg has Ring 3 on it.

Third, [5]move Ring 1 which is on top of Ring 2 of the mid peg onto the left peg. Now Ring 1, Ring 2 and Ring 3 are placed each on the left, mid and right pegs.

Fourth, [6]move Ring 2 onto the top of Ring 3 of the right peg. And [7]move Ring 1 which is on the left peg onto the top of Ring 2 of the right peg. Now it's done. All the three rings have been moved to the right-most peg, with Ring 1 on top, Ring 2 in the middle, and Ring 3 on the bottom.

시험과제-Q에 대한 응답 예시-①과 응답 예시-②는 같은 내용을 좀 다른 방식으로 구술하는 방법을 보여 주고 있다. 응시자는 듣는 사람이 가장 잘 알아듣고 자신이 말하기에도 편한 방법을 빨리 찾아야 할 것이다. 이런 형태의 문제해결형 말하기 시험과제는

⊕ 문제를 해결할 때까지 영어로 상당히 길게 말하도록 하는 효과가 있다.

⊕ 산출 결과가 분명히 제시되어 있어서 응시자가 말을 할 목적과 내용, 방향을 알 수 있다.

⊕ 문제 해결 과정에 사용하는 영어가 예측 불가능성이 있으므로 실제 의사소통과 충분히 흡사하고, 따라서 진정성(실제성)이 있다.

⊕ 이 시험과제의 경우 동생에게 설명해 주는 것을 가정하고 있으므로 상호작용성도 일부 포함되어 있다고 볼 수 있다(이 시험과제를 다른 사람과 협력하여 함께 해결하라고 한다면 상호작용성을 상당 부분 확보할 수 있을 것이다).

⊕ 사후채점을 하면, 응시자가 일관되게 틀리는 부분을 더 잘 찾아낼 수 있다. 현장 채점에서처럼 채점자가 직접 보지는 못하기 때문에 응시자의 정확한 수행을 알기 어렵지만, 비디오 녹화를 하면 해결될 수 있다.

반면, 단점으로는

⊖ 한 번에 응시자 1명만 이 시험과제를 수행할 수 있기 때문에 시간과 비용이 많이 든다. 다만, 인터뷰보다는 적게 들 수 있다.

⊖ 혼자 말하기 시험(구술시험)의 형태로만 사용한다면, 의사소통의 상호작용성을 확보하기 어렵다.

[참고] 시험과제의 다양한 활용 가능성

이런 문제해결 시험과제는 과제에 관한 정보를 인위적으로 나누지 않고 문제 자체를 주고 둘이 협력해서 해결하라고 하는 대화시험 방식으로 시행할 수도 있다. 그러나 문제에 관한 정보를 나누어 주지 않을 경우, 응시자 간에 문제해결 주도자와 보조자가 생겨서 2인 동시채점을 하기 어려워질 수 있다. 또, 아무 말 없이 손으로 움직여 해결하게 하는 것보다 그 과정을 말로 명료하게 표현하도록 하는 것이 응시자의 사고능력과 말하기 능력을 기르거나 평가하는데 훨씬 더 효과적일 것이다.

5.2 대화시험 시험과제의 실용 모형 예시

사실 인터뷰 시험은 형식상 대화시험이라고 할 수 있으나, 시험관의 말은 채점대상에 포함되지 않고 응시자의 말만 채점되기 때문에 기본적으로 구술시험이라 할 수 있다. 또 역할극 시험은 응시자 간에 주고받는 대화의 성격이 인터뷰 시험보다는 대화에 가깝지만, 자연스러운 상호작용이 일어나기 어렵다는 점을 고려하여[129~130쪽, 2) 역할극 시험 참조] 여기서는 대화자 간 지위의 차이나 인위적 역할 분담에 따른 응시자의 심적 부담과 부자연스러움을 덜어 내고, 좀 더 자연스러운 대화가 이루어지는 형태의 대화시험 시험과제로, 과제수행 대화시험 시험과제의 실용 모형(working model)을 예시하고자 한다. 먼저, 과제수행 대화시험 시험과제의 성격과 특징에 대해 알아보자.

대화시험은 응시자가 다른 응시자, 혹은 시험관과 대화하는 것을 반드시 포함해야 한다. 기본적으로 '그룹토론' 방식이고, 방법론적으로는 과제수행 방식이다. 2인 이상의 응시자가 대화를 할 수 있도록 하기 위해서는 대화할 거리를 제공해야 하는데, 이를 위한 가장 일반적인 방법은 응시자들이 대화를 통해 공동으로 해결해야 할 과제(課題)를 제시하는 것이다. 보통 3가지 방법이 사용되는데, 정보차 시험과제, 의견차 시험과제, 추론차 시험과제가 그것이다(Prabhu 1987, pp.46-47). 이 3가지 시험과제는 입력자료의 양과 수준을 응시자의 수준에 맞게 조정할 수 있고, 응시자들로부터 긴말을 유도해 낼 수 있다. 또 상대방과 정보를 공유하면서 상호 협조적으로 대화를 해서 분명한 결과물을 산출할 수 있도록 설계할 수 있는 장점을 가지고 있다. 대화시험 과제의 요체는 2인 이상의 응시자가 주어진 과제를 서로 협력하여 수행해 나가는 과정에 응시자 각자가 사용하는 영어 말하기의 수준을 평가하는 것이다. 여기서 과제 자체를 완결시키느냐, 아니냐는 별로 중요하지 않다. 시험의 목적 자체가 영어 말하기 능력 평가하는 것이기 때문이다. 이 3가지 시험과제의 요지를 살펴보기로 하자.

첫째, 정보차 시험과제는, 과제의 전체 정보를 균등하게 나누어 참여 응시자 모두에게 나누어 주고, 각 응시자가 가진 정보를 대화를 통해 알아내고 알려 줌으로써 시험과제가 요구하는 것을 해결하도록 하는 방식의 시험과제이다. 둘째, 의견차 시험과제는, 의견이 갈릴 수 있는 토론 주제 성격의 문제를 제시하고, 응시자가 순서대로 자신의 의견을 말하게 한다. 그 다음 그 문제에 대한 응시자 간의 공통점, 상이점, 혹은 결론 등을 상호 간의 대화를 통해 찾아내고 요약·정리해서 제시하도록 하는 방식의 시험과제이다. 셋째, 추론차 시험과제는 주어진 문제를 해결하는 과정을 한 응시자가 말하면, 다른 응시자는 그와는 다른 추론 방식으로 그 문제를 해결하는 과정을 말하도록 한다. 그 다음, 각 응시자는 자신과 상대방의 해결 방법을 비교하거나 대조하여 자신과 상대방의 해결 방법을 논평하도록 하는 방식의 시험과제이다.

이 3가지 방식의 시험과제는, 2인 이상의 응시자가 상호 협조적으로 대화를 할 수밖에 없도록 되어 있는 대화시험 시험과제이다. 이 책에서는 이렇게 제공되는 대화 거리로 2인 이상의 응시자들이 대화를 진행하는 것을 '과제수행하기'라 부르고, 이 3가지 시험과제는 <u>과제수행 대화시험 과제</u>라 부르기로 한다[134~139쪽, 5) 과제수행 대화시험(그룹토론 시험) 참조].

> **[참고] 말할 기회 독점 방지 대책**
> 대화시험은 상대방과 토론하는 방식이기 때문에 응시자의 성격이 외향적이냐, 내성적이냐에 따라서 토론의 주도권을 한 응시자가 독점해 버릴 가능성에 대비해서, 채점기준에 상호작용, 적절성 등의 요소가 있음을 응시자에게 미리 주지시키는 것이 필요하다.

1. 정보차 시험과제의 예

정보차 시험과제는 전체 정보를 반으로 나누어 반쪽 정보를 두 사람에게 나누어 주고, 두 사람이 협의하여 전체 정보를 완성하도록 하는 방식의 과제이다. 이 방법의 핵심은, 인위적으로 정보나 의견, 추리 방법 등에 공백을 만들어 상호 협력하여 그 공백을 메우도록 하는 것이다. 이를 위해서는, 응시자 상호 간에 최대한의 구두 상호작용이 일어나도록 해야 한다. 의미교섭하면서 상호작용을 하도록 보장하는 방법은 전체 정보를 나누어서 응시자들에게 주고, 응시자들이 협력하여 그 정보의 갭을 메우도록 하는 것이다. 정보를 나누는 것은 한 사람이 전체 정보의 일부만을 갖도록 하여 상대방과 협의를 하도록 하고 결과물을 만들어 내도록 하기 위해서이다. 이때 각 응시자가 사용한 영어가 평가의 대상이 된다. 이 정보차 시험과제는 많은 양의 구두 상호작용이 일어나도록 보장하고, 의미 있는 정보를 교환하는 긴말이 유도되어 나오도록 한다는 점에서 매우 유용한 시험과제가 될 수 있다. 정보차 시험과제로는 ¹⁾조각 그림 순서 맞추기, ²⁾차이점 찾아내기 등을 예로 들 수 있다.

1) 조각 그림 순서 맞추기

[시험과제-R](6개의 조각 그림 순서 맞추기)

Q : Describe each of the pictures you have to your partner, and then sequence the pictures to make a meaningful story. The pictures are jumbled, and do not let your partner see your pictures. You always have to have your reasons for each argument.

(응시자 A)

(응시자 B)

[응답 예시]

(응시자 A) I have 3 picture clips, ⑤, ⑥ and ①. Let me describe each clip one by one. For convenience's sake, let's call the man Mr. Kim. First, Picture ⑤, Mr. Kim is hurriedly walking up to the 10th floor, He's sweaty and out of breath. (*Places the picture clip ⑤ on the table.*)

(응시자 B) Now it's my turn. I also have 3 pictures, ④, ③, and ②. Let me describe my first picture. It's Picture ④. Mr. Kim is in front of the elevator, but the elevator doors have an "Out-of-order" sign attached to them. It isn't working. (*puts it on the table*)

(응시자 A) OK. Let me describe my second picture, which is Picture ⑥. Nobody is working in the office, and he's looking at the calender. It is May the 5th. (*puts it on the table*)

(응시자 B) My second picture is Picture ③. He hurries out to the street and tries to take a taxi. There is a taxi waiting on the street. (*puts it on the table*)

(응시자 A) OK, let me describe my third picture. It's Picture ①. He's looking at the clock. It says 8:30. He is surprised to to see the clock. He must have overslept and may be late for work. (*puts it on the table*)

(응시자 B) My third one is Picture ②. He is brushing his teeth in the bathroom with his jacket on his left hand and shoulder. He looks quite hurried. (*puts it on the table*)

(응시자 A) Now we have six picture clips on the desk, and let's put these in proper order. I think Picture ① should come first. Don't you think so?

(응시자 B) Yes, that's right. The next is ②.

(응시자 A) and ③, and ④

(응시자 B) and then ⑤ and ⑥. The correct order is ①–②–③–④–⑤–⑥.

(응시자 A) Now let's make up a meaningful story. I'll describe Pictures ①, ②, and ③, and you describe ④, ⑤, and ⑥.

① Mr. Kim got up at 8:30. He looked at the alarm clock in his bed with his pajamas on. He was surprised to see the time on the clock. It was 8:30. It was late for work. He decided to hurry up as much as possible.

② He hurried to the bathroom, and washed his face, and brushed his teeth. He was half dressed, wearing his jacket only in his left hand and shoulder, and his shirt was not completely buttoned up, with his tie not correctly fastened.

③ He hurried out of his apartment and onto the street. He was wearing his suit and holding a small bag in his left hand. He grabbed a taxi to get to his work. Now it's your turn!

(응시자 B)

④ When he arrived at work, he tried to ride the elevator to get to his office. But the elevator was out of order. It was not working. Bad luck! He looked for the stairs to walk up to his office.

⑤ He unavoidably decided to walk up the stairs to his office, which was located on the 10th floor. When he finally arrived at the 10th floor, after about five minutes, he was quite breathless and sweaty all over.

⑥ When he entered his office, there was no one working. Thinking it's strange, he checked the calendar and discovered, it was May 5th, Children's day. It was a holiday. That's why nobody was there. He was almost despaired. Bad luck!

[outcome]

시험과제-R은, 6개의 조각 그림을 3개씩 2명의 응시자에게 나누어 주고, 응시자가 각각 자신의 조각 그림을 영어로 묘사해서 조각 그림 6개를 순서에 맞게 나열하여 하나의 일관된 이야기가 만들어지도록 하는 과제이다. 각 응시자는 자신이 가진 조각 그림을 하나씩 영어로 묘사한 다음, 그것을 책상 위에 내어 놓는다. 그 다음 상대방도 같은 방식으로 자신의 조각 그림 하나를 묘사한 다음 책상 위에 내어 놓는다. 이렇게 6개의 조각 그림이 책상 위에 올려지면 서로 대화를 통해서 이야기가 자연스럽게 연결되도록 조각 그림의 순서를 나열한다. 이때 아무 말 없이 동작으로만 하지 말고, 조각 그림에 관한 말을 계속하는 것이 좋다.

그다음 한 응시자가 앞에서부터 순서대로 조각 그림을 3장씩 묘사하며 이야기를 꾸며서 좀 더 풍부하게 말하고, 다른 응시자는 나머지 3장의 조각 그림을 보고 묘사하여 전체 이야기를 완성해 나간다. 각자 상상력을 동원하여 이야기를 아주 그럴듯하게 꾸며 말하는 것이 중요하다. 이때 응시자들은 자신의 그림을 묘사할 때나, 이야기를 꾸며서 말할 때, 대화를 자연스럽게 이어 갈 수 있는 Let me describe my first picture. It's my turn. Now your turn. 등의 연결사를 사용하는 것이 좋다. 이에 채점자는 응시자 2명이 활동을 하는 것을 바탕으로 주어진 채점기준에 기반하여 2명 동시 채점을 진행한다.

2) 차이점 찾아내기

[시험과제-S](두 그림의 차이점 5개 찾아내기)

Here we have two pictures that are originally from the same picture. There are 5 different points deliberately made between the two pictures. Describe your picture to your partner respectively, and find out the 5 differences between the two pictures.

Attention! Each of you must describe only one item, and pass the speaking turn to your partner, and go on alternately. Never monopolize the opportunity to speak. If so, the raters will consider 'interaction' bad when rating.

(응시자 A: Picture A)

(응시자 B: Picture B)

[outcome]

Differences	1	2	3	4	5
Picture A					
Picture B					

[응답 예시]

(응시자 A): I have picture A. In my picture, the sun is already up above the horizon on the upper-left side. I see two people below the sun; one on the boat in front and the other is water-skiing behind the boat.

(응시자 B): I think it's the same as mine. Now let me describe my picture. A seashore runs diagonally from the lower-left to the upper-right. The sea is on the left side of the seashore (beach), and the sands are on the right side.

A: OK. Mine is the same. It's my turn now. In the central part of the picture, there is a sailboat parked by the central seashore. The triangular sail has four lines running diagonally from the upper-left to lower-right, and a black circle is in the upper center of the sail.

B: So far, there have been no differences. Let me describe. A bit away from the seashore, just in the middle of the picture, a small one-sail boat is seen sailing on the sea.

A: Oh, did you say a one-sail boat? In my picture, there are two sails on the boat.

B: Mine is a one-sail boat, and yours is a two-sail boat. Then they are different. Then that's the <u>first</u> difference, I think.

A: That's correct. Let me continue describing my picture. On the upper-right side of the sand, two people are playing with a ball. The ball is up in the air. It's your turn.

B: Yes, it's the same in my picture. And on the right side of the sailboat parked at the seashore, one man and one woman are talking, standing, with the woman holding the man's right hand with her left hand. She is in a bikini, and he is wearing a pair of swim trunks.

A: Umm... no difference. On the right side of the two people standing, there is a car parked on the sand. One person is seen sitting in the right-hand front seat of the car.

B: No, there's no person in the car in my picture. Then there's the <u>second</u> difference.

A: OK. Now we have three more to go.

B: Let me continue. Just in front of the two people, a lady is resting on the air mattress on the sand. The woman with long blonde hair is sitting with her two arms stretched backward, her right leg fully stretched, and her left leg half bent...

A: Yes, there is a glass of juice with a straw in it on the left side of the air mattress.

B: Really? I have nothing like that. Then, is it the third difference?

A: I think so. It's the <u>third</u> difference.

B: Then let me continue my description. In front of the lady, that is, on the left side of the lady in the picture, there are five sand lumps. There are small flags placed on all five sand lumps.

A: Stop it. In my picture, there are only four flags. One flag is missing. Then it's the <u>fourth</u> difference. OK?

B: Yes, now we've found 4 differences. Only one is left. I'll describe the next part. On the bottom left side, there is a big parasol standing on the sand. The parasol's cover is made up of three black triangle-shaped patterns flanked by three white triangle-shaped patterns one after the other. Under the parasol, there is an air ball patterned with four black triangles.

A: You said it was an air ball with four black triangle patterns. In my picture, there are only three black triangle patterns on the air ball. Then it's the <u>final</u> difference.

B: Yes, we've successfully found five differences between the two pictures.

A: That was a great job!

시험과제-S는 하나의 그림을 복사하여 복사본 그림 중 5 군데만 다르게 변경하여 만든 시험과제이다. 두 그림은 기본적으로 같은 그림인데 5 군데만 차이가 난다. 2명의 응시자는 순서를 정하여 한 응시자가 자신이 받은 그림을(Picture A) 영어로 묘사하고, 상대방은 자신의 그림을(Picture B) 보면서 그 내용을 잘 듣는다. 이때 각자는 상대방이 자신의 그림을 보지 못하도록 해야 한다. 상대방이 묘사하는 내용 중 자신의 그림과 다른 곳이 있으면 그 다른 점이 어떻게 다른지 설명하여 차이점으로 규정하고, 상대방과 협의하여 1개의 차이점으로 정한다. 이런 방식으로 교대로 각자가 가진 그림 전체를 묘사하여 5군데의 차이 나는 곳을 찾아

낸다. 채점자는 이 과정에서 두 응시자가 발화하는 영어 말하기를 채점기준에 의거하여 각각 채점하지만, 두 사람을 비교하면서 채점하지 않을 수 없을 것이다.

이렇게 차이를 찾아내는 형태의 시험과제는 응시자들이 매우 면밀히 묘사해야 하고, 매우 주의 깊게 들어야 한다. 또 응시자별로 말하는 양이 비슷해질 수 있도록 한번에 하나의 대상만 묘사하고, 다음 대상은 상대방이 묘사하도록 차례를 넘기도록 해야 한다[위의 시험과제 속의 Attention! 참조].

[참고] 채점 표적은 응시자의 말 자체이다
이 시험과제에서는 누가 차이점을 더 많이 발견했느냐는 중요하지 않다. 두 사람이 한 말의 양이 균형적이었는가가 중요하다. 채점의 대상은 응시자가 한 말 자체이기 때문이다.

2. 의견차 시험과제의 예

의견차 시험과제는, 주어진 상황 문제에 대해 개인적 느낌, 호불호, 태도 등을 표출하는 활동을 가리킨다. 그림 이야기 꾸미기, 사회문제 토론, 사실 정보, 자신의 입장 변호 등이 이에 해당하는데 정답이 정해져 있지 않은 개방적 성격을 띤다. 각 응시자는 말을 하는 중에 자신과 상대방의 의견이 같은 부분, 다른 부분이 어떤 것인지를 확인하고, 그것이 의견이 같은 부분임에, 혹은 다른 부분임에 동의하는지를 물어보고 응답함으로써 이 시험과제를 해결해 낼 수 있다. 의견차 시험과제는 상대방과의 대화를 통한 상호작용이 일어나도록 하기 위해서, 일반적으로 주어진 문제에 대해 응시자가 각각 자신의 의견을 말한 다음 자신과 상대방이 말한 의견의 차이점과 공통점을 결과물로 만들어 낼 것을 요구하는 형식으로 주어진다. 의견차 시험과제로는 1)자료에 대한 생각의 공통점과 차이점 말하기, 2)주장에 대한 의견의 공통점과 차이점 말하기 등을 예로 들 수 있다.

1) 자료에 대한 생각의 공통점과 차이점 말하기

[시험과제-T](야생동물에 대한 생각의 공통점과 차이점 찾아 말하기)

Q : Discuss and answer the following 3 questions:

Q1. Choose the strongest animal you think and explain why.

Q2. Choose the most useful animal in your opinion for the environment and explain why.

Q3. Discuss and work out a few common and different points.

Attention! Each of you must take turns speaking. Never monopolize the opportunity to speak. If so, the raters will consider 'interaction' bad when rating.

hippo(potamus)	crocodile	rhino(ceros)	
lion	bear	hyena	

[outcome]

	common points	differences
Q1		
Q2		
Q3		응시자 A:
		응시자 B:

[응답 예시]

(응시자 A): For Q1, I think the crocodile is the strongest, because it has a wide big mouth with strong teeth, and its biting power is enormous, and its hard-to-penetrate skin protects itself in water as well as on land⋯. It is fast at moving and quick at capturing its prey⋯.

(응시자 B): I think the lion is the strongest because it is known as the king of all the animals. It has very strong teeth and four excellent legs. It moves so quickly that any preys cannot escape from its chase. And it is really brave⋯.

A: OK. Then let's compare a crocodile and a lion. Which one do you think wins if they fight one-on-one?

B: Of course, the lion does. Crocodiles are strong, I agree, but they are not as fast as lions because their legs are not long enough and they cannot move swiftly on the land····.(Add more.)

A: Now shall we move over to Question 2. Which one is most useful for the environment? I think it's the hyena. The reason is that, even if it looks ugly and cruel, it cleans up the plain by eating away even the dead bodies of animals····.

B: Oh, I don't like the ugly hyena. The most useful animal among the six animals is, I think, a bear, because it is actually very clever and smart, not dull or stupid. I think it is not greedy, and it does not hunt more preys than enough. It is well known that it will never attack first unless attacked first.

A: Well, do you think those are the reasons for the environment? Those are not relevant to the environment.

B: Do you really think so? Bears are not greedy and do not hunt more than enough. I think that's a good reason for keeping the environment in good shape. Shall we proceed to question 3.

A: OK. Be my guest.

B: If I summarize what I said and what you said, my point for Q1 is that the lion is the strongest, but you said the crocodile is. So the difference between you and me is that you think the crocodile is the strongest, and I think the lion is. That's the difference between you and me for Question 1. Agreed?

A: Yes, I agree. Now let's find out the common point, if any····.

시험과제-T는 응시자의 개인적인 의견을 말하고 그에 대한 타당한 이유를 말하는 것이기 때문에 정답은 없다. 그렇지만 제시하는 이유가 채점자에게 설득력 있게 들리는 것이 좋다. 선택에 대한 이유를 제시하는 것이 이 문제에서 요구하는 핵심 사항인데, 이때 응시자는 전체 동물 모두를 빨리 살펴보고 다른 동물과 비교하여 자신이 선택한 동물이 가장 강하다, 혹은 가장 유용하다고 말하는 것이 좋다. 합리적인 근거나 이유를 대지 못하면서 한 가지 동물만 짚어 말하고 그냥 '나는 그렇게 생각한다, 내가 좋아하는 동물이다' 등과 같은 말을 한다면 좋은 성적을 얻을 수 없다. 말하기 시험은 인간 사회의 의사소통의 핵심 부분이기 때문에 상대방의 의견의 허점을 부드럽게 언급하면서 자신의 의견을 무리하지 않게 내세우는 것이 좋다. 더 나아가서 자신과 상대방의 공통점, 차이점을 말하도록 되어 있기 때문에, 각자 상대방의 말을 잘 들어야 하고, 공통점, 차이점을 생각해 나가야 할 것이다. 이 시험과제의 경우, 두 응시자가 말을 하는 빈도나 양을 공평하게 하기 위해서 한 응시자가 기회를 독점해서 길게 말하지 않도록 해야 한다. 즉 한 사람이 여러 가지 포인트를 연달아 말하지 말고 한 가지 포인트를 말한 후 상대방이 다른 한 가지 포인트를 말하는 방식으로, 즉 교대로 말해야 한다고 시험 지시문에 제시해야 할 것이다. 한 사람이 말하기를 독점하는 것은 채점 요소 중 상호작용 부분에서 감점을 받을 수 있다는 등의 경고도 해 주는 것이 좋다[시험과제 속의 *Attention!* 참조].

[참고] 시험과제의 길이나 양의 조절 필요성

만약 이 시험과제를 중상급 이상의 수준의 응시자에게 제시한다면 응시자들이 논쟁적으로 말을 길게 이어 갈 수도 있기 때문에, Q1, Q2 중 하나 + Q3만 제시해도 채점을 위한 말의 양은 충분히 확보할 수 있을 것이다. 만약 초급수준 응시자에게 제시한다면, 3개 모두를 제시해도 유도되는 말의 양이 충분하지 않을 수도 있을 것이다. 시험 시행 상황에 맞춰 출제자가 적절히 조정해야 할 것이다.

2) 주장에 대한 의견의 공통점과 차이점 말하기

[시험과제-U](상대방과 자신의 의견에서 공통점과 차이점 말하기)

Q: Discuss with your group members the following statement: **"I can endure the invasion of privacy and the infringement of human rights to secure my freedom of expression."** State your own opinions with your reasons, work out the common points, and different points between group members. Discuss the pros and cons of the topic.

Attention! Each of you must take turns speaking. Never monopolize the opportunity to speak. If so, the raters will consider 'interaction' bad when rating.

[응답 예시]

(응시자 A): I think I don't agree with the given statement. I can't endure any type of privacy invasion because it is more personal and direct. Privacy and human rights are inherently about the person himself or herself as a human being, which is different from other animals. It's about my existence as a human being.

(응시자 B): Yes, freedom of expression is absolutely important, and it should be protected from any type of violation. Then what does 'freedom of speech' mean here? I think there can be a variety of freedoms of expression like in political situations or in artistic things.

A: That's true, but people should be able to express themselves without any restrictions or threats of punishment. I believe in absolute freedom of expression in our lives.

B: I do believe there's no such thing as absolute freedom like that. What if someone freely expresses himself or herself based on false information? What if somebody backbites you without good reason out of hatred for you?

A: Yes, ungrounded allegations or ill-founded expressions of opinion may do harm to the people to whom they are directed, ending up with human rights violations….

B: So what do we have to do about freedom of expression? I think there must be some regulations, like….

A: Yes, I think we need to define precisely what freedom of expression is and make some reasonable regulations for that freedom of expressionn…. (Discussion can be continued)

시험과제-U와 같은 자기 의견 제시 과제는 매우 수준이 높은 과제이다. 많은 응시자들이 자신의 모국어로도 제대로 표현하기 어려운, 인간, 사회, 정치 등이 통합적으로 연관된 쟁점들이 포함될 수 있기 때문이다. 이런 이슈들에 대한 사전 지식이 없는 사람은 말 자체를 길게 이어 나가기 어려울 것이다. 물론 제시된 시험과제는 매우 다양한 수준의 응답이 가능할 것이다. 매우 초보적으로 피상적인 이유를 대면서 응답할 수도 있겠지만, 수준이 안 되는 응시자는 자주 나타나는 조각말, 말 끊김, 뜸 들이기 등으로 인해 채점자에게 좋지 않은 인상을 줄 수도 있을 것이다.

[응답 예시]에서 응시자 A는 처음에 주장했던 것에서 후퇴하여 응시자 B의 의견에 동조하는 쪽으로 말을 하고 있는데, 이런 경우 응시자 A가

아주 그럴듯한 주장을 그럴듯한 이유를 대면서 계속하지 못하고 억지스러운 주장을 하게 될 것 같으면 주어진 문제에 관해 상대방과 같은 의견을 제시하는 것도 문제가 없다. 문제에서 찬성과 반대(pros and cons)를 논하라 했기 때문이다. 물론, 채점자는 이들 응시자들이 발화한 영어를 채점대상으로 삼아야 할 것이다.

이런 종류의 복잡하고 어려운 주제들에 대해 찬반 등의 자기 의견을 말하고 그 이유를 대도록 하는 형태의 시험 준비서들이 시중에 많이 있기 때문에, 관심을 가진 응시자들은 미리 구해서 연습을 해 두는 것이 보다 좋은 성적을 얻을 수 있는 길이 될 것이다(시중의 Debate 관련 서적 참조).

3. 추리차 시험과제의 예

추리차 시험과제는, 주어진 정보에서 추론, 추리 관계나 패턴 이해 등을 통해 처음의 정보 그대로가 아닌 새로운 정보를 추출하여 상대방에게 전달하는 활동이다. 추리차 시험과제는 과제와 관련된 의미를 지속적으로 생각하게 만든다. 시험과제의 성격상 응시자가 먼저 자신의 추리(생각)를 먼저 말하고 나서 그 생각에 대해 나른 응시자가 의견을 제시하고 토론도 할 수 있는 방식으로 되어 있기 때문에, 구술능력과 대화능력을 동시에 평가할 수 있는 시험과제라 할 수 있을 것이다. 추리차 시험과제로는 1)계산 문제 풀이 과정의 차이, 2)자료 내용 파악 방법의 차이에 관한 과제를 예로 들 수 있다.

1) 계산 문제 풀이 과정의 차이

[시험과제-V](간단한 계산 문제의 풀이 과정 설명하기)

[Q]: Calculate ⟨ 18 x 27 ⟩, and explain to your partner how to reach the correct answer, and compare and contrast each other's solutions.

[참고] 너무 어렵거나 복잡한 수학, 과학 문제는 영어능력 시험과제로는 부적합하다. 매우 쉽고 간단한 문제를 제시하는 것이 좋다.

[응답 예시] Q:

(응시자 A): OK, now let me start with Q1. First, convert 18 to 10 plus 8 (i.e., 10+8), and 27 to 20 plus 7 (i.e., 20+7). Now multiply two ten's place figures, 10 by 20, then it becomes 200. And multiply a single figure 8 by ten's place figure 20. That is, 8 multiplied by 20 becomes 160. In the same way, multiply 10 by 7, making 70. And then multiply two single figures. 8 multiplied by 7 is 56. And add them up altogether. 200 plus 160 plus 70 plus 56 becomes 486. It's piece of cake!

A can write down his or her calculation as follows and explain according to the written calculation: **(10+8)(20+7) = 10x20 + 10x7 + 8x20 + 8x7 = 200 + 70 + 160 + 56 = 486**

(응시자 B): OK. Let me explain how I solved this problem. The figures 18 and 27 can be reformulated into 20 minus 2 (i.e., 20-2) and 30 minus 3 (i.e., 30-3). Then the question is like (20-2) multiplied by (30-3). So we can multiply (20-2) by (30-3). Now, if you multiply 20 by 30, it's 600. and second, multiply -2 by 30, which is -60; third, multiply 20 by -3, which is -60; and finally, multiply -2 by -3, which is +6. Add them all up: 600 plus -60 plus -60 plus +6. The result is 600-120+6. The total becomes 486.

B can write down his or her calculation as follows and explain according to the written calculation: **(20−2)(30−3) = 20x30 +(−2x30) +(−3x20) +(−2x−3) = 600−60−60+6 = 486**

(응시자 C): First, I'll rearrange the numbers. If I rearrange 27 to become 20 + 7, the question becomes 18 multiplied by 20 plus 7: 18x(20+7). And if I multiply 18 by 20, it's 360, and then if you multiply 18 by 7, it's 126. Now add 360 to 126, and it becomes 486. The calculation is easier. I think you can do it with mental calculation.

C can write down his or her calculation as follows and explain according to the written calculation: **18 x(20+7) = 18x20 + 18x7 = 360 + 126 = 486**

(응시자 D):

$$\begin{array}{r} 1\ 8 \\ \times\ 2\ 7 \\ \hline 1\ 2\ 6 \\ 3\ 6 \\ \hline 4\ 8\ 6 \end{array}$$

First, 7 multiplied by 8 is 56; put 6 on the one-digit place and raise 5. Then 7 multiplied by 1 is 7. Add the 7 to the previously raised number 5. Then 7 plus 5 equals 12. Put 12 on the left of 6. It becomes 126. Next, moving on to the ten's place, 2 multiplied by 8 is 16, so put 6 on the ten's place on the next row, and raise 1. And 2 multiplied by 1 is 2. Add the previously raised 1 here. Then 2 plus 1 is 3. Put the 3 on the hundredth position below the next row. Then it becomes 36. Finally, add each digit vertically, and it becomes 486.

D can write down his or her calculation as follows and explain according to the written calculation: **18x27 = 7x8 + 7x10 + 20x8 + 20x10 = 56 + 70 + 160 + 200 = 486**

시험과제-V의 응답예시에 4명의 응시자를 등장시킨 것은 문제에 대한 다양한 해결책이 있을 수 있다는 것을 보여 주기 위해서다. 채점 여건이 허락하면 4명의 응시자를 대상으로 시험을 시행하는 것도 가능할 것이다. 우리가 일상적으로는 매우 쉽고 간단하게 해결할 수 있는 계산 문제의 풀이 과정을 영어로 설명하라고 하는 것은 쉽지 않은 과제이다. 보통의 경우 아무 말 없이 머릿속 생각만으로 문제를 계산하고 답을 구하기 때문에 그 과정을 논리적으로 설명하기는 쉽지 않다. 본 시험과제와 같이 비교적 간단하고 쉬운 계산 문제를 풀이하는 과정, 즉 추론하는 과정은 사람마다 다를 수 있기 때문에 추론차의 문제로 제시할 수 있을 것이다. 각 응시자는 자신의 풀이 과정을 숫자로 적어 놓고 그것을 바탕으로 설명하는 것이 더 좋을 것이다. 각 응시자의 설명이 끝난 후에는 자신의 풀이에 대해 변호하거나, 상대방의 풀이와 비교, 대조, 혹은 토론하도록 함으로써 <u>구술시험 + 대화시험의 효과</u>를 낼 수 있을 것으로 보인다. 이런 계산 추론 문제의 경우, 풀이의 과정, 정답이 맞아야 하고, 그 과정에 사용하는 영어가 양적으로 충분히 많아야 한다. 그러나 영어로 말을 많이 하기는 하지만, 풀이의 과정이나 정답이 틀린다면 좋은 성적을 얻기는 어려울 수도 있을 것이다.

2) 자료 내용 파악 방법의 차이

[시험과제-W](지하철 노선도 보고 가장 빠른 길 찾기)

Q: You and your friend B just arrived at Seoul Railroad Station (the circle on the map), and you do not know much about the Seoul Metro System. Both of you want to go to Songpa Station (the square on the map) by Metro. You have the Seoul Metro Map together. Discuss and decide which route is the best to go to the destination. During discussion, each of you can present your own preferences.

The rules for this task are as follows:

1. *The train's running time between each station is 2 minutes on average.*
2. *Changing trains takes 5 minutes, including walking time. between the stations.*
3. *Color and Line → Navy = Line 1, Green = Line 2, Orange = Line 3, Blue = Line 4, Purple = Line 5, Dark Orange = Line 6, Dark Green = Line 7, Red = Line 8*

Attention! *Each of you must have the speaking turns alternately. Never monopolize the speaking opportunity. If so, the raters will consider 'interaction' bad in rating.*

[응답 예시]

(응시자 A): OK. Let's have a look at the map. We're here, Seoul Railroad Station. And where is Songpa Station?

(응시자 B): Umm. It's on the red line, on the bottom right side, here!

A: Oh, there's no direct line to Songpa. We'll have to change the trains in the middle.

B: Looking at the map, only two lines go close to Songpa, Line 2 and Line 5.

A: Yes, that's right. Look, Line 2 and Line 5 meet at Dongdaemoon History & Culture Park (DHCP).

B: Then we can go to DHCP using Line 4 more easily than Line 1 and Line 2. There are 4 stops on Line 4, but 5 stops on Line 1 and Line 2, and there's one transfer at City Hall on Lines 1 and 2.

A: Let's take Line 4 first and get off at DHCP. Then which line should we change to at DHCP, Line 2 or Line 5?

B: Umm. I guess Line 2 is faster.

A: Really? Let's count the stops from DHCP to the destination. On Line 2, it's 13 stops to Songpa. We have to change to Line 8 at Jamsil. On Line 5, it's 15 stops from DHCP to Songpa, and the changing station is Cheonho.

B: If we go by Line 2 via DHCP, there are 17 stops altogether from here to Songpa. There are two transfers in the middle, DHCP and Jamsil.

A: And if we take Line 5 via DHCP, there are 19 stops. We have to change twice at DHCP and Cheonho.

B: Then we'd better take Line 4 first and then change to Line 2 at DHCP.

A: Your guess is right. Taking Line 2 at DHCP is better off than taking Line 5.

B: That was just a wild guess. Now let's count the time.

A: OK, from here to Songpa, it's 17 stops altogether; it will take 34 minutes to ride the metro. Two transitions take 10 minutes, So it will take 44 minutes altogether.

B: If we take Line 5, it takes 48 minutes including the changing time.

A: Good, now let's move. We can arrive at Songpa within one hour.

B: Good. Excellent metro system!

시험과제-W는 진정성이 그리 높은 과제는 아니지만, 실제 사용되는 지하철 노선도를 기반으로 영어 말하기를 하도록 하는 과제이므로, 응시자들이 어느 정도 친숙함을 가질 것으로 보인다. 지시문에 응시자들이 미리 알고 있어야 할 상황과 정보를 제시하고 있다. 응시자들은 지하철 노선도 전체를 보고 대략적으로 어떻게 접근해야 할지를 생각해야 하기 때문에 사전 준비 시간이 약간(2~3분 정도) 주어져야 할 것이다. 응시자는 서로 협력하여 가장 좋은 루트를 찾아야 하기 때문에 자료(지도)를 보고 추리하고 계산해야 할 것이 상당 부분 존재한다. 상호 간의 대화와 상호작용을 통해 주어진 문제를 해결할 수 있도록 하고, 2인 동시채점을 해야 하기 때문에 두 사람이 발언의 기회나 순서를 공평하게 나누어 가질 수 있도록 시험 지시문에 유의사항을 반드시 제시해야 할 필요가 있다.

이런 추론차 시험과제(시험과제-V, 시험과제-W)는, 해결 과정에 말을 많이 하지 않고, 눈으로 보면서 손으로 계산하고 생각하며 해결하는 것이 일반적이다. 예로 제시한 시험과제들은 말하기 시험을 위해 제시한 인위적인 설정이라는 것을 알아야 할 것이다.

본 5장에서는 다양한 형태의 말하기 시험과제의 실용 모형을 구술시험과 대화시험으로 나누어 2~3개의 모범 시험과제를 예시하였다. 응시자는 다양한 형태의 영어 말하기 시험과제에 자신 있게 대응하여 좀 더 길게, 좀 더 자세하게 다양한 형태의 영어 말하기 연습을 하는 데 도움이 되길 바란다. 또 출제자는 창의적이고 실용적인 말하기 시험과제를 시험 목적과 시행 상황에 맞게 설계 제작하는 데 참고자료가 되길 바란다. 다음 6장에서는 대표적인 컴퓨터 활용 영어 말하기 시험인 TOEIC Speaking 시험과 OPIc 시험에 대해 좀 심도 있게 분석하여 제시하였다. 이 시험들 응시자들에게 조금이나마 도움이 되길 바란다.

6장.
TOEIC Speaking과 OPIc 시험의 구조 분석

가장 일반적인 영어 말하기 시험은 인터뷰이다. 사람 주도로 1:1 대화 형식으로 진행하는 것이 일반적이다. 사람 주도 인터뷰 시험은 큰 장점이 있지만, 시간, 비용, 인력 등의 문제로 대규모 시험이 가능하지 않다. 현대에 와서 전자통신, 컴퓨터 기술의 발달로 인터넷을 사용하는 컴퓨터 기반 평가, 웹기반 평가를 하는 방법이 개발되어 이미 사용 중에 있다. 사람이 기계에게 말하는 형태의 시험이 아직까지는 많은 사람들에게 익숙하지는 않지만 점점 일반화되어 가는 추세에 있다. 사람과 대화를 하면 주변 상황이나 대화 참여자의 기분에 따라서 말을 하는 방식과 내용이 얼마든지 바뀌고 적응하면서 진행된다. 그러나 기계는 미리 입력된 프로그램에 따라 반응을 할 수밖에 없기 때문에 역동적인 대화 상황을 만들어 내기는 어렵다. 물론 인공지능(AI) 기술을 활용한 자기심화학습(deep learning) 방식으로 점점 더 자연스러운 대화 상황이 만들어지고는 있고, 사람들이 이러한 상황에 익숙해져 가고 있다.

인터넷 기반 컴퓨터 활용 영어 말하기 시험은 대규모의 자본과 인력, 기술이 총동원되어 주로 상업적 목적으로 만들어지기 때문에, 응시자들이 돈을 내고 그런 시험에 응시하는 것이 일반화되고 있다. 그런 대규모의 글로벌 영어 말하기 시험의 성적을 입학, 취업, 승진, 파견, 연수 등의 목적으로 사용하고 있다. 우리나라에서 가장 많이 사용되고 있는 인터넷 기반 컴퓨터 활용 영어 말하기 시험은 TOEIC Speaking 시험과 OPIc 시험이다. 전자는 서술하기, 묘사하기가 주축이 되는 구술시험이고, 후자는 변형된 인터뷰 방식인데, 구술시험과 대화시험의 성격을 공유하고 있는 것으로 보인다. 이 장에서는 응시자들에게 실질적인 도움이 조금이라도 되기 바라면서, 이 2가지 시험에 대해 좀 자세히 알아보기로 한다.

6.1 TOEIC Speaking 시험: 서술·묘사 시험

1. 기본 성격

TOEIC Speaking 시험은 국제 비즈니스 환경 속에서 효과적인 영어 의사소통 능력을 측정하는 영어 말하기 능력 평가 시험이다. 미국의 교육평가원(ETS: Educational Testing Service)에서 개발했고, 2006년 말부터 한국의 YBM/한국TOEIC위원회에서 주관하여 시행하고 있다 (TOEIC은 1979년에 개발됨).

이 시험의 정보/주제적 내용은 특정 비즈니스에 관한 구체적인 내용이
아니라, 다양한 종류의 비즈니스의 업무 관련 상황, 혹은 일상생활에서 접
할 수 있는 일반적인 정보/주제적 내용의 문제가 주로 출제된다. 이 시험
의 응시자들은 영어 원어민들이 아니기 때문에 기본적으로 영어 원어민
수준의 영어 구사력을 요구하지는 않는다.

TOEIC Speaking 시험은 인터넷 기반 시험으로, 응시자가 컴퓨터를 통
해 제시되는 문제를 보고, 듣고, 응답하면, 응시자의 음성이 녹음되어 ETS
의 온라인 채점 시스템(Online Scoring Network)으로 전송되고, ETS의
전문 채점자가 채점하는 방식으로 운영된다. 채점 결과 성적은 0~200점
사이의 점수(10점 단위)와 1~8단계의 Level로 산출되어 통보된다.

2. 말하기 유도 자료 및 방법

이 시험이 응시자로부터 영어 말하기를 유도하는 데 사용하는 시험과제
는 현재 5가지 유형으로 분류된다. 유형별 시험과제의 요지는 다음과 같다.

- 영문 소리 내어 읽기(1, 2번) ― 문단 길이의 영문을 소리 내어 읽기
  (문장 읽기가 아님)
- 사진 묘사하기(3번) ― 제시된 사진을 보고 그 내용이나 의미를 영어
  로 소리 내어 묘사하기
- 질문에 답변하기(4, 5, 6번) ― 간단한 문제 상황을 가정해서 제시하
  고 그 상황에서 무엇을 어떻게 하겠는지를 영어로 대답하기

- 자료기반 답변하기(7, 8, 9번) ― 주로 도표로 제시되는 시각 자료를 보면서, 제시되는 질문에 대해 자료에 있는 내용을 영어 문장으로 풀어 대답하기
- 의견 제시하기(10, 11번) ― 어떤 주장이나 사회적 이슈 등에 대해 응시자가 찬성, 불찬성의 의견을 제시하고 그 이유를 영어로 말하기

이 5개 유형의 시험과제를 ETS의 The*TOEIC*®Speaking Test Format을 참고로 좀 더 자세히 살펴보기로 하자(〈표 4〉 참조).

〈표 4〉 TOEIC Speaking Test Format

구분	문제 유형	문항 수	답변 준비 시간	답변 시간	평가 기준
Qs 1-2	Read a text aloud(영문 소리 내어 읽기)	2	Q1: 45초 Q2: 45초	Q1: 45초 Q2: 45초	• 발음 • 억양 • 강세 • 끊어 읽기
Qs 3-4	Describe a picture(사진 묘사히기) * 사진은 사람, 사물 명사, 동작, 옷, 상태 등을 포함함	2	Q3: 45초 Q4: 45초	Q3: 30초 Q4: 30초	• 발음 • 억양 • 강세 • 문법 • 어휘 • 일관성

Qs 5-7	Respond to questions (질문에 답변하기)	3	Q5: 3초	Q5: 15초	• 발음 • 억양 • 강세 • 문법 • 어휘 • 일관성 • 내용 관련성 • 내용 완성도
			Q6: 3초	Q6: 15초	
			Q7: 3초	Q7: 30초	
Qs 8-10	Respond to questions using information provided (자료기반 답변하기)	3	자료 검토: 45초		• 발음 • 억양 • 강세 • 문법 • 어휘 • 일관성 • 내용 관련성 • 내용 완성도
			Q8: 3초	Q8: 15초	
			Q9: 3초	Q9: 15초	
			Q10: 3초	Q10: 30초	
Q11	Express an opinion (의견 제시하기)	1	Q11: 45초	Q11: 60초	• 발음 • 억양 • 강세 • 문법 • 어휘 • 일관성 • 내용 관련성 • 내용 완성도

3. 채점 방법

1) 채점기준

채점기준은 시험의 목적에 맞게 기술된 등급별 능력 수준 기술에 근거한다. 등급별 능력 수준의 기술은 그 시험의 성격과 목표, 측정 표적 등이 그대로 드러나 있는 그 시험의 핵심적 존재 기반이다. TOEIC Speaking 시험은 〈표 5〉와 같은 등급별 말하기 능력 수준 기술을 가지고 있는데, 이것이 채점기준이 되고 채점자 훈련의 필수 근거자료가 된다. 이 채점기준에 근거해서 초점을 두는 채점 요소가 추출된다.

〈표 5〉 TOEIC Speaking 등급별 능력 수준 기술

Level	점수	기준
8	190~200	• 일반적인 업무 상황에 잘 맞게 말을 길게 연결해서 할 수 있음. • 의견을 말하거나 복잡한 요구에 응답하는 말을 쉽게 알아들을 수 있음. • 기본적 문법, 복잡한 문법을 모두 잘 사용하며 단어 사용도 정확하고 적확함. • 질문에 거의 모두 답할 수 있고 간단한 정보를 잘 설명하고 알려 줄 수 있음. • 발음, 억양, 강세는 항상 매우 알아듣기 쉬움.

7	160~180	• 보통의 업무 상황에 잘 맞게 말을 길게 연결해서 할 수 있음. • 의견을 말하거나 복잡한 요구에도 효과적으로 반응할 수 있음. • 좀 길게 연결해서 말을 하는 과정에, 　– 발음, 억양이 간혹 틀리거나, 머뭇거리기도 하고, 　– 복잡한 문장구조를 쓸 때엔 약간의 실수도 있음. 　– 딱 맞는 단어를 찾아 쓰지 못할 때도 있으나, 이 모든 것이 　　전체적 의미 전달에 장애로 작용하지는 않음. • 질문에 대답하거나 간단한 정보를 말하고 알려 줄 수 있음. • 소리 내어 읽기는 쉽게 잘 알아들을 수 있음.
6	130~150	• 의견을 요청하면 관련성 있게 의견을 제시하고, 복잡한 요구 　에도 반응할 수 있음. • 의견에 대해 이유를 대지 못하거나, 설명이 잘 이해가 안 되는 　때도 있음. 　– 발음이 불명확하거나, 억양, 강세가 어색한 경우가 있음. 　– 때때로 문법적 실수를 하는 경우도 있음. 　– 단어 실력이 좀 부족하다는 인상을 줌. • 질문에 대답하고, 간단한 정보를 말하고 알려 줄 수 있으나, 　때때로 하는 말이 이해나 해석이 안 되는 부분도 있음. • 소리 내어 읽기는 잘 알아들을 수 있음.
5	110~120	• 제한적이지만, 의견을 말하거나, 복잡한 요구에 반응을 어느 　정도 할 수 있음. 　– 말이 부정확하거나, 모호하거나, 같은 말을 자주 반복함. 　– 듣는 사람을 고려하지 못함. 　– 말의 끊김이 길고 자주 머뭇거림. 　– 생각의 표현이나 생각의 연결이 잘 안되는 경우가 있음. 　– 단어 실력이 부족함. • 질문에 대답하고 간단한 정보를 말하고 알려 줄 수 있으나, 　때때로 하는 말이 이해가 안 되거나 해석이 안 되는 경우가 있음. • 말을 하면 발음, 강세, 억양이 잘 맞지 않는 경우가 때때로 있음. • 소리 내어 읽기는 전체적으로 그냥 알아들을 수 있는 정도임.

4	80~100	• 의견을 짧게 말할 수 있으나 설명하지 못하고, 복잡한 요구에 반응하지 못함. • 주로 한 문장이나 간단한 어구만 써서 발화함. – 문법과 단어 실력이 부족하고 제한적임. – 듣는 사람을 고려하지 못함. – 발음, 강세, 억양이 일정하지 않음. – 말의 끊김이 길고 자주 머뭇거림. • 대부분의 질문에 답하지 못하고 간단한 정보를 알려 주지 못함. • 말을 하면 발음, 강세, 억양이 잘 맞지 않는 경우가 많음. • 소리 내어 읽기는 알아들을 수 있을 때도 있고 없을 때도 있음.
3	60~70	• 자기 의견을 어렵게 말할 수 있지만 그 이유를 대지는 못함. • 좀 복잡한 요구에 대해 매우 제한적으로 반응을 보임. • 대부분의 질문에 답하지 못하고, 간단한 정보를 알려 주지 못함. • 단어와 문법 실력이 부족해서 간단한 묘사도 하지 못함. • 소리 내어 읽기는 듣고 이해하기 어려움.
2	40~50	• 의견을 말하지 못하고, 의견을 말한다 해도 이유를 대지 못함. • 좀 복잡한 요구에 반응을 보이지 못함. 반응을 보여도 관련이 없는 것임. • 흔히 있는 사회적, 업무상의 대화에서 질문에 답하거나, 간단한 정보를 알려 주는 말을 이해하기 어려움. • 소리 내어 읽기는 듣고 이해하기 어려움.
1	0~30	• 문제에 대부분 대답하지 못함, 시험 지시문과 문제를 영어로 듣고, 읽을 수 있는 능력이 거의 없음.

이 능력 수준 기술을 보면,

- 1~3등급은, 일상적인 주제의 질문을 정확히 이해하지 못하며, 이에 대한 대답도 잘하지 못한다. 완전 문장으로 말하지 못하고 단어와 문법 실력이 부족한 것이 분명히 드러나며, 발음도 알아듣기 힘든, 매우 낮은 말하기 능력 수준으로 보인다(더 이상의 논의는 생략함).

- 4등급은, 짧고 간단한 문장이나 어구만 사용해서 말하고, 발음, 강세, 억양이 자주 틀리며, 짧고 간단하게 자기 의견을 말하지만 이유를 대지 못한다. 간단한 요구 사항이나 질문에 잘 대응하지 못하며, 말 끊김과 망설임이 자주 나타난다. 전체적으로 '서투르다'는 인상을 주는 수준이다.

- 5등급은, 의견을 말하거나 복잡한 요구에는 부분적으로 응답할 수는 있지만, 의미를 정확하게 이해하기 어려울 때가 많다. 틀린 단어나 문장 구조, 같은 말을 반복하며, 단어와 문법 실력이 부족함이 한눈에 드러난다. 듣는 사람을 고려하지 못하고 일방적으로 자기 말하기에 바쁘다. 자주 머뭇거리고 말 끊김 현상이 자주 나타난다. 이제 영어 말하기를 시작하는 '초보 수준'이라는 인상을 준다.

- 6등급은, 간단한 질문에 간단한 정보를 알려 줄 수 있지만 충분히 이해가 안 될 때도 있다. 의견을 말할 때나 복잡한 요구에 대해서 그런대로 잘 응답할 수 있지만, 때때로 설명이나 의견 등이 명확하게 전달되지 않을 때도 있다. 발음, 억양, 강세가 부적합하거나 어색한 경우가 있으며, 문법, 어휘 실력이 부족한 것이 때때로 드러난다. 일반적으로 '취업을

위해 필요한 최저 수준'의 말하기 능력에 해당한다.

· 7등급은, 업무 상황에서 약간의 어려움이 있지만, 대체로 의사소통을 잘할 수 있고, 의견을 말할 때나 복잡한 요구에 대해서도 의사를 대체로 잘 전달할 수 있다. 발음, 억양, 강세 등이 조금 틀리거나 머뭇거리기도 하지만 길게 이어서 말할 수 있다. 문법적 오류나 단어 사용의 오류도 있지만 전체적 의미 전달에는 장애가 되지 않는다. 영어 비원어민으로서는 '상당히 잘한다'는 평을 들을 수 있는, 그래서 상당한 노력 없이는 획득하기 어려운 말하기 능력 수준에 해당한다.

· 8등급은, 의견을 말할 때나 복잡한 요구에 응대할 때 자신의 의사를 이해하기 쉽게 전달할 수 있다. 문법이나 단어 사용에 실수가 별로 없으며 발음, 억양, 강세 등이 정확하여 알아듣기 쉽다. 그러나 발음상 한국어의 영향은 분명히 감지된다. 교육받은 영어 원어민 수준의 말하기 능력을 요구하지는 않는 이 시험의 최고 등급으로서 비원어민인 한국인이 취득하기 쉽지는 않은 수준이다. 영어를 사용해야 하는 '업무 환경에서 정상적으로 기능할 수 있는' 말하기 수준에 해당한다.

2) 채점기준의 성격

TOEIC Speaking 시험의 영어 말하기 능력 수준 기술은 기본적으로 상당히 불친절한 편에 속한다. 아마 의도적으로[92] 이런 불친절함을 숨기고 있을 것이다. 첫째, 의미 범위가 넓은 일반적 의미의 용어를 사용하고, 등급별로 차별화가 분명히 드러나지 않는 방식으로 기술하고 있다. 이를테면, 거의 전 등급에 걸쳐 사용되고 있는 answer questions, basic information, complicated requests, create language 등의 용어는 가리키는 수준이나 정도가 등급별로 분명히 다를 수밖에 없는데, 분명한 정의 없이 애매하고 모호한 상태로 그냥 사용하고 있다. basic information이나 complicated requests란 말은, 2등급부터 8등급까지 다 사용되고 있는데, 이 용어들이 2등급에서 의도하는 수준/정도와 7, 8등급에서 의도하는 수준/정도가 분명히 다를 것이다. 물론, 훈련받은 전문 채점자들은 각 등급별로 이 용어들을 잘 구분하여 채점할 것이지만, 그 이외의 사람들은 명료하게 잘 알 수가 없게 되어 있다. 이런 방식은 관련 전문가가 아닌 응시자의 입장에서는 이 시험을 준비하고, 시험 결과를 받아들이는 데 어려움을 줄 것으로 생각된다. 고도의 전문 훈련과 채점 경험이 많지 않은 채점자가 이를 바탕으로 채점을 한다면 채점 일정성을 확보하는 데 어려움이 있을 것으로 보인다.

---

[92] 의미나 등급 구분이 확실한 구체적인 용어를 인간 언어에서 찾기가 어려운 것이 첫째 이유이고, 광범위하고 모호한 의미를 가진 용어들이 '해석'의 범위가 넓어서 시험 결과 등을 다양하게 해석할 수 있고, 또 시험에 문제가 생겼을 때 대처하기 더 쉽기 때문일 것으로 생각한다.

둘째, 이 시험은 수준이 다른 수많은 응시자에게 1회의 시험에 한 가지 버전의 시험 문제를 제시하고, 그 버전의 시험 문제를 해결하는 응시자에게 등급이나 점수를 제공하는 방식으로 시행되기 때문에 보다 정교하고 엄밀한 구분이 가능한 용어를 사용하지 않아도 된다고 생각했는지도 모른다(사실 8개의 등급을 언어적 표현으로 정교하게 구분하여 기술하는 것은 실제로 매우 어려운 일이다). 그것은 전문성과 전문적 경험을 갖고 있는 이 시험 채점자들은 응시자 등급별로, 사안별로 유연하게 처리할 수 있다고 생각하기 때문인 듯하다는 것이 필자의 생각이다. 참고로 OPIc 시험은 응시자 대상 사전조사와 자기평가를 통해서 응시자의 수준을 먼저 정하고, 그 수준에 맞는 문제를 제시하는 방식으로 진행된다. 그래서 OPIc 시험은 1회의 시험에 한 가지 버전의 시험 문제만 있는 것이 아니다.

셋째, 말하기 능력 수준 기술에, 말하기의 본질적 특성과 구성요소 등을 충분히 넓게 반영하지 않고, 특정의 몇 가지 요소에 편중하여 기술하고 있는 점이 눈에 띈다. 이 시험은 기본적으로 대화시험이 아닌, 컴퓨터 활용 구술시험을 염두에 두고 있어서, 거의 모든 등급에, 소리 내어 읽기(reading aloud)를 언급함으로써 영어의 발음, 억양, 강세를 매우 중요하게 보고 있다는 것을 드러내고 있다. 자신감 있게 유창하게 믿을 이어 나가는 유창성이나, 단어나 문법구조의 범위(range)에 대해서는 특별하게 언급하지 않고 있다. 다만 머뭇거림이나 말의 끊김 등에 대해서 언급하고 있는데, 이것이 자신감, 유창성에 관한 것일 수도 있을 것이다. Level 6 이상의 상 수준에서 문법적 정확성에 대해 언급하고 있다.

3) 채점 요소별 주안점

TOEIC Speaking 시험은 이를 바탕으로 8개 정도의 채점 요소를 상정하고 있는데, 각 채점 요소의 주안점을 해석해 보면 다음과 같다.

(1) 발음

발음은 채점자가 응시자의 영어 말하기 능력을 채점할 때 첫인상으로 다가오는 요소이다. TOEIC Speaking 시험에서 채점자는 응시자의 영어 발음에 전체적으로 한국어 발음의 잔재나 영향이 어느 정도 남아 있는가를 중요하게 고려한다. 한국인은 영어 비원어민이지만, 한국인 영어, 일본인 영어, 인도인 영어를 듣자마자 그들의 발음이 한국인 발음, 일본인 발음, 인도인 발음임을 금방 알아차린다. 응시자의 발음이 영어 원어민 발음과 다르다고 해서 채점에서 감점하지는 않을 것이다. 그러나 응시자의 발음을 알아듣기가 매우 어렵거나 너무 영어답지 않다면 감점을 받을 것이다.

(2) 억양

개별 단어 수준이 아니라 문장 수준으로 말할 때 강세를 주어야 할 단어와 그렇지 않은 단어를 잘 구분하여 말하는 정도, 의문문, 평서문, 감탄문 등을 발화할 때 각각 문장의 높낮이를 맞춰 말하는 정도, 또 한국어 발음처럼 높낮이가 뚜렷하지 않게 발화하는 평조 현상이 나타나는 정도에 유의하여 채점할 것이다. 억양은 응시자의 영어에 대한 감각이나 감(感)이 어느 정도인지를 그대로 드러내기 때문에 채점 시 채점자에게 큰 인상을 남기는 경향이 있다.

(3) 강세

영어는 강세로 말하고 강세로 이해하는 언어임을 고려할 때 내용상 강세를 주어야 할 단어에 반드시 강세를 주어 이해하기 쉽게 말하는지에 유의하여 채점할 것이다. 의미상으로 중요한 단어에 강세가 주어지지 않으면 의미의 전달과 이해에 어려움을 줄 수도 있고, 듣는 사람에게 혼란을 초래할 수도 있는 요소이므로 응시자는 항상 유의해야 한다. 응시자가 하는 말의 단어 강세가 틀리거나 상황에 맞지 않는 경우가 자주 나타나면 채점자에게 부정적인 인상을 줄 가능성이 매우 크다.

(4) 문법

말할 때 영어 문법이 틀린 문장을 얼마나 포함하여 발화하는지, 또는 문법이 틀려서 의미 이해에 장애를 초래하는지에 유의하여 채점할 것이다. 문법이 정확하더라도 같은 형식의 문장을 너무 많이 반복하여 말하면 채점자는 감점할 수도 있을 것이다. 또 흔히, 쉽게 할 수 있는 말에서 소위 기본적인 문법이 자주 틀릴 경우에는 응시자의 말하기 전체에 대해 부정적인 인상을 줄 것이다(문법적 정확성에 대한 용인 정도는 채점자마다 다를 수도 있다).

(5) 어휘

어휘는 말하기 능력의 핵심적 요소로서, 주어진 상황이나 말하는 목적에 맞는 단어를 빨리 찾아 쓰는 정도에 유의하여 채점할 것이다. 단어 실력이 부족하면 딱 맞는 단어를 빨리빨리 찾아 사용하지 못하고, 멈칫거리며 시간을 끌게 된다. 그렇다고 해서 한두 단어를 너무 자주 반복하여 말하는 것은 좋지 않다. 다른 비슷한 단어를 찾아서 의미를 연결해서 말하는 유연한 순발력이 필요한 분야이다.

(6) 일관성

그림이나 자료를 묘사하거나 서술할 때에 횡설수설하지 않고, 듣는 사람이 알아듣기 쉽게 방향과 순서가 분명하게 드러나도록 묘사하고 서술하는 정도에 유의하여 채점할 것이다. 방향이나 순서 없이 여기저기 묘사하거나 서술하면 듣는 사람이 일관성을 있게 쫓아 이해하기가 어렵다. 이것은 말하기 시험뿐만 아니라 일상적 의사소통 상황에서도 중요한 요소이다.

(7) 내용 관련성

질문 내용에 딱 맞는 말을 하고, 또 주어진 자료에서 질문에 해당하는 부분을 잘 골라서 말하는 정도에 유의하여 채점할 것이다. 할 말이 빨리 생각나지 않을 때 질문 내용과 관계도 없는데 외워 두었던 말을 그냥 해 버리는 것은 감점 요인이 될 수 있다. 내용과 관련이 있는 말을 이어서 말하는 것이 중요하다.

(8) 내용 완성도

하나의 문제에 하위 질문이 몇 개가 붙어 있는 문제들이 출제될 수 있는데, 제시된 질문 모두에 응답하는지에 유의하여 채점할 것이다. 한두 개를 잊어버리거나 빠뜨릴 수도 있는데, 이 경우엔 빠진 부분에 대해서는 감점을 받을 수 있다. 필요한 경우 합당한 근거를 제시하면서 질문 모두에 답해야 내용 완성도가 성립되는 것이다. 혹시 질문에 없는 내용을 추가한다면, 내용 관련성에 거리가 멀어지기 때문에 감점을 받을 수도 있다.

4) 채점자 훈련

신뢰도 높은 채점을 하기 위해서는 채점자들이 필수적으로 매번 채점자 훈련을 받아야 하는데, TOEIC Speaking 시험의 채점자들은 기본적으로 훈련 받은 영어 원어민들이다. 이들을 위한 채점자 훈련은 반드시 Calibration Test[93]라 불리는 일종의 훈련과정을 거쳐야 한다고 한다. 이 Calibration은, 먼저 @출제자가 미리 선정한 응시자의 응답 샘플을 대상으로 경험 많은 선임 채점관과 각 채점자들이 동시에 채점을 진행한다. ⓑ각 채점자들의 채점 결과를 선임 채점관과 출제자가 제시한 모범 채점 결과와 비교한다. ⓒ각 채점자들의 채점결과와 선임 채점관과 출제자의 모범 채점결과의 일치도가 정해진 기준 이상이 되는 채점자들만 실제 채점에 임하고, 기준 미달인 채점자는 실제 채점에서 배제하는 방식으로 진행한다고 한다. 이 Calibration 과정은 채점자들이 이미 경험이 많은 사람들이지만, 일상생활하면서 녹슬었을 수도 있는 과거의 채점 감각을 되살리는 의도적인 채점 능력 확인 과정이라 할 수 있다.

---

93 caliber란 총포의 구경이나 계측기에 표시된 눈금을 가리키는데, calibration이란, 이를테면, 사격을 하기 전에 총의 조준점과 목표물의 탄착점이 일치되도록 조준장치나 가늠자를 조정하는 '영점조정'(zero in)과 같은 것이다. 즉 채점자들 간에 채점기준 적용이 일치하도록 조정하는 것이다. 실무적으로는 경험 많은 전문 채점자의 판단을 기준점(caliber)으로 활용하여 채점자 훈련을 하기도 한다.

4. TOEIC Speaking 시험 시 유의점[94]

TOEIC Speaking 시험 볼 때 응시자가 유의해야 할 점을 시험과제별로 살펴보기로 하자.

1) 영문 소리 내어 읽기(문제 1~2)

[시험과제]
문제당 한 문단(60단어 내외)의 일반적 주제에 관한 영문을 45초 동안 준비시간(=눈으로 묵독하기)을 가진 다음 45초 동안 소리 내어 읽기.

이에 응시자는,
① 자신의 한국어식 발음에 주눅 들지 말고, 당당하게 소리 내어 읽으면 된다.

② 단어 강세에 유의해서 발음해야 하고 아무 강세 없이 평조로 읽지 않아야 한다.

③ 어구의 뒤를 올려 읽어야 할지, 내려 읽어야 할지, 즉 억양을 잘 살펴서 읽어야 한다.

---

94 출처 https://www.toeicswt.co.kr/common/template/viewContents.php?contentsCode=78
https://m.blog.naver.com/meena2003/221170473913
https://www.ets.org/toeic/test-takers/speaking-writing/about/content-format/

④ 여러 문장으로 된 글 읽기이므로 듣는 사람이 알아듣기 쉽게 의미 그룹으로 끊어 읽기(parsing)를 잘 해야 한다. 즉 글의 의미를 생각하면서 읽어야 하는데, 이것은 준비 시간 동안에 문장과 문단의 의미를 빠르게 파악해야 한다는 것을 의미한다.

▶ 문제 1~2는 응시자가 말할 때 영어 발음의 특성을 중요하게 고려하여 측정 대상으로 삼는다. 한국인들의 경우 한국어적 특성(평조)이 영어 발음에 많이 반영되어 나타나기 때문에 억양과 리듬, 단어 강세 등에 유의하면서 말해야 한다. 또 의미 단위별로 약간의 쉼(pause)을 두어 의미가 단락별로 묶이고, 다른 의미 단락과 구별되게 읽어야 한다. 의미 단락 끊어 읽기는 매우 중요한 채점 요소가 되는 것으로 알려져 있다.

2) 사진 묘사하기(문제 3~4)

[시험과제]
한 장의 사진이 제시되고, 준비 시간 45초 동안 어떤 사진인지 머릿속으로 생각한 다음 30초간 사진을 묘사하기. 사진의 내용은 공항, 리조트, 카페, 길거리, 파티, 부엌, 주차장, 공원 등에서 사람, 동물, 물건 등의 움직임, 배치 등에 관한 것이다.

이에 응시자는,
① 먼저 사진의 전체적인 개요를 먼저 말하기 시작하면(예: 무엇에 관한 사진이다. 무엇이 무엇을 하는 그림이다 등), 듣는 사람이 사진의 전체 내

용을 파악하기 쉽다.

② 사람이나 동물의 모습과 행동을 묘사하고, 사물의 모습, 자리매김, 위치, 사진의 배경 등을 묘사한다. 사진이 풍기는 전체적 느낌을 포함하여 묘사하면 좋다.

③ 제시된 사진의 내용을 듣는 사람이 듣고 그 이미지를 상상할 수 있도록 사람, 사물, 동작, 상태, 색깔 등을 일관성, 체계성 있게 묘사한다. 즉 좌 → 우, 위 → 아래 등 체계적으로 일관성 있게 묘사해야 듣는 사람이 머릿속에 그림을 상상해 그릴 수가 있다. 여기저기 단어가 생각나는 대로, 아는 단어가 떠오르는 대로 아무 원칙 없이 묘사하면 안 된다.

④ 꼭 맞는 단어가 빨리 떠오르지 않을 땐, 버벅거리며 같은 말을 계속 반복하지 말고, 다른 단어, 다른 표현으로 돌려서 말할 생각을 해야 한다. 이것은 시험 준비 시에 훈련해야 할 필요가 크다.

▶ 문제 3~4는 사진 묘사하기 문제인데, 사진은 그림보다 묘사하기가 더 어렵다. 매우 많은 세부 사항, 미세한 차이 등이 사진 속에 그대로 포함되기 때문이다. 그래서 사진은 매우 자세하게, 매우 길게 묘사할 수도 있다. 시험과제로 자주 출제되는 사진의 내용과 장소를 묘사하는 데 사용할 수 있는 표현들을 미리 익혀 놓으면 훨씬 더 자신감 있게, 더 길고 자세하게 사진을 묘사할 수 있다[344~346쪽, [참고 자료] 알아 두면 말하기에 큰 도움이 되는 단어들 참조].

3) 질문에 답변하기(문제 5~7)

[시험과제]

총 3문제가 출제된다. 다양한 주제에 관한 설문조사나 방송 인터뷰를 하는 방식으로 진행된다. 각 문제마다 3초의 준비 시간이 주어진다. 5번, 6번은 15초 동안 답변하고, 7번은 30초 동안 답변하도록 되어 있다. 문제가 나오면 거의 바로 답변해야 하기 때문에 상당히 부담이 되는 문제이다. 5번, 6번 문제는 보통 사실적 정보에 관한 것이므로 간단한 정보 전달로 응답할 수 있다. 7번의 경우에는 응시자 자신의 의견을 묻는 경우가 많다.

이에 응시자는,

① 3개의 질문이 연관되어 있으므로 각 질문의 내용을 정확하게 이해해야 한다. 대답해야 할 질문이 몇 개이고, 그 질문의 요지가 무엇인지를 간략히 빨리 메모를 해 두는 것이 필요하다(내용 완성도).

② 7번 문제의 경우, 시험과제가 상정하고 있는 상황과 그에 대한 질문에 응시자는 자신의 생각을 말하면 된다. 정답이 정해져 있는 것은 아니다. 단답형으로 끝내지 말고 여러 개의 문장으로 이어서 대답하는 것이 좋다. 간단히 대답하고 잠자코 있어서 시간적 공백을 많이 두는 것은 좋지 않다.

③ 3개 질문에 대한 응답이 내용상 일관성이 있어야 한다. 즉 앞 문제에 대해 말한 내용과 상반되는 내용의 말을 하지 않아야 한다. 만약 상반된 대답을 했다면 문제에 집중하지 않고 있다는 것을 보여 준다. 또 응답해

야 할 질문에 모두 대답했는지 파악해야 한다.

▶ 문제 5~7은 문제당 준비 시간이 3초로 매우 짧은 편이기 때문에 즉각 발화하는 순발력을 발휘해야 한다. 그래서 응시자가 당황해서 망설이거나 버벅거리기 쉬운데, 이것은 좋은 인상을 주지 않는다. 질문의 요지를 빨리 파악하고 그에 맞는 말을 큰 소리로 자신 있게 하는 것이 좋다. 7번의 경우 30초 동안 영어로 말하는 것은 결코 쉬운 일이 아니다. 평소 긴말하기 연습을 많이 해 두어야 한다.

4) 자료기반 답변하기(문제 8~10)

[시험과제]

일반적으로 비즈니스 상황에서 상급자에게 필요한 정보를 올바르게 전달할 수 있는 능력을 평가한다. 총 3문제가 출제되며, 전체 자료를 검토 시간으로 45초가 주어지며, 각 문제마다 응답 준비 시간 3초씩이 주어지고, 응답은 8, 9번은 15초, 10번은 30초가 주어진다. 10번 문제는 두 번 들려준다. 행사 일정표나 면접 일정, 이력서, 여행 스케줄 등이 자료로 제시된다. 이 밖에도 다양한 형태의 그림, 도표 자료가 제시될 수 있다.

이에 응시자는,
① 먼저 제시된 자료를 전체적으로 훑어보고 '무엇에 관한 것'이라는 개략적인 방향을 잡는다.

② 들려주는 문제를 듣고, 제시된 자료 속에서 답을 찾는다. 자료 속에 답이 반드시 있다. 자료에 없는 것에 대해서는 질문하지 않는다는 것을 기억해야 한다.

③ 질문에 대한 답은 대개 자료 속에서 바로 찾을 수 있는 시간, 장소 등의 사실적 정보이거나, 자료를 바탕으로 약간의 계산이나 추론을 하면 되는 문제들이 대부분이므로 자신감을 가지고 응답하는 것이 중요하다.

④ 제시된 자료 자체가 답의 근원이 되므로 질문 내용에 해당하는 정보를 모두 찾아서 말했는지를 확인할 필요가 있다.

▶ 문제 8~10은, 도표, 그림 등 시각자료를 제시하고 그 자료에 대한 질문을 하기 때문에 응답은 자료 속에서 찾아야 한다. 이를 위해서 자료의 내용을 면밀하게 검토하여 바르게 파악하는 것이 중요하다. 응시자가 긴장하면 자료 속에 문제 관련 정보가 얼른 보이지 않는 경우가 있는데, 이때에는 자료를 다른 각도에서 다시 검토해 보는 것이 필요하다. 자료에 제시되어 있지는 않지만, 자료 내용들 간의 관계를 연결하여 추론해서 답해야 하는 문제가 반드시 제시되는데, 그 추론도 그리 복잡하거나 어려운 것은 아니다. 검토한 자료 내용 중, 숫자나 이름 등은 간략히 메모해 두면 응답을 할 때 좋은 참고가 된다.

5) 의견 제시하기(문제 11)

[시험과제]

특정 주제에 대해 응시자의 의견을 말하는 과제인데, 문제가 화면에 뜨면 읽고 응답해야 한다. "Do you agree or disagree with the following statement?"라는 질문과, 특정주제에 관한 주장이나 이론, 가설 등이 제시된다. 45초 동안 할 말을 생각하고 60초 동안 말을 해야 하는 과제이다.

이에 응시자는,

① 제시된 주장에 동의하는지, 비동의하는지를 먼저 정해야 한다. 어느 쪽으로 말해도 되지만, 더 길게, 자신 있게 주장할 수 있는 근거가 생각 나는 쪽을 택하면 된다. 자신의 실제 생각과 일치하면 말하기가 훨씬 더 쉽지만, 시험 상황에서 자신의 실제적인 생각을 꼭 고집할 필요는 없다. 말을 잘할 수 있는 쪽을 택하면 된다.

② 동의 혹은 비동의 하는 논리적 근거를 최소 2개 정도는 제시해야 하고, 자신의 주장을 뒷받침할 수 있는 예를 들어 주는 것이 좋다. 근거 없이 동의, 비동의만 말하고 가만히 있으면 안 된다.

③ 자신의 주장을 60초 동안 영어로 이어서 말하기는 정말 쉬운 일이 아니기 때문에 자신이 잘 아는 것을 중심으로 논거를 찾아서 말해야 한다. 무엇이든 잘 알지 못하면 잘 말하지 못한다.

▣ 문제 11은 '의견 말하기'에 해당하는 문제로 많은 응시자들이 어려워하는 문제이다. "I agree" 혹은 "I disagree"라고만 응답하면 되는 것이 아니고, 근거를 논리 있게, 설득력 있게 제시해야 하기 때문이다. 의견을 말할 때 근거를 잘 대지 못하면 말을 버벅거리게 되고 자신감이 없다는 인상을 주게 된다. 주어진 1분의 시간 동안 채점할 가치가 있는 말은 양적으로 많지 않고, 버벅거림이나 끊김이 많다면 이 문제에서 좋은 성적을 얻기는 어려울 것이다.

한국인이 TOEIC Speaking 시험을 볼 때 한국어의 언어습관을 많이 노출하는 것은 피할 수 없는 일이다. 몸에 밴 모국어이기 때문에 어쩔 수 없는 일이지만, 연습을 통해 한국어식으로 영어를 말하는 것은 줄여 나가야 한다.

많은 한국인들은,
- 틀리게, 혹은 잘못 말한 부분을 자신도 모르게 자꾸 반복해서 말한다.
- 할 말을 찾아 머뭇거릴 때 같은 단어, 같은 구문을 자꾸 반복해서 말한다.
- 철자가 많은 긴 단어를 발음할 때 강세, 억양을 틀리게 발음하고 자신감을 잃는다.
- 생각한 것을 한국어 순서대로 영어 단어를 대입시켜 말하려고 하다가, 문법적으로 틀린다는 것을 인식하고 당황하며 버벅댄다.
- 먼저 말한 주어에 대한 동사를 능동태로 할지, 수동태로 할지를 정하지 못하고 머뭇거린다.

- 시제의 일치나 단수, 복수에 대한 감각이나 사용 경험이 부족하여 틀리는 경우가 많은데 그것을 의식하지 못하고 지나가는 사람도 많다.
- 수식어를 먼저 생각해서 수식 대상의 앞에 붙이는 한국어 습관 때문에 영어의 관계대명사 절을 사용하기 어려워한다.
- TOEIC Speaking 시험 기출문제 녹화본을 보면 이런 한국어식 영어 말하기가 많이 눈에 띈다.

6.2 OPIc 시험: 준(準) 인터뷰 시험

1. 기본 성격

OPIc 시험은 미국 ACTFL에서 시행해 왔던 1:1 인터뷰 시험인 Oral Proficiency Interview(OPI)가 그 원형이다. OPIc 시험은 직접 인터뷰 시험에 준하는 컴퓨터 기반의 말하기 시험으로 인터넷을 통해 시행되고 응시자의 배경조사와 자기평가 결과에 맞게 질문이 조정되어 응시자 개인별 문제가 제시된다.

OPIc 시험은 한국인 응시자가 실생활 목적으로 영어를 사용하는 능력(functional language ability[95])을 중심으로 측정하는 일종의 영어

---

[95] functional language ability = How well an individual can use their language for real world purposes.

능숙도(proficiency⁹⁶) 시험이다. OPIc 시험은 특징적으로 미리 연습하지 않은 즉흥적인 상황에서 자연스럽게 말하는 능력을 평가한다. 그래서 암기하거나 연습한 말을 여러 번 자주 발화할 경우 응시자의 말이 아무리 유창하게 들려도 최저(Novice) 수준으로 간주하고 채점한다[응시자 준수 사항 참조].

OPIc 시험은, ACTFL OPI와 구조적으로 유사하며, 인증받은 전문 채점자들이 OPI와 같은 기준으로 채점한다. 어떤 교육과정이나 교과서 등을 시험에 고려하지 않으며 오직 ACTFL Proficiency Guidelines만 채점기준으로 삼는다. 성적은 숫자 점수가 아니라 전체 등급으로 제시한다.

OPI 시험은 11개 등급의 언어능력 수준을 규정하고 있는데, OPIc 시험은 이 중에서 7개 등급만(Novice Low~Advanced Low) 평가의 대상으로 삼는다. OPIc 시험 공식 홈페이지에는 이 시험을 다음과 같이 종합적으로 소개하고 있다.

---

96   Proficiency란, 사전 연습하지 않은 적절한 방식의 상호작용을 통해서 의미 있는 정보를 영어로 상호 소통하는 영어 사용 능력을 가리킨다(ACTFL OPI and OPIc Familiarization Document 2009).

1) 기본 정보

출제기관	ACTFL(American Council on the Teaching of Foreign Languages)
시험형태	iBT(Internet Based Test)
평가언어	영어, 중국어, 스페인어, 러시아어, 한국어, 일본어, 베트남어
시험시간	60분(오리엔테이션 20분 + 본시험 40분)
출제문항 수	12개 또는 15개(self-assessment 선택 단계에 따라 차등 적용)
응시료	78,100원(VAT 포함)
시험특징	• 개인 맞춤형 평가(background survey, self-assessment) • 실제 인터뷰 상황 구현을 통한 응시자 긴장 완화 • 문항별 성취도 측정이 아닌 종합적 회화 능숙도 평가 • 신속한 성적 처리
평가등급	9개 등급(NL, NM, NH, IL, IM-1, IM-2, IM-3, IH, AL) *OPIc은 IM 등급을 세분화(IM-1, IM-2, IM-3)하여 제공
평가영역	• Global Tasks/Functions • Context/Content • Accuracy/Comprehensibility • Text Type
성적회신	응시일로부터 7일 후
재응시 제한	OPIc 언어별 최종 응시일로부터 25일 이후에 시험 응시 가능

2) 진행 절차

OPIc 시험의 진행 절차는 오리엔테이션(20분)과 본시험(40분)으로 구성되고 총 60분이 소요된다. 오리엔테이션은, 응시자의 배경 자료(background survey) 수집, 응시자의 영어 능숙도 자기평가(self assessment) 자료 수집, 컴퓨터 화면 구성, 청취 및 답변 방법 안내(pre-test setup), 실제 답변 방법 연습(sample question) 등으로 구성되어 있다. 이것은 OPIc 시험 응시자의 개인적 배경에 관한 자료를 바탕으로 시험과제의 정보적 내용을 선택하고, 응시자의 영어 능숙도 자기평가 결과를 바탕으로 적정한 수준의 난이도를 갖춘 시험과제를 제시하기 위해서이다. 즉 응시자 맞춤형 시험과제를 제시하는 것이다. 또한 응시자들이 아직 컴퓨터 활용 영어 말하기 평가에 충분히 익숙하지 않은 점을 고려하여 컴퓨터 화면 구성과 답변 방법, 실제적인 예를 제시하여 응시자가 본시험에서 차질 없이 시험을 볼 수 있도록 하고 있다.

본시험은 2개의 단계로 진행되는데, 1단계는 오리엔테이션에서 수집한 자료를 바탕으로 응시자 맞춤형 시험과제를 7개 정도 제시하여 시행한다. 그 다음 1단계에서의 말하기 능력 수준을 섬섬하여 너 쉬운, 비슷하, 혹은 더 어려운 시험과제를 선택하여 제시한다. 이것은 난이도 재조정 작업인데, 그 후의 2단계에서는 5~8개의 시험과제가 제시된다. 특징은 시험과제별 답변 시간에 제한이 없어 충분히, 많은 양의 영어를 표출할 수 있도록 하고 있다는 점이다.

오리엔테이션과 본시험의 시행 방법을 요약하면 아래의 〈표 6〉과 같다.

〈표 6〉 OPIc 시험의 오리엔테이션과 본시험

오리엔테이션 20분	본시험 40분
1. background survey • 평가 문항을 위한 사전 설명 2. self assessment • 시험의 난이도 결정을 위한 자기평가 3. pre-test setup • 화면 구성, 청취 및 답변 방법 안내 4. sample question • 실제 답변 방법 연습	1. first session • 개인 맞춤형 문항 • 질문 청취 2회 • 문항별 답변시간 제한 없음 • 약 7문제 출제 2. 난이도 재조정 • 2차 난이도 선택 • 더 쉬운/비슷한/더 어려운 질문 중 택일 제시 3. second session • 개인 맞춤형 문항 • 질문 청취 2회 • 문항별 답변시간 제한 없음 • 약 5~8문제 출제

2. 말하기 유도 방법

1) 컴퓨터 활용 OPIc 시험의 진행

OPIc 시험은 기본적으로 ACTFL의 OPI 시험 방식을 거의 그대로 살려서 컴퓨터로 진행 가능하게 변형한 형태로 진행된다. Ava라는 이름의 아바타(온라인상의 캐릭터)가 인터뷰를 진행하며, 몸풀기 → 수준 점검 →

정밀 조사 → 마무리의 순으로 진행된다. OPIc 시험에서 준비와 수준 점검은 오리엔테이션에 해당하고, 정밀 조사와 마무리는 본시험에 해당한다고 할 수 있다.

- 몸풀기(warm-up) 단계에서는 응시자의 개인적 관심/흥미가 무엇이고(배경조사), 현재 어떤 수준의 영어 말하기 능력을 가지고 있는지(자기평가)를 개략적으로 점검한다.

- 수준 점검(level checks)이란, 응시자가 자기평가 한 등급에 해당하는 시험과제를 제시하고, 과연 자기평가 한 등급이 맞는지를 점검한다(1차 난이도 조정).

- 정밀 조사(probes)란, 1차 난이도 조정 결과를 보고, 더 높은, 혹은 더 낮은 수준의 시험과제를 제시해야 할지를 정한다(2차 난이도 조정). 이것은 응시자가 현재 흔들리지 않고 일정하게 갖고 있는[97] 말하기 능력의 수준을 탐지하고, 응시자가 해낼 수 있는 등급의 시험과제를 제시하고 시행한다.

- 마무리(wind-down)란, 쉽고 편안한 말로 응시자를 격려를 하며 인터뷰를 마무리한다.

---

[97] OPIc 시험 채점에서는, 흔들리지 않고 일정하게 갖고 있는 말하기 능력을 'floor'(안정된 바닥)라 하고, 일시적으로 보여 주는 최고수준을 'ceiling'(천장)이라고 한다. OPIc 채점에서는 이 floor를 응시자의 진정한 능력 수준으로 간주하고 최종 등급을 부여한다.

2) OPIc 시험의 진행 절차와 단계

OPIc 시험의 진행 절차와 단계를 좀 더 자세히 알아보기로 하자.

(1) 응시자 배경 자료 수집(background survey)

응시자에게 보통 하루 생활이 어떤지, 직업이 무엇인지, 또 응시자의 직장, 학교, 가정, 일상 활동, 관심거리, 스포츠, 개인 운동 등에 대해 간단히 질문하여 응시자의 배경에 관한 정보를 수집하고, 그 정보를 바탕으로 해당 응시자에게 제시할 시험과제의 토픽(주제)이 정해진다.

(2) 응시자 자기평가 자료 수집(self-assessment)

응시자에게 자신의 현재 영어 말하기 능력이 어느 정도 되는지를 스스로 말해 보도록 한다. 응시자는 그것을 바로 말하기는 어렵기 때문에 다음 〈표 7〉과 같이 등급이 서술된 자료를 제공하고, 자신의 영어 능력이 Novice, Intermediate, Advanced 중 어디쯤에 해당하는지를 선택하게 한다. 그 다음 응시자가 선택한 등급(예: Intermediate)의 서술 내용에 대해 '아주 잘한다'(High), '보통이다'(Mid), '최소한도는 한다'(Low) 중 하나를 고르도록 한다. 이것이 응시자의 자기평가이다. 이를테면, 응시자가 자신의 영어 말하기 능력이 Intermediate-Low 등급이라고 자기평가 했다고 가정해 보기로 하자.

〈표 7〉 말하기 능력 대등급 서술

(Novice)

I can name basic objects, colors, days of the week, foods, clothing items, numbers etc. I can not always make a complete sentence or ask simple questions.

(Intermediate)

I can participate in simple conversations about myself, daily routines, work/school and hobbies. I can easily produce a series of simple sentences on these familiar topics and routines. I can also ask questions to get what I need.

(Advanced)

I can participate in conversations about familiar topics and activities related to home, work/school, personal and community interests. I can speak in connected discourse about things that have happened, are happening and will happen. I can explain when asked. I can handle routine situations, even when there may be an unexpected complication.

(3) 시험과제 1차 난이도 조정(level checks)

이렇게 응시자가 답한 배경조사의 내용과 자기평가 결과에 따라 Novice, Intermediate, Advanced 중 응시자가 선택한 Intermediate-Low 등급에 해당하는 시험과제를 응시자에게 제시하고 응시자가 말을 하게 한다. 이것을 1차 난이도 조정이라고 한다.

(4) 시험과제 2차 난이도 조정(probes)

응시자의 자기평가에 해당하는 7개 정도의 시험과제를 시행해 보면, 응시자의 영어 말하기 능력이 1차 난이도 조정했던 시험과제보다 더 높은 수준에 있는지, 비슷한 수준에 있는지, 혹은 더 낮은 수준에 있는지를 프로그램 되어 있는 컴퓨터는 금방 알아차린다.[98] 이것은 기술적으로 가능하다. 만약, 응시자가 Intermediate-Low보다는 말을 잘한다고 판단했다면, 컴퓨터는 그보다 한 단계 더 높은 Intermediate-Mid 등급의 시험과제를 제시한다. 응시자가 한 단계 높여 제시한 시험과제도 잘 해낸다면 그보다 더 높은 Intermediate-High 등급 시험과제를 제시할 것이다. 다른 한편으로, 만약 응시자의 말하기 능력이 자신이 제시한 등급에 미치지 못할 경우에는, 컴퓨터는 그보다 낮은 Novice-High 등급의 문제를 제시할 것이다. 이것을 2차 난이도 조정이라고 한다. 이런 과정을 거쳐서 응시자의 능력에 근접하는 시험과제를 5~8개 제시하고 시행한 결과를 바탕으로 응시자의 영어 말하기 능력의 등급을 최종 성적으로 확정한다.

(5) 시험 마무리(wind-down)

OPIc 시험 마무리는 대개 '수고 많았다! 좀 더 연습을 하면 빨리 향상될 수 있겠다!' 등의 격려의 말로 시험을 끝낸다.

[참고] OPIc 기출문제 획득의 어려움
2차 난이도 조정 후에 사용되는 실제 시험과제는 ACTFL의 정책[99]에 따라 철저하게 공개되지 않는다. 시중에 판매되는 OPIc 시험 준비서의 모의 시험과제들은 실제 응시자들의 기억과 구술을 바탕으로 만든 연습용 모의 시험 문제들일 뿐이다.

---

98 여기에는 컴퓨터 적응 시험(CAT)의 기법이 적용된다[144~145쪽, (3) 컴퓨터 적응 시험(CAT) 참조].

99 (OPIc의 응시자 준수사항) OPIc시험 문항을 타인과 공유하거나 ACTFL 저작권 위반 및 지적 재산권 침해 시, 추후 법적 제재가 뒤따를 수 있다. ACTFL 시험 내용을 타인과 공유하거나 저작권 침해 시, ACTFL 평가에 응시할 수 없거나 ACTFL 평가에서 ACTFL 인증을 받을 수 있는 자격을 영구히 상실한다.

> **[참고] OPI 시험의 역할극하기**
>
> OPIc의 원조인 OPI 시험에는 역할극하기가 추가되는데 참고로 알아보기로 하자. 2차 난이도 조정된 5~8개의 시험과제를 제시한 후에, 보다 확실한 정밀조사를 하기 위해서 역할극을 추가한다. 2차 난이도 조정 단계를 통해서 드러난 응시자의 수준에 맞는 간단한 역할극을 시험관과 응시자가 직접 시행한다. 예를 들면, 다음과 같은 종류의 상황에 맞는 역할을 맡아 하도록 시킨다. OPI 시험에서는 이 부분도 채점에 포함된다.
>
> > **(Intermediate 수준)** Your neighbor is going on vacation and has asked you to take care of things. Ask four or five questions to find out what you need to know.
> >
> > **(Advanced 수준)** You sent a package for overnight delivery but it arrived three days late. Call the delivery service and try to get a total refund.

3. 채점 방법

1) 채점기준

채점은 'ACTFL Proficiency Guidelines Speaking(Revised 2012)' 말하기 기준에 따라 절대평가 방식으로 진행되는데, OPIc 시험의 채점기준을 채점 등급과 채점 요소별로 살펴보기로 하자.

(1) 채점 등급

Novice, Intermediate, Advanced의 3개 대등급의 말하기 능력 수준을 먼저 기술하고, 각 대등급별로 Low, Mid, High의 3개 소등급을 분류하여 응시자의 말하기 능력을 좀 더 세분하여 평가하고 있다. 특징적인 점은, Novice 등급엔 Low, Mid, High의 3개 소등급이 있고, Intermediate 등급엔 Low, Mid-1, Mid-2, Mid-3, High의 5개 소등급이 있다. 또 Advanced 등급에는 소등급으로 Low 등급 1개만 있다는 것이다.

OPIc 시험을 다년간 시행해 본 결과, 한국인 응시자들의 성적 분포는 Intermediate 등급에 몰려 있어서 Low, Mid, High의 3개 소등급으로는 이들 간에 변별이 잘되지 않는 문제점이 생겨나게 되었다. 그래서 Mid 소등급을 Mid-1, Mid-2, Mid-3로 세분하여, Intermediate 등급은 전체 5개의 소등급을 갖도록 하였다. 또한 한국인 응시자들은 Intermediate High 등급을 받기가 매우 어려운 것도 시험 시행 결과 드러났다. 바로 그 위 등급인 Advanced Low는 소수의 응시자들만이 획득하는 등급으로 알려져 있다.

(2) 채점 요소

OPIc은 응시자가 실생활에서 일어나는 일을 영어를 사용해서 얼마나 잘 수행할 수 있는지를 평가하는 시험이다. 응시자의 영어 말하기 능력을 과제/기능(tasks/functions), 맥락/내용(context/content), 정확성/이해도(accuracy/comprehensibility), 발화 형태 및 길이(text type) 등 4개 영역을 중심으로 평가하며, grammar, vocabulary, pronunciation, fluency 요소는 이 4가지 영역 중에 포함된 채점의 표적으로 간주한다.

- 과제/기능이란, 사람들이 일상생활에서 말을 하면서 수행하는 다양한 종류의 과제(일)와 말을 통해 달성하고자 하는 목적을 가리킨다. 채점 시에는 출제된 과제의 완성 여부, 응시자 발화의 과제 관련성 등을 고려한다.
- 맥락/내용은, 과제가 포함하고 있는 사회적 맥락과 과제의 내용을 가리킨다. 채점 시에는 주어진 상황적 맥락과 듣는 사람의 종류나 성격에 맞게 말을 하는지 등을 주로 고려한다.
- 정확성/이해도는, 과제를 수행할 때 응시자가 사용한 영어 어휘, 문법, 발음의 정확성과 이해 가능도를 가리킨다. 이 요소들은 통합적으로 응시자 발화의 유창성으로 구현되기 때문에, 채점 시에는 어휘, 문법, 발음, 유창성이 핵심적 채점 표적이 된다.
- 발화 형태 및 길이는, 단어, 문장, 문단 등 말의 길이, 분량, 조직성 등을 가리킨다. 능숙도가 낮은 사람은 단어나 문장을 유기적으로 연결하여 말하지 못하고 그냥 나열하는 수준에 그치지만, 능숙도가 높은 사람은 문단 수준 이상으로 단어, 문장들을 조직적으로 연결하여 발화의 전체적 논리성을 명료하게 나타낸다.

문법, 단어, 발음 등은 시험과제를 수행하기 위해 영어로 말을 할 때 그 말 속에 전체적으로 골고루 개입하여 관여하는 것으로 간주한다. 과제/기능과 맥락/내용은 시험과제 속에 포함되어 출제되기 때문에 출제자의 영역에 해당한다 할 수 있다. 채점자는 출제된 과제/기능, 맥락/내용을 응시자가 효과적으로 대응하여 처리하는지와, 응시자가 표출하는 발화의 형태 및 길이, 문법, 단어, 발음, 유창성 등에 초점을 맞추어 채점한다.

이에 OPIc 시험의 채점기준을 요약 정리해 보면 〈표 8〉과 같다 (Vicars 2010a, 2010b).

〈표 8〉 OPIc 시험 채점기준

평가영역 (채점 요소) 채점 등급		Tasks and Functions	Context/Content	Accuracy/Comprehen-sibility	Text Type
Novice	High	• 굳어진 표현, 외워 둔 어구를 사용해서 겨우 의사소통을 할 수 있다.	• 가장 일반적인 비공식 상황 • 가장 일반적인 일상생활 주제	• 비원어민을 접해 본 사람도 좀 이해하기 어렵다.	• 개별 단어나 어구를 나열하는 식으로 말한다.
	Mid				
	Low				
Inter-mediate	High	• 외워 둔 표현만 쓰지않고자기말을덧붙여 말할 줄 안다. • 간단한 대화를 먼저 시작하거나, 계속하거나, 끝낼 줄 안다.	• 비공식 상황과 간혹 업무 상황 • 일상생활 관련 예측 가능하고 친숙한 주제	• 비원어민을 접해본 사람이 반복 질문을 해야 하지만, 알아들을 수 있다.	• and, but 등의 접속사는 쓰기도 하지만, 대개 단일 문장들을 발화한다.
	Mid-3				
	Mid-2				
	Mid-1				
	Low				
Advanced	High	• 과거, 현재, 미래 시제를 사용하여 서술하고 묘사한다. • 예측 못한 곤란한 상황을 말을 해서 모면한다.	• 주로 비공식 상황+공식 상황 • 개인이나 일상생활에 관한 주제	• 비원어민을 접해 보지 않은 사람도 잘 알아들을 수 있다.	• 적절한 접속사를 사용하여 문장을 연결하여 문단 수준으로 길게 말한다.
	Mid				
	Low				

2) 영어 말하기 능력의 등급별 전형적 특성

그러면, OPIc 시험 응시자의 영어 말하기 능력이 등급별로 어떤 전형적 특성을 가지고 있는지를 살펴보기로 하자.

(1) 대등급(major levels) 능력의 전형적 특성

• Novice 등급은, 흔히 쓰는 관용어구, 외워 둔 말이나 어구(숫자, 요일, 월 이름 등)를 사용하여 단순한 의미 전달이 겨우 가능한 수준으로, 영어를 배운 지 얼마 되지 않은 비원어민 영어 학습자의 수준과 비슷하다. 특징은 주로 외워 둔 표현을 사용하기 때문에 말이 단편적이고 연결성이 부족하다. 발음, 강세, 억양 등에 한국어 말하기의 영향이 뚜렷하게 보인다. 예를 들어 보기로 하자.

Novice 문제의 예 (content = school life)	전형적 특성
• Which classes are you taking? • Which classes do you have on Monday? • Which classes do you like the best? • What time do you go to school? • How do you go to school?	• 응답은 주로 외워 둔 것을 나열해서 말하는 수준임 • 주어 동사를 갖춘 완전 문장이 아닌 경우가 많음

이런 수준의 문제들은 Novice Low, Mid 수준의 문제이며, Novice High 등급의 문제는 거의 Intermediate Low 수준에 버금가는 말하기 능력을 요구하는 시험과제가 출제된다.

• Intermediate 등급은, 예측이 가능한 상황에서 영어로 간단한 질문과 대답을 할 수 있는 수준에서부터, 익숙하지 않은 상황에서도 문제에 대해 설명하고 해결할 수 있는 수준까지 상당히 넓은 범위의 수준을 포함한다. 상대방이 잘 맞춰서 배려해 주면 상당히 긴 대화가 가능한 수준이다. 경험이 그리 많지 않은 tour guide의 수준과 비슷하다. 특징은, 외워 둔 표현을 많이 쓰지만, 때때로 자기 말을 덧붙여서 말하고, 앞뒤의 말을 조금씩 연결해서 말할 수 있지만, 발음, 강세, 억양에는 한국어의 영향이 여전히 남아 있다. 예를 들어 보기로 하자.

Intermediate 문제의 예 (content = hobby)	전형적 특성
• What's your hobby? How often do you do it? • When did you start it? What motivated you to do it? • Do you do it on your own, or with some else? • Does it cost money? For what does money cost?	• 응답은 외워 둔 단어나 어구도 쓰지만, 바르게 응답하기 위해서는 자기 말을 추가해서 대답하는 수준임 • 몇 개의 문장들을 나열하는 형태가 일반적임

이런 수준의 문제들은 Intermediate Low 수준의 문제들이다. Intermediate Mid 수준은 이보다 약간 더 높은, 더 어려운 수준이다. 그러나 Intermediate High 수준의 문제는 그 수준이 이보다는 훨씬 더 높으며 거의 Advanced Low 수준에 버금가는 어려운 문제들이 출제된다.

• Advanced 등급은, 외국어인 영어를 매우 잘한다는 인상을 주며, 문제의 핵심을 파악하고 여러 문장을 조리 있게 연결해서 말할 수 있는 수준이다. 고객의 불만 처리나 상담, 자세한 설명 등을 해 줄 수 있는 고객 담당 직원의 수준이나, 현재 일어난 사건의 현황, 배경, 앞으로의 변화 방향 등에 대해 보도할 수 있는 TV 리포터의 수준까지 포함한다(AM~AH에 해당). 이보다는 약간 낮은 Advanced Low 수준은 주로 진숙한 상황에 관한 문제에 대해 과거, 현재, 미래의 시제를 써서 큰 어려움 없이 이야기하거나 묘사할 수 있는 수준이다. 이 등급의 특징은, 조리 있게 연결하여 서술, 묘사, 설명을 잘하지만, 발음, 강세, 억양 등에서 영어 원어민은 아니라는 느낌이 분명히 느껴진다. 예를 들어 보기로 하자.

Advanced 문제의 예 (content = sports)	전형적 특성
• You said you saw an NBA game. What was it like? • Who was defeated? What was the reason for the defeat? • Was there anything special in the play you saw? • Which is your favorite team? Why do you support the team? Give your reasons	• 응답은 있었던 일을 시간적 순서대로 서술하거나 약간 길게 조리 있게 이야기하는 수준임 • 여러 문장이 연결되는 문단 길이의 말이 됨

여기 예시 문제들은 Advanced 등급의 최소 수준의 말하기 능력을 요구하는 문제들이다. OPIc의 Advanced Low 수준의 말하기도, 전형적 특성에 제시된 바와 같이, 긴말을 조리 있게 하기를 요구하기 때문에 실전에서는 매우 높은 수준의 말하기 능력을 기대한다.

[참고] OPIc 시험 응시자의 최종 등급 결정의 원칙

위의 각 등급별 예시 문제를 보면, 한 가지 주제에 대해 여러 개의 다른 질문이 연속으로 주어지는데, 이것을 '토픽을 짜낸다(milk the topic)'라고 한다. 이렇게 하는 것은 응시자 말하기 능력의 floor(안정된 실력) 수준을 찾아내기 위해서이다. OPIc 시험은 응시자의 floor 수준을 찾아서 응시자의 최종 등급으로 결정하는 방식을 취한다.

(2) 소등급(sub-levels) 능력의 전형적 특성

• High level은, 응시자가 말을 이어서 잘하는 시간이 길고 말의 양이 많다. 말을 잘 잇지 못하고 멈추거나 더듬거리는 시간이 짧다. 해당 대등급 수준은 전체적으로 '말을 잘 한다', '유창하다'는 인상을 준다.

• Mid level은, 응시자가 말을 이어서 잘하는 시간이 좀 짧고 말의 양도 적은 편이다. 말을 잘 잇지 못하고 멈추거나 더듬거리는 시간이 긴 편이다. 말을 이어서 잘하거나 못하는 시간의 간격이 불규칙하다. 해당 대등급 수준은 전체적으로 '썩 잘하는 것은 아닌데 그렇다고 영 못하는 것도 아니다'라는 정도의 인상을 준다.

• Low level은, 말을 이어서 잘하는 시간은 매우 짧게 잠깐 나타나고, 말을 못하는 시간이 길다. 말을 잘하는 시간이 못하는 시간에 비해 짧으며, 그 간격이 매우 불규칙적이다. 말 끊김 시간이 길고 자주 있기 때문에 해당 대등급 수준은 '미숙하다', '부족하다'는 인상을 준다.

ACTFL의 말하기 능력 기술과 OPIc의 채점기준은 등급이 올라갈수록 가파르게 어려워지는데, 특히 Intermediate Mid와 High 사이, 또 Intermediate High와 Advanced Low 사이는 갑작스러운 수준의 점프가 느껴진다. 그것은 이들 등급이 관장하는 영어 말하기 능력의 포괄 범위가 넓어지고, 그에 따라 채점 요소의 기준치가 높아지기 때문이다. 이 등급 부근에 있는 응시자들은 자신의 영어 말하기 실력이 빠른 속도로 늘지도 않기 때문에 이 등급 부근에서 매우 어렵다는 인상을 받게 된다. OPIc 최고등급인 Advanced Low 등급은 Intermediate High 등급 소지자에게도 획득하기가 상당히 어려운 등급에 해당한다.

OPIc 시험 영어 말하기 능력 등급의 전형적 특징을 요약하면 〈표 9〉와 같다.

〈표 9〉 OPIc 시험 말하기 능력 등급의 전형적 특징(개요)

말하기 능력 등급		전형적 특징(개요)
Novice 관용어구, 외워 둔 말이나 어구를 사용하여 겨우 의사소통 한다. A Novice-level speaker sounds like a parrot	HIGH	일상적인 대부분의 소재에 대해서 문장으로 말할 수 있다. 개인정보에 대해 질문을 하고 응답을 할 수 있다.
	MID	이미 암기한 단어나 문장으로 말하기를 할 수 있다.
	LOW	제한적인 수준이지만 영어 단어를 나열하며 말할 수 있다.

Intermediate	HIGH	익숙하지 않거나 예측하지 못한 복잡한 상황을 만날 때, 대부분의 상황에서 사건을 설명하고 문제를 효과적으로 해결하곤 한다. 발화량이 많고, 다양한 어휘를 사용한다.
관용어구나 외워 둔 말만 하지 않고 자기 말을 덧붙여 말한다. 친숙한 주제에 대해 간단하게 질문하고 대답한다. 단순하고 간단한 상황이나 과업을 처리할 수 있다.	MID-3	일상적인 소재뿐만 아니라 익숙한 상황에서는 문장을 나열하며 자연스럽게 말할 수 있다. 다양한 문장형식이나 어휘를 실험적으로 사용하려고 하며, 상대방이 조금만 배려해 주면 오랜 시간 대화가 가능하다.
	MID-2	
	MID-1	
An Intermediate-level speaker sounds like a linguistic survivor.	LOW	일상적인 소재에서는 문장으로 말할 수 있다. 대화에 참여하고 선호하는 소재에서는 자신감을 가지고 말할 수 있다.

* Intermediate Mid의 경우 Mid 〈 Mid2 〈 Mid3로 세분화하여 제공함

Advanced		
과거, 현재, 미래 시제를 사용하여 서술하거나 묘사한다. 지금 일어나고 있는 일에 대해 알려 주거나 보고할 수 있고, 어려운 상황 속의 문제를 해결한다.	LOW	사건을 서술할 때 일관적으로 동사 시제를 관리하고, 사람과 사물을 묘사할 때 다양한 형용사를 사용한다. 적절한 위치에서 접속사를 사용하기 때문에 문장 간의 결속력도 높고 문단의 구조를 능숙하게 구성할 수 있다. 익숙하지 않은 복잡한 상황에서도 문제를 설명하고 해결할 수 있는 수준의 능숙도다.
An Advanced-level speaker sounds like an informed reporter.		

4. OPIc 시험 준비 시 유의할 점

1) OPIc 시험 채점의 특징[100]

OPIc 시험 채점의 특징들은 OPIc 시험의 기본 목적과 취지가 반영된 것이기 때문에 응시자는 이 채점상의 특징을 잘 알고 준비하는 것이 좋을 것이다.

① OPIc 시험은 응시자의 상시 능력을 파악하려고 하는 시험이다. OPIc 시험은 채점 시에 일정하고, 일관되게 나오는 상시적 영어 사용 수준(=floor)과 한 번씩, 가끔씩 나오는 최고 수준(=ceiling)을 구분한다. 이 중 전자를 응시자의 최종 수준으로 간주하고 등급을 부여한다. 응시자의 순간적 최고 능력을 포착하는 것이 아니라, 안정된 상시 능력 수준을 등급으로 인정하는 것이다. 이런 채점 방식은, 응시자들에게는 자신의 성적이 생각보다 더 낮게 나왔다고 생각하게 만든다. 그러나 이 시험 결과의 사용자는 응시자가 받은 등급만큼 혹은 그 이상의 능력을 가지고 있다고 생각할 수 있다. 능력 최고점에 등급을 부여하는 시험의 경우엔, '성적은 좋은데 실력은 없다'는 말을 들을 수도 있다. 개인의 최고점은 희귀하게 한 번 나오는 것이지 평소에 일상적으로 나오는 것이 아니기 때문이다.

---

100 OPIc 시험에 관한 구체적인 자료는 시중에서 구하기가 쉽지 않은데, 이 부분은 필자가 ACTFL 에서 받은 채점자 훈련 경험을 바탕으로 작성하였다.

② 채점 시 응시자의 강점과 약점이 반복적으로 나타나는 것을 파악하여 채점한다. 즉 응시자의 강점과 약점의 패턴을 찾아 그 패턴을 채점의 대상으로 삼는다. 잘하거나 못하거나 한두 번만 나타난 경우는 채점에 포함시키지 않는다. 그러므로 응시자는 잠깐 실수한 것이 있다 하더라도 주눅 들지 말고 계속 말을 이어 나가야 한다.

③ OPIc 시험은 응시자가 발화하는 <u>말의 양을 중요하게 고려한다</u>. 주어진 시험과제에 대해 적게 발화하면 그만큼 불이익을 받을 가능성이 크다. 이를테면, 그림을 묘사하는 경우, 듣는 사람이 그림을 보지 않고 듣기만으로 그림을 재구성할 수 있을 정도로 자세히 충분히 논리적으로 말을 많이 해야 한다. 전체 구도를 먼저 묘사한 뒤, 왼쪽 → 오른쪽, 위쪽 → 아래쪽 등을 듣는 사람이 명료하게 파악할 수 있도록 그림 속의 묘사 대상의 위치를 명료하게 말해 주면서 묘사하는 것이 좋다.

④ 응시자의 말을 분석적으로 채점하지 않고 전체 덩어리를 채점 대상으로 삼고, 응시자의 전체적 능력을 등급으로 판정한다. 그래서 여러 가지 채점 요소를 동시에 고려할 수 있도록 훈련된 전문 채점자가 아니면 채점을 허용하지 않는다.

⑤ OPIc 시험에 관한 기본정보는 공개되지만, 시험과제가 응시자별 맞춤형으로 제시되기 때문에 시험과제 유형별 모범답안을 만들어서 사전 훈련시키기가 매우 어렵다. 좋은 성적(높은 등급)을 받으려면 영어 실력을 착실히 쌓아야 한다. 그래서 '성적은 좋은데 실력은 없다'는 말이 나올 가능성이 적은 시험이다.

2) OPIc 시험의 채점 키워드(keywords)

OPIc 시험에 출제되는 시험과제의 종류와 수준은 tasks and functions, context/content, accuracy/comprehensibility, text type 등의 채점 요소에 맞춰 Novice, Intermediate, Advanced의 등급별로 이미 정해져 있기 때문에 채점할 때에는 각 등급에 규칙적으로 적용되는 채점 keywords가 있다. 채점 시에 응시자가 하는 말을 듣고 등급별 수준 기술에 근거한 채점 키워드를 적용하는 것이 채점의 요령이다. 이에 채점기준의 채점 요소별로 용어의 의미와 등급별 키워드를 정리해 보면 〈표 10〉과 같다.

〈표 10〉 채점 요소의 의미와 등급별 키워드

채점 요소	Tasks and Functions	Context/ Content	Accuracy/ Comprehensibility	Text Type
의미	(tasks) 응시자가 주어진 상황과 조건 속에서 해결해야 할 문제 혹은 과제 (functions) 문제나 과제 해결을 위해 응시자가 사용하는 묘사, 서술 등 언어 활동의 종류	(context) 공식, 비공식, 상황, 장소, 인간관계 등 사회적 맥락 (content) 직장, 학교, 가정, 일상 활동, 운동, 관심거리, 스포츠 등의 주제적 내용	(accuracy) 응시자가 하는 전체 말의 어휘, 문법, 발음의 정확도 (comprehensibility) 응시자의 발음과 문법의 이해 가능도 및 유창성 등	(text type) 응시자가 발화하는 단어, 문장, 문단 등 말의 텍스트 종류

키워드	(Novice) memorized, words and phrases, lists (Intermediate) create with language, ask and answer simple questions (Advanced) narrate, describe, discuss in connected speech	Novice, Intermediate, Advanced 모든 등급에 적용됨	Novice, Intermediate, Advanced 모든 등급에 적용됨	(Novice) words, lists (Intermediate) sentence (Advanced) paragraph

OPIc 시험 준비를 위해서는 채점에서 적용하는 채점 키워드를 잘 알고 이에 맞춰 시험 준비를 하는 것이 좋을 것이다. 스스로 녹음한 말을 다음의 채점 키워드들과 대조해 가며 자기 채점을 해 보면 좋을 것이다. 특히, Intermediate High, Advanced Low 수준을 취득 목표로 하는 사람은 '자세하게 묘사하기' 기법[101]을 충분히 익혀 나가길 권장한다 [329~331쪽, 6. 세밀하고 자세하게 묘사하기 참조].

3) OPIc 시험 채점 키워드의 예

채점자 훈련을 받은 전문 채점자들은 각 등급별로 간략하게 요약된 채점 키워드를 적용하여 채점한다. 각 등급별 채점 키워드는 다음과 같다. 응시자들은 이런 키워드의 의미를 잘 숙지하고 스스로 녹음하여 연습할 때 적용해 보는 것이 도움이 될 것이다.

---

101 프랑스의 라틴어 교사였던 Francis Gouin이 제안한 The Series Method 참조.

Novice

① memorized materials and structures

② no control of structures

③ limited functional ability

④ individual words and phrases

⑤ immediate survival needs

Intermediate

① create with the language

② ask and answer simple questions

③ simple short conversations

④ daily routine, survival situation

⑤ frequent errors in basic structures

⑥ discrete sentences

⑦ interact with speakers used to dealing with foreigners

Advanced

① narrate in past, present or future times

② detailed description in past, present or future

③ detailed description comparing, contrasting

④ handles with a situation with a complication

⑤ can discuss current/community events

⑥ cohesive, connected discourse

⑦ paragraphs

⑧ interact with and understood by speakers who are not used to dealing with foreigners

6장에서는 우리나라의 대표적인 영어 말하기 시험인 TOEIC Speaking 시험과 OPIc 시험의 기본적 얼개와 각 시험의 시행 절차와 단계, 채점의 주안점 등에 대해 알아보았다. 특히, 응시자들이 알아야 할 채점 요소의 의미와 채점상의 특징 등을 제시하였다. 다음 마지막 7장에서는 한국인이 영어 말하기 시험을 준비할 때 꼭 유념해야 할 사항들을 이론과 실무를 건전하게 통합하여 제시하였다. 시험 응시 준비자들에게 실질적인 도움이 될 것으로 기대한다.

7장.
영어 말하기 시험 응시 준비 요령[102]

말하기 시험은 듣기, 읽기 시험과는 달리 선택형으로 출제하지 못한다. 응시자가 말을 실제로 해야 그 말의 질과 양을 평가할 수 있기 때문이다. 응시자가 말하지 않는 말하기 시험은 있을 수 없다. 그러나 말하기 시험은, 기본적으로 개별 응시자를 대상으로 하는데, 시험 진행자, 응시자 관리자, 시험 장소, 응시자 대기 장소, 채점기준, 채점자 확보, 결과 처리 등 비용과 시간이 많이 들어 대규모로 한꺼번에 진행할 수 없다. 또한, 채점에서 채점자의 주관성을 제거하고, 채점의 객관성, 공정성을 확보하기도 쉽지 않기 때문에 자주 시행하기 어렵다. 오늘날에 와서 대규모 말하기 시험은, TOEIC Speaking이나 OPIc처럼, 비용을 줄이기 위해 많은 부분을 표준화, 규격화하여 컴퓨터를 활용하여 시행하고 있다.

---

102   이 장은 이완기(2021a), 『시험을 위한 영어공부 사용을 위한 영어공부』의 2장과 10장의 내용을 보완하고 재구성한 것이다.

응시자는 시험과제에 대해 의미(내용)계획 → 언어(문장)계획 → 음성발화 → 자기점검의 4단계 과정을 거쳐서 말을 하게 된다. 영어 말하기는 할 말이 있어도 영어가 생각이 안 나면 말을 할 수가 없다. 즉 한국어로 생각한 내용이 있어도 영어 단어와 문장이 빨리 떠오르지 않으면 영어로 말을 이어 갈 수가 없다. 또 사람은 차분한 상태에 시간이 있으면 할 말을 다 하지만, 시간이 없고 쫓기는 듯하면 할 말이 잘 생각나지 않는다. 그렇다고 해서 같은 단어, 같은 문장구조를 반복해서 말의 양만 늘리는 것은 오히려 역효과를 낼 수도 있다. 채점자가 들어 보면 매우 단조롭고 내용 없고 지루하게 느껴질 것이기 때문이다.

현재 시행되고 있는 대규모의 영어 말하기 시험은, 시험 문제나 요구하는 말의 성격이 거의 표준화되어 있어서, 해당 시험에 맞춰 연습을 많이 하면 일정 수준 이상의 성적을 거둘 수 있다고 본다. 이에 이 장에서는 영어 말하기 시험을 준비할 때와 실제로 응시할 때 유념해야 할 점을 살펴보기로 한다.

7.1 시험 준비 시작 전에 알고 있어야 할 사항

영어 말하기 시험에 대비하여 공부할 때 간과하거나 소홀히 하지 않아야 할 것은, 응시하려는 시험에 대해 잘 알아야 한다는 것이다. 시험 자체에 대해서 잘 모르는 상태에서 시험에 응시하면 좋은 성적을 결코 얻을 수 없다.

1. 시험의 목적과 시행 방법

어떤 시험을 보아야 할지에 대해서 이 사람 저 사람에게서 듣고 정하거나 학원에서 광고하는 대로 따라서 정하는 사람들이 많다. 시험 준비서들에는 시험의 목적과 시험 시행에 관한 사항들이 비교적 자세히 기술되어 있다. 이 사항들을 꼭 정독하여 읽어 보아야 한다. 이런 서론적인 것보다는 실제 문제 연습이 더 중요하다고 생각하고 대수롭지 않게 여기는 사람도 많다. 그러나 자신이 보려고 하는 시험의 목적과 시행 방법에 대해 그냥, 대충, 어렴풋이 주변 사람한테서 들은 정도의 정보만으로 시험 준비를 하는 것은 잘못된 일이다. 자신이 직접 꼼꼼히 읽어 보고, 그 의미를 명료하게 파악하고 있어야 한다. 이해가 잘 안되는 부분이 있으면 질문을 하든지, 토론을 하든지 해서 확실하게 파악하는 것이 중요하다. 그 의미를 명료하게 파악하고 있어야 시험 준비 연습을 효과적으로 할 수가 있는 것이다. 그리고 중요하다고 생각되는 점들은 나름대로 요약 정리해서 익히고 있어야 한다.

2. 시험이 요구하는 말의 성격과 종류

영어 말하기 시험 준비를 위해서는 섹션별 시험과제의 유형과 각 유형별 시험과제가 요구하는 말의 질이나 성격, 말의 길이 등을 잘 파악해야 한다. 이를테면, 주어진 대상(그림, 과제)을 보고 묘사하거나 서술하라고 하는 것인지, 주어진 대화나 말을 듣고 그에 대한 반응을 말로 표현하라는 것인지, 혹은 어떤 주제에 관해 자신의 생각을 말해 보라 하는 것인지,

아니면 2명 이상의 응시자에게 공동으로 문제를 제시하고 그 문제를 영어를 사용해서 해결하라고 하는 것인지 등에 관한 바른 이해가 필요하다. 해당 시험이 요구하는 말의 성격(묘사, 서술, 의견제시, 문제해결 등)을 정확하게 파악하면 시험 준비서에 예시된 문제들을 실제로 풀고 말을 해 봄으로써 시험과제의 유형에 익숙해질 수가 있다. TOEIC Speaking이나 OPIc의 경우 각자 독특한 유형의 시험과제를 반복적으로 제시한다. 이 시험과제의 유형은 좀처럼 바뀌지 않는다. 영어 말하기 시험 준비를 위해서는 시험의 섹션별 문항 특성, 즉 문제의 유형, 응답의 길이나 질 등을 잘 분석하여 알고 있어야 한다.

3. 채점기준의 의미와 채점 요소의 종류

말하기 시험에서 좋은 성적을 얻으려면, 그 시험의 채점기준과 채점 요소를 명료하게, 확실하게 알고 시험 준비를 할 때 항상 되짚어 보며 점검해야 한다. 채점기준에 제시되어 있는 채점 요소들이 각각 무엇을 의미하는지를 잘 파악해야 하고, 또 어떤 채점 요소에 더 높은 비중이 주어지는지를 미리 알고 대비해야 한다[312쪽, 〈표 11〉 영어 말하기 시험 채점 요소의 예 참조].

채점은, 채점 요소들의 점수를 단순 합산하고 이에 전체적 인상을 덧붙이는 방식이 일반적으로 사용된다. 영어 말하기 시험 채점기준은, 시험마다 조금씩 다르지만, 대개 정확성, 범위, 적절성, 유창성, 상호작용, 발음, 전반적 인상 등의 채점 요소를 포함하여 기술한다. 즉 정확성, 범위, 적절성 등이 무엇을 뜻하는지, 무엇을 포함하는지를 명료하게 파악하고 있지 못하면, 시험 준비를 열심히 많이 해도 좋은 성적을 얻기는 어려울 것이다.

<표 11> 영어 말하기 시험 채점 요소의 예

	채점 요소	비중
정확성	• 문법적 실수 정도 • 문장구조 사용의 정확성, 적절성 • 의미전달의 명료성 등	각각의 채점 요소에 대해, 상중하(ABC), 12345, 숫자 점수 제시 등 다양한 형태로, 채점 요소에 대한 비중을 다르게 하거나, 어떤 요소에 가중치를 두는 경우도 있음
범위	• 같은 단어 반복 사용 여부나 정도 • 같은 문장구조 반복 사용 여부나 정도 • 적절한 단어, 문장구조를 못 찾아 머뭇거리는 정도 • 짧고 간단한 굳어진 표현만 쓰는 정도 등(단어와 문법 실력)	
적절성	• 맥락과 목적에 맞는 단어나 문장구조 사용 여부나 정도 • 같은 말 반복 사용 여부나 정도 등	
유창성	• 말의 자연스러움 정도 • 머뭇거림, 반복, 말의 재구성 등의 정도 • 말없이 망설이는 시간(pause)의 정도 • 말하기 자신감의 정도 등	
상호 작용	• 대화에 적극 참여 여부나 정도 • 고쳐 말하기로 의미를 성공적으로 전달하는 정도 등 (* 대화시험에서만 적용 가능)	
발음	• 한국어식 발음과 억양의 정도, 발음, 억양, 강세 등의 정확성 • 의미 전달의 성공 여부 등 (* 한국어식 악센트는 크게 중요하지 않고, 의미 전달이 더 중요함)	
전반적 인상	채점 요소들 전체를 종합하고, 말하기의 자신감, 의미전달 정도, 의사소통 원활 여부나 정도, 말을 잘한다, 못한다 등의 인상적 판단	각 채점 요소의 점수를 합산하거나, 각 채점 요소의 점수에 채점자의 주관적 판단을 추가할 수도 있음

7.2 시험 응시의 실전 전략과 대비책

1. 영어 말하기 시험의 종류별 실전 전략

시험을 본다는 것은 응시자에게는 거의 전쟁과도 같은 것이라 전략이란 말을 흔히 쓴다. 대표적인 영어 말하기 시험의 종류와 그에 대응할 수 있는 전략을 간략히 살펴보기로 하자. 영어 말하기 시험은, 크게 인터뷰 시험, 구술시험, 대화시험, 컴퓨터 활용 시험 등이 있는데, 이 중 인터뷰 시험, 구술시험, 대화시험은 모두 사람이 주도하여 시행할 수 있는 시험으로서, 대규모로 시행하기 어려운 한계를 가지고 있다. 반면에 대규모 시행이 가능한 컴퓨터 활용 시험은 주로 준(準)인터뷰 시험(예: OPIc)과 구술시험(예: TOEIC Speaking)의 형태로 운영되고 있는데, 이 두 시험의 타당성에 대해서는 이론의 여지가 있다.

1) 인터뷰 시험에 응시할 경우

인터뷰 시험에 응시할 경우에는 다음 사항들을 기억하고 실천하는 것이 도움이 될 것이다.

① 문제를 들을 때 무엇을 어떻게 하라는 것인지 정확히 파악해야 한다. 그것이 안 되면 대답을 할 수가 없고, 대답을 해도 엉뚱한 말을 하게 될 것이다.

② 말할 내용의 핵심 단어들을 간단히 메모한다. 메모를 할 여건이 되지 못한다면 머릿속으로 메모할 내용을 되뇌며 기억해 둔다.

③ 인터뷰 시험은 대개 준비 시간이 주어지지 않는데, 이때 질문에 오래 뜸들이거나 머뭇거리지 말고 자신이 있는 듯 바로 말을 시작해야 한다. 말을 시작하면서 어떻게 이어 나갈지를 고민해야 한다.

④ 일단은 큰 소리로 용감하게 또렷한 발음으로 시작해야 한다. 말소리가 작으면 자신감이 없어 보이고, 응시자 자신도 실제로 자신감이 떨어지고 황망해진다. 감점을 받을 수도 있다.

⑤ 틀리게 말했다는 것을 알아차려도 아무렇지 않은 듯이 계속 말을 이어 가는 것이 필요하다. 이때 임시변통하는 순발력을 발휘해야 한다. 영어 실력이 부족할수록 영어 단어와 문장을 생각하느라 말할 내용에 대해 생각을 잘 정리하지 못한다. 메모한 것을 중심으로 더 늘리고 추가해서 말하는 것이 좋다.

인터뷰 시험은, 1:1 방식을 좀 더 확장하여 응시자 2인 이상에게 시험관이 같은 문제를 제시하고, 각각의 응시자가 응답하도록 하는 방식과, 한 응시자가 한 응답에 대해 다른 응시자는 어떻게 생각하는지를 말해 보도록 하는 방식을 쓰기도 한다. 이 경우 어떤 방식의 시험인지 대한 사전 조사를 통해서 잘 익히고 사전 연습을 많이 해야 한다.

2) 대화시험(그룹토론)에 응시할 경우

대화시험(그룹토론)에 응시할 경우에는, 다음 사항들을 유의하여 실천하는 것이 도움이 될 것이다.

① 응시자 2명 이상이 함께 참여하는 대화시험, 혹은 그룹토론 시험은 컴퓨터를 활용하여 시행하기가 어렵다. 컴퓨터를 활용한다 하더라도 컴퓨터의 역할이 제한적이기 때문에 사람 주도로 시행하는 경우가 많다.

② 대화시험(그룹토론)은 시험장에 여러 사람이 해결해야 할 특정 과제를 인위적으로 만들어 제시하고 해결하도록 하는 방식이다. 회사나 기관 등에서 특정 업무를 맡길 사람을 선발하기 위해 주로 사용한다. 주로 응시자의 업무 능력을 평가하는 방식이지만, 시험에 영어를 사용하도록 하면서 영어 능력도 함께 측정할 수도 있다. 제시하는 과제는 그 종류나 성격, 내용 등이 선발 목적에 맞게 만들어진다.

③ 응시자는 자신이 말해야 할 부분과 말할 내용을 시험과제에 맞게 순발력 있게 참여해야 한다. 혼자 말을 너무 독점하면 안 되지만, 그렇다고 자주 양보해서 말의 주도권을 뺏긴 듯한 인상을 주는 것은 좋지 않다. 말을 자연스럽게 주고받는 형식을 취하는 것이 좋다.

④ 채점 요소들 중 상대방과의 상호작용 활발성, 상황과 맥락에 맞는 적절한 응답, 문제해결 능력 등이 중요한 고려사항이 된다.

3) 컴퓨터 활용 시험에 응시할 경우

컴퓨터 활용 시험에 응시할 경우엔, 다음 사항들에 유의하여 개인적인 응시전략을 갖추는 것이 좋을 것이다.

① 컴퓨터 활용 시험은 사람과 자연스러운 상호작용이 어렵다는 근원적인 한계 혹은 경직성 때문에 시험과제의 유형이 대개 구술시험 방식이거나 인터뷰 방식을 취한다.

② 대개의 경우 시험과제에 대해 응시자가 말을 준비할 약간의 준비시간이 주어지는데, 준비 시간엔 문제에 맞춰 말할 내용을 간략하게 빨리 메모해 둔다.

③ 메모 내용별로 혼동이나 혼선이 없게 충분히 여백을 두고 메모하며, 내용상의 관계 등을 선으로 연결하거나 자신만의 기호로 표시를 해 둔다.

④ 메모한 내용을 바탕으로 말을 이어 나간다. 단 1분을 혼자 계속해서 말하기는 쉽지 않다. 상당히 많은 양의 지식정보가 있어야 말을 1분 동안 이어 갈 수 있다.

⑤ 이때 준비한 말의 내용이 적어 주어진 시간이 남는 경우에는 앞에서 한 말을 그대로 반복하지 말고 주어진 문제에 대한, 혹은 문제 해결책에 대한 자신의 의견, 평가, 전망 등을 덧붙이는 것이 좋다.

2. 영어 말하기 시험의 실전 대비책

영어 말하기 시험은 자신의 영어 실력을 다른 사람들 앞에 대로 드러낸다는 것을 잘 알기 때문에 응시자 절대 다수는 다른 사람이 나의 영어 실력을 어떻게 생각할까를 걱정한다. 한국인의 '체면문화' 때문이다. 능숙도가 낮은 한국인이 영어로 말할 때에는, 자신 없게 들리는 작은 목소리, 망설임, 주저함, 버벅거림, 말 끊김, 같은 말 반복 등의 현상이 특징적으로 자주 나타난다. 그러나 능숙도가 높은 사람에게는 이런 현상들이 거의 나타나지 않기 때문에 듣는 사람에게 편안함을 준다. 영어 말하기 시험을 준비하는 사람은 자신의 말에서 이런 현상이 얼마나 나타나는지를 종종 점검해 보는 것이 필요하다.

영어 말하기 시험에 가장 좋은 대비책은 영어를 실제로 많이 발화해 보는 것이다. 말을 하려면 말할 거리가 있어야 하는데, 역시 평소에 많이 듣고 많이 읽어서 말할 거리를 많이 갖고 있어야 한다. 평소에 많이 읽어야겠다고 마음을 먹어도 어느새 지속을 하지 못하고 있는 자신을 발견한다. 그래도 영어 말하기 시험을 위한 대비책(①~⑨)을 알고 실천해 보기로 하자.

① 한국인의 발성기관은 한국어를 말하는 데 이미 길들여져 있고, 영어발음이 나야 할 곳이나 발성 근육 등은 사용되지 않아서 대체로 굳어져 있다. 먼저 이를 타개하기 위해서 입술근육 풀어 주기[103]를 규칙적으로

---

103 입술근육 풀어 주기에 관한 참고자료는, 세계적인 발성 전문가인 Julian Treasure의 'How to speak so that people want to listen'(TED Talk)이란 강연에 잘 나와 있다.

해야 한다. 즉 상하좌우로 입술을 크게 움직이면서, 바, 바, 바…, 브르르르, 브르르르… 라, 라, 라…, 르르르르, 르르르르… 등의 소리를 크게 내어 입술 주변 근육을 충분히 풀어 주어야 한다.

② 일부러 원어민 흉내를 내지 말자. 영어의 강세와 억양, 리듬을 억지로, 어색하게 원어민처럼 발음하려고 하는 것은 웃음거리가 될 뿐이다. 즉 자신의 영어 말에 한국어 냄새(accent)가 배어 있다 하더라도 크게 괘념할 필요는 없다. 단어 강세, 문장 강세에 맞게 말의 의미를 명료하게 자신감 있게 전달하는 것이 훨씬 더 중요하다.

③ 원어민처럼 유창하게 말할 욕심으로 너무 빠른 속도로 말하려고 하지 않아야 한다. 너무 빨리 영어를 내뱉으면 영어 발음이 부분적으로 뭉개지고 의미가 잘 전달되지 않는다(자기 영어 말을 녹음해서 들어 보라!). 말할 단어들을 모두 머릿속으로 생각했다 하더라도, 너무 빠른 속도로 표출하면 단어들의 발음이 뭉개지거나 겹치게 되어 제대로 발음이 표출되지 않아 상대방이 알아듣지 못한다. 천천히 또록또록 명료하게 말하는 연습을 먼저 많이 하면서 점차 발화 속도를 높여 나가야 영어 발음이 뭉개지지 않고 유창해질 수가 있다. 또, 너무 느리게 말해도 답답함을 주고 전달력이 떨어지기 때문에 자기에게 익숙한 속도로 말하도록 한다.

④ 영어 녹음자료를 들으면서 의미 그룹으로 끊어서(parsing) 큰 소리로 따라 말하기 연습을 많이 한다. 많이 들이 보면 이렇게 의미 그룹으로 구분되는지를 파악할 수 있게 된다. 적절하게 의미 그룹으로 끊어서 말하

지 않으면 상대방이 잘 알아듣지 못하고, 이상하게 들리기 때문에 결국 말하기 시험에서는 좋은 성적을 얻을 수가 없다.

⑤ 영어책 소리 내어 읽기(read aloud)는 영어 단어, 구문의 이해뿐만 아니라, 의미 그룹으로 끊어 읽기, 자신의 발성기관을 영어 발음하기에 편하도록 훈련시켜 주기 때문에 실제 말하기를 하는 데 큰 도움이 된다.

⑥ 영어 녹음자료 속의 원어민 발음의 강세 억양, 리듬을 모방하여 소리 내어 따라 말하면(shadow speaking), 영어의 감을 체득할 수 있고, 듣기, 말하기를 동시에 향상시킨다.

⑦ 비슷한 뜻을 가진 여러 가지 다른 표현들을 수집하여 충실히 익혀서 영어 표현의 다양성과 풍부성을 확보한다. 이를 바탕으로 문장전환(paraphrase) 연습을 많이 하는 것이 좋다.

⑧ 자신의 답변을 휴대폰으로 녹음해서 들어 보고, 자신의 문제점을 확인·수정한다. 자신의 말의 질을 가늠할 수 있고, 자신이 하는 말이 어떻게 들릴지에 대해 가늠해 볼 수 있다.

⑨ 간단하고 짧은 말들만 연습하는 것은 정보를 전달하는 긴말을 하는 능력을 보장하지 않는다. 짧은 말들은 일상 회화에는 사용할 수 있지만, 좀 길게 말을 하려고 하면 잘되지 않는다. 처음엔 할 말을 글로 써서 여러 문장을 이어 가면서 길게 말하는 연습을 하는 것이 좋다.

3. 영어 말하기 시험 채점 시 감점 요인

덧붙여서 말하기 시험에서 감점 요인 몇 가지를 살펴보자.

① 말이 너무 문법에 맞지 않거나 단어만 나열하는 것은 미숙함의 증거이다. 어느 정도 길게 자신의 말을 해야 하는 말하기 시험에서는 주어 동사를 갖춘 완전문으로 발화하는 것이 좋다. 일상 대화처럼 짧은 말만 계속 나열하는 것은 시험 주제에 맞지 않을 것이고, 초보 수준이라는 인상을 주게 되어 감점 요인이 된다.

② 말을 잘한다는 것은 다양한 단어와 문형을 정확하고 적절하게 사용하여 듣는 사람이 메시지를 바르게 이해하도록 말하는 것이다. 이때 너무 간략하고 짧게 말한다면 메시지를 충분히 전달하기 어려울 것이다. 그래서 말하기 시험에서는 다양한 단어와 문형을 사용하여 가급적 길게 말하는 것이 중요하다. 같은 단어나 단조로운 문장을 짧게 반복해서 말하는 것이나, 외워 둔 문장을 너무 많이 쓰는 것은 응시자의 영어 사용 범위(range)가 좁다는 것을 드러내는 것이기 때문에 감점 요인이 된다.

③ 한국어에 없는 영어 발음을 너무 한국어식으로 발음하는 것, 단어의 강세, 문장의 억양과 리듬에 유의하지 않고 평조로 말하는 것, 목소리가 너무 작거나 약한 것, 앞에 이미 한 말을 자꾸 반복해서 말하는 것 등은 영어 말하기의 미숙함을 그대로 보여 주는 증거이기 때문에 감점 요인이 된다.

④ 지나치게 긴장하여 침묵의 시간을 길게 갖지 말아야 한다. 너무 긴장한 모습을 보여 주는 것 자체가 처음부터 응시자가 자신감이 없고, 말을 잘 못할 것이라는 인상을 줄 수 있다. 할 말이 빨리 생각나지 않으면 그냥 침묵으로 있지 말고, Uh…, Mmm…, Well…, You know…, What I'm going to say is…, My point is…, Let me put it this way, It's hard to explain it in English, but… 등의 연결사(hesitation filler)로 침묵의 시간을 메워 나가고, 그 사이에 자신이 할 말을 찾아야 한다. 침묵의 시간이나 더듬거리는 시간이 길어지면 영어 말하기의 유창성이 낮다는 인상을 주게 되어 감점 요인이 된다.

⑤ 대화시험(그룹토론)의 경우엔 상황과 문제의 맥락에 맞지 않게, 자신의 말하기 실력을 뽐내기라도 하듯 혼자서 너무 독점적으로 말하거나, 상대방이 미숙하다고 화를 내거나 비아냥거리거나 하는 것은 분명히 감점 요인이 된다. 상호작용 측면과 협력해서 문제를 해결하는 측면에서 바람직하다고 볼 수 없기 때문이다.

7.3 효과적인 영어 말하기 연습 방법

한국인이 영어 말하기를 배우기는 영어 듣기나 읽기를 배우기보다 훨씬 더 어렵다. 그 이유를 여기서 되짚을 필요는 없을 것이다. 영어 말하기 시험 준비는 중장기적인 계획을 가지고 지속적으로 연습을 해야 한다. 준비기간이 짧다면, 간단하고 짧은 말 주고받기를 하거나, 외워 둔 좀 긴

말을 시험과제와 별 관련 없이 그냥 주욱 읊어 대는 수준에 그칠 수밖에 없다. 후자의 경우는 흔히 볼 수 있는데, 채점자들은 금방 알아차리고 그에 상응하는 낮은 성적을 줄 수밖에 없다.

1. 영어문장 1,000개 외우기

영어 말하기 시험에서는 할 말을 생각하느라 오래 뜸을 들이거나 머뭇거리면 감점을 받는다. 뭔가를 계속 이어서 말을 해야 하는데, 유용한 영어 표현들을 많이 외워 두면 할 말을 생각하면서 계속적으로 그 표현들을 동원해서 말을 이어 갈 수가 있다. 영어를 공부할 때 단어, 문장, 문법 등을 분리해서 따로 공부를 하면, 말하기의 엄중한 시간적 압력, 심리적 부담 속에서 잘 생각이 나지 않고, 문법 규칙이 빠르게 적용되지 않는다. 그렇게 되면 문법이 틀린 말을 하지 않을까 망설이고 조바심을 갖게 된다. 그래서 시험공부를 할 때에는 영어다운 표현들을 통째로 소리 내어 읽고 달달 외워 두는 것이 매우 효과적이다. 만약 1,000개 이상의 유용한 영어 문장을 충분히 숙달하고 있으면 주어진 문제에 당황하지 않고 영어로 말을 이어 나갈 수 있는 기초가 된다. 사실, 시험을 위한 말하기 공부는 시간이 얼마 없을 때 사용할 수 있는 임시방편적 수단이지 근본적인 해결책은 아니다. 보다 근본적으로는 사용을 위한 말하기 공부를 해야 시험을 위해서도, 사용을 위해서도 유용하게 쓸 수가 있다. 이렇게 하는 것이 공부의 경제원칙[104]에 맞는 방법이다.

---

104   최소의 노력(비용)으로 최대의 효과(이익)를 얻는 원칙.

2. 문장을 전환해서 임시변통하기

영어 말하기 시험은 긴장감, 시간적 압박, 심리적 부담을 동시에 수반하기 때문에 적절한 단어나 문장이 즉각 떠오르지 않는 경우가 많다. 이럴 경우 임기응변적 대응을 하는 것이 매우 중요하다. 즉 단어와 표현이 입에서 술술 나오면 좋지만, 중간에 딱 막혀 생각이 나지 않을 때에는 다른 표현을 빨리 동원하여 임시변통해야 한다. 이를테면, superstition(미신)이라는 단어가 생각나지 않으면, illogical old belief 혹은 unreasonable belief라고 빨리 돌려서 말하거나, 그것의 예를 들어서, (Some people believe) breaking a mirror brings bad luck과 같이 말함으로써 임시변통을 할 줄 알아야 한다. 즉 문장전환(paraphrase)을 잘할 수 있어야 한다. 이를테면, '저는 제가 할 수 있는 일은 다 했어요'라는 말을 하고 싶다면,

- I did everything I could do.
- I did everything within my power.
- I did everything I was supposed to do at that time.
- I only did what was natural under the circumstance.

등으로 다양하게 표현할 수 있을 것이다. 평소에 문장전환 연습을 많이 하는 것이 필요하고 중요하다.

더 나아가서, 다양한 표현을 자유롭게 사용하기 위해서는 비슷한 뜻의 다양한 표현들을 익혀두는 것이 좋다. 이를테면, In my opinion 이란 말만 계속 쓰기보다는,

- The way I see it is…
- As far as I know it
- My understanding is… 등으로 다양화하고,

I think를 계속 말하기보다는

- I guess
- I believe
- I suppose
- It seems to me…
- What counts is…
- It counts that…

등으로 바꾸어 다양하게 쓰는 것이 좋다.

이렇게 할 말이 금방 생각나지 않을 때를 대비해서 문장 전환을 통해 임시변통하는 연습을 많이 할 필요가 있다.

3. 원어민의 영어 모방하기

영어 말하기 공부는 기본적으로 영어 원어민들이 말하는 것을 충실하게 모방하는 것이 가장 좋다. 실제로 발음이나 자연스러움 등에 있어서 영어 원어민과 비교할 수는 없지만, 영어 원어민들이 쓰는 대로 따라 한다면 말하기를 잘할 수 있다. 원어민들의 말을 잘 살펴보면, 매우 독특한 영어스러운 표현들을 쓰기도 하지만, 많은 사람들이 항상 쓰는 정형화된 표현들(routines)도 많이 쓴다. 이러한 정형화된 표현들을 익혀 두는 것은 영어로 말할 때 말의 양을 늘리는 데 도움이 되고, 또 발화를 더 쉽게 해 주는 발화도움 장치가 되기도 한다. 원어민들의 말하기만을 듣고 모방하는 것을 넘어서, 원어민의 말을 많이 듣고, 원어민의 글을 많이 읽는 것도 원어민의 영어 사용을 모방하는 셈이 되고 큰 도움이 된다.

한국인은 사춘기를 넘어서면 영어 원어민의 언어직관과 감각을 따라가기 어렵다. EU권 내에서 일반화되고 있는 국제언어로서의 영어(EIL: English as an International Language)를 사용한다는 생각을 갖는 것이 합리적이다. 영어 원어민의 발음을 그대로 흉내 내기 위해 너무 큰 노력을 투자하기보다는, 자신의 발음으로 자신의 의미를 바르고 효과적으로 전달하는 데 공부의 초점을 맞추는 것이 바람직하다. 국제어로서의 영어는 자기 모국어와 자기 문화 정체성을 가지고 국제적인 의사소통의 수단이라 생각하고 사용하면 된다.

대화시험에서 상대방 응시자의 발음이 영어 원어민 발음에 가깝고 자신감이 넘쳐 있으면, 그것을 듣고 먼저 주눅이 들고 자신감을 상실하게 된다. 특히, 한국어 말하기의 평조적 특성이 영어 말하기에 그대로 반영되어 상대방에게 부자연스럽게 들리는 경우가 많다. 상대방의 태도나 발화하는 영어에 주눅이 들 필요는 없지만, 영어의 강세와 리듬, 억양은 영어 원어민들이 쓰는 방식을 거의 그대로 모방해서 익히는 것이 좋다.

　영어 말하기 실력을 늘리기 위해 주변에 보이는 영어 원어민에게 먼저 말을 걸어 이야기하는 등, 영어 원어민을 만나는 기회를 적극적으로 만들어 활용하면 매우 효과적이다. 그러나 성인의 경우 이런 행동은 시도하기도 지속하기도 매우 어렵다. 또 한국인끼리 영어 회화 클럽을 만들어서 활동하는 방법도 있지만, 실제로 오랜 시간 지속해 나가기가 매우 어렵다. 그렇다면, 혼자서 할 수 있는 방법으로 '쫓아 말하기'(shadow speaking) 방법을 실행해 보는 것이 효과적이다. 이것은 녹음된 영어 원어민의 말이나 대화를 바로 뒤따라서 소리 내어 발화하는 연습을 가리킨다. 이때 처음에는 소리 중심으로 쫓아 말하기를 하다가 좀 익숙해지면 말의 의미를 생각하고 이해해 가면서 원어민 말 흉내 내기를 상당 기간 동안 지속하면 영어 말하기에 익숙해지고 한국어로 길들여진 자신의 발성기관들이 영어를 발화하기에 편하도록 유연하게 된다. 휴대폰, 태블릿 PC 등은 혼자 영어 말하기 연습을 하는 데 매우 효과적이다.

4. 생각나는 단어 큰 소리로 말하기

일반적인 한국인이 영어를 배운 방식에 따르면 영어 말하기를 할 때 이리저리 따지고 생각하는 것은 거의 피할 수 없는 것 같다. 단어와 문법을 먼저 익혀서 그것을 실제 말하기에 적용하려는 생각은 처음부터 버려야 한다. 무모하다 싶을 정도로, 혹은 자신에게 부끄러울 정도로 일단 저지르고 수습해 나가는 것이 좋다. 즉 영어 단어, 문법 신경 쓰지 말고 떠오르는 생각을 일단 큰 소리로 그냥 말해 버린 다음, 뒷 상황을 수습해 나가는 것이 좋다. 즉 일단 생각나는 단어를 먼저 큰 소리로 말하고 말을 이어 가는 노력을 해야 한다. 이런 연습을 지속하면 영어 말하기 능력이 눈에 띄게 향상되어 간다.

실제 말하기 상황에서는 규칙 적용 방식은 거의 통하지 않기 때문에 항상 어눌하고 부자연스럽게 말을 끝내고 만다. 필요한 단어가 적시에 떠오르지 않는 것, 또 단어가 떠올라도 써야 할 문장구조를 빨리 결정하지 못하는 것이 가장 어려운 점이다. 대개 상황이 끝나고 나면 단어들이 생각나고 왜 그때 생각이 안 났을까 하고 후회하게 된다. 이렇게 이미 알고 있는 단어나 문법이 적시에 잘 동원이 되지 않는 이유는 그 단어나 문법 지식이 수동적 상태에 머물러 있기 때문이다. 이것은 수동적인 영어 단어들을 능동적 단어로 바꾸어 주는 활성화(activation) 연습을 통해서 해결해 나가야 한다. 이를 위해 문장전환 연습과 유사 문형의 수집 등을 통해서 다양한 영어 표현을 많이 외워 두는 것이 필요하다. 영어다운 표현들을 많이 수집해서 충분히 익히고 있으면, 영어 말하기에 대한 자신감이 커진다. 또 폭넓고 다양한 표현을 사용함으로써 영어를 잘한다는 인상을 주며, 말문이 막혔을 때 즉시 임시변통을 할 수 있다. 평소에 영어문장 외우기, 문장전환 연습 등을 충실히 하면서 영어로 말해야 하는 상황에 놓이게 되면, 일단 영어를 내뱉고 난 다음 수습하는 쪽으로 나아가는 것이 좀 더 빨리 영어 말하기를 배우는 방법이다. 약간의 실수는 개의치 않는다는 선의의 뻔뻔함이 필요하다.

5. 글로 쓴 다음 살을 붙여 말하기

영어 말하기는 사실 시험 문제가 요구하는 주제적 내용에 대해 잘 알아야 하고, 하고자 하는 말을 논리적으로 조직해야 하고, 발성기관을 통해 익숙하지 않은 영어 발음을 쏟아 내어야 한다. 한마디로 여러 가지 복잡하고 복합적인 일을 수행해야 하는 과정이다. 이를 위한 준비로 '쓰기'를 활용하는 것이 한 방법이 된다. 예를 들어 보면, 어떤 내용의 그림 혹은 연결된 이야기 그림을 보고, 그 내용을 위에서 아래로, 왼쪽에서 오른쪽으로 차근차근 묘사하는 글을 영어로 쓴다. 일종의 묘사(describe)나 서술(narrate)에 해당한다. 글을 쓸 때에는 그림과 대조해 가면서 확인하고, 필요한 경우 영어 단어, 영어 문장 등을 바꾸고 수정하는 작업을 한다. 영어로 쓴 글이 완성되면 그 글을 그냥 읽지 말고, 말을 하듯이 소리 내어 읽는 연습을 반복한다. 이 쓰기 기반 말하기 활동은, 주어진 시험과제를 보고 즉각적으로 어떻게 접근하고 공략해야 하는지에 대한 전략을 가르쳐 주고, 말의 논리성을 증진시켜 주며, 영어 단어와 문법의 활성화를 도와준다. 이렇게 다양한 주제의 그림을 글로 써 보고, 쓴 글을 말하듯이 연습하는 것은 영어 말하기뿐만 아니라 영어 쓰기 능력 증진에도 큰 도움이 된다. 즉 할 말을 글로 써 보면서 살을 붙여 풍부하게 말하는 연습을 많이 하는 것이 필요하다.

6. 세밀하고 자세하게 묘사하기

한국인이 영어 말하기 시험에서 겪는 가장 큰 어려움은 말할 거리가 없거나, 할 말이 빨리빨리 생각나지 않는 것이다. 시험불안과 스트레스 때문에 한국어로 말하기를 해도 마찬가지 경험을 하게 된다. 이것이 사실이라면 이것을 깰 수 있는 방법을 찾아야 할 것이다.

영어 원어민은 말을 할 때 문장보다는 꽉 짜이지 않은 짧은 어구들 단위로 발화하는 것이 보통이지만(Brown & Yule 1983), 이것은 일상적으로 가벼운 대화를 할 때의 이야기이다. 뭔가 정보를 전달해야 하는 말하기 시험의 경우에는 긴말을 많이 하는 것이 유리하다. 긴말을 많이 하려면 서술 능력, 묘사 능력을 길러야 한다.

필자는 Brown(2001)[105]이 영어교육의 한 기법으로 소개한 '자세히 묘사하기' 방식이 매우 효과적이라 믿는다. 영어 실력이 좋다는 소리를 듣는 사람도 말할 거리가 없다면 말을 잘 할 수 있을 것인가? 말하기 시험에서는 즉각적으로 말할 거리를 만들어 내는 것이 중요하다. 다음의 예를 보

105　Brown(2001). Teaching by Principle. pp.20-21.

기로 하자.

'방문 열어 주기' 장면 자세히 묘사하기의 예

- I walk towards the door.
- I draw near to the door.
- I draw nearer to the door.
- I get to the door.
- I stop at the door.
- I stretch out my arm.
- I take hold of the handle.
- I turn the handle to the left.
- I open the door.
- I pull the door.
- The door moves.
- The door turns on its hinges.
- The door turns and turns.
- I open the door wide.
- I let go of the handle.

▶ 자세히 묘사하기 연습을 계속하면,

① 그림, 사진, 행동 등을 주의 집중해서 관찰하게 되어 실생활에 도움이 된다.

② 대상을 보다 세밀하게 정밀하게 관찰하는 눈을 갖게 되고 자신감이 생긴다.

③ 상대방이 알아듣기 쉽게 체계적으로, 논리적으로 묘사하는 능력이 생긴다.

④ 대상에 대해 말할 거리가 많아지고, 말하기 시험에서 할 말의 양을

늘릴 수 있다.

⑤ 단어나 문장구조 등을 보다 풍부하게, 다양하게 사용할 수 있는
기회를 준다.

⑥ 실생활에서 묘사 대상을 쉽게 구할 수 있고, 묘사 연습을 더 많이 할
수 있다.

⑦ 이해가 쉽고, 기억과 회상이 잘되고, 실제 생활에 연결될 수 있어
묘사 연습하기에 좋다.

7.4 영어 말하기 시험 준비의 자세와 마음가짐

한국인이 한국 땅에서 영어를 배운다면, 의도적으로 영어를 공부해야
한다. 특히 공부하기 어려운 영어 말하기를 공부할 때에는 공부하는 자세
와 마음가짐이 대단히 중요하다. 영어공부의 자세와 마음가짐에 대해 몇
가지 짚어 보기로 하자.

1. 영어공부: 하려면 제대로 하자

무슨 일이든 하려면 제대로 해야 한다. 대충대충 설렁설렁 하면 일을
다 하고 나서도 욕을 먹기 마련이다. 설렁설렁 했던 그 일에 투여했던 노
력은 다 물거품이 되고 덤으로 욕을 먹게 되어 있다. 제대로 되지 않은 일
은 다른 사람이 다시 해야 하기 때문이다. 영어공부 하는 것도 이와 마찬
가지이다. 제대로 해 보겠다는 마음가짐과 자세 없이 그냥 영어공부를

한다면, 시간과 돈과, 노력은 엄청 투자하면서도 얻는 성과는 미미할 수밖에 없다. 그렇게 하고선 '해도 안된다'고 불평해선 안된다.

공부해야 할 영어에도 기본과 기초라는 것이 있다. 집을 지을 때 기초가 약하거나, 집 짓는 기본에 맞지 않게 지으면 그 집은 허약할 수밖에 없다. 영어공부를 할 때 그 기본과 기초가 무엇인지를 파악하는 것이 우선이고, 그 다음에 그 기본과 기초를 확장해 나가는 방향으로 공부해 나가는 것이 가장 효과적이다. 기본이 튼튼하면 상황변화에 맞춰 응용할 수 있는 힘이 생기기 때문이다. 한번 사서 쓰고 버리는 소모품이 아닌 영어를 임시방편으로 시험만 보고 그만두어 버린다면 시험 보기 위해 노력한 값이 다 허사로 돌아간다. 기본이 튼튼하면 앞서갈 수 있고, 기본에 충실하면 추월할 수 있다.

영어공부는 하려면 제대로 해야 하고 집중적으로 해야 한다. 사람은 무엇이든지 확실하게 모르면 유용하게 사용할 수가 없다. 흐릿한 기억이나 확실하지 않은 지식은 공부하느라 노력은 했지만 사실 별로 쓸모가 없다. 응용력이 생기지 않기 때문이다. 영어공부를 할 때에는 공부하는 내용을 하나하나 확실하게 정확하게 알도록 해야 한다. 확실하게 정확하게 공부한 내용은 두뇌의 기억장치에 기록되고 저장되는데, 시간이 가면서 기억이 흐릿해져서 필요할 때에 인출이 잘되지 않는다. 처음 학습한 것을 다시 학습하고 얼마 후에 또다시 학습하면 더 잘 기억되고 더 오래 기억된다. 이것을 간격반복(spaced repetition)이라 하는데, 1회 학습보다는 반복학습이 기억의 효과가 확실히 더 크다. 공부한 내용을 충분히 많이 반복 학습하면 그 지식은 자동화 된다. 자동화된 지식은 부분적으로 내면화가 되어 간다. 내면화된 지식은 필요할 때 언제나 쉽게 인출되고 쉽게 사용될 수 있게 된다. 영어공부는 <u>반복적</u>, <u>규칙적</u>, <u>지속적</u>으로 하는 것이 핵심이다.

2. 시험의 목적에 맞게 공부하자

어떤 일을 시작할 때 무턱대고 그냥 시작부터 하는 사람은 없을 것이다. 영어공부 하는 목적이 시험을 잘 보기 위해서라면, 보려는 시험에 맞게 공부를 해야 한다. 이를테면 TOEIC 시험을 보려고 한다면 TOEIC 시험의 목적, 구조, 문제 유형, 채점 방법 등에 대해 철저하고 집요하게 조사하여 알고, 거기에 맞춰 공부해야 한다. 일상적 회화 수준의 영어공부를 하다가 평소 실력으로 TOEIC 시험을 보겠다고 한다면 그 시험은 망칠 수밖에 없다. 혹은, 영어를 실생활에서 사용하기 위해 배우려 한다면, 영어의 구조나 형식, 규칙을 먼저 배워서 나중에 적용하려는 방식은 효과가 별로 없다. 영어를 지식의 단위로 구분하여 외울 것이 아니라, 틀리더라도 그냥 '사용'하는 훈련을 지속적으로 해야 한다. '틀릴지도 모르지만 그냥 말해 버리자'고 생각하고 실천하는 용기는 성말 대단한 것이다.

3. 역치(閾値)를 넘어서자

잠들어 있는 수동적 지식을 능동적 지식으로 바꾸어 주는 것은 자동화 연습과 활성화 연습을 통해서 가능하다. 유용한 영어 문장들을 완전히 숙달될 때까지 외우면 자동화가 일어난다. 자동화는 수학의 구구단처럼 의식적으로 생각하지 않아도 술술 소리 내어 되뇔 수 있는 정도로 숙달된 상태를 가리킨다. 어떤 내용이 자동화되기 위해서는 적정 수준을 훨씬 뛰어넘는 엄청난 양의 반복 연습, 즉 과잉학습(overlearning)이 필요하다. 완전히 자신의 것으로 만들어 버리는 것이다. 수동적 지식이 이렇게 자동화가 되면 능동적으로 사용할 수 있게 된다. 이 자동화된 지식이 많아지면 영어로 말을 하는 데 훨씬 더 큰 자신감을 주고 말을 이어 갈 수 있는 자료를 제공한다. 그러나 모든 학습 내용을 다 자동화시킬 수는 없기 때문에 말하기에 대한 자신감을 얻기 위한 기초로 활용하여 진정한 영어 말하기 능력으로 연결되도록 해야 한다.

영어공부를 반복적, 규칙적, 지속적으로 하는 것은 사실 쉽지 않다. 그런데 어느 정도 공부를 해야 개인의 목적을 달성할 수 있을 것인가? 콩나물을 기르는 모습을 관찰해 보면, 시루에 마른 콩을 씻어서 물이 잘 빠지는 그릇에 담아서 큰 그릇 위에 올려놓고, 반복적, 규칙적, 지속적으로 물을 부어 준다. 부어 준 물은 대부분이 밑으로 빠져 버리고 콩에 묻는 물은 정말 얼마 되지 않는다. 처음에 물을 부어 주면 마른 콩에는 아무런 변화가 없다. 그러나 며칠 동안(지속적), 일정한 간격으로(규칙적), 꼬박꼬박 물을 부어 주면(반복적), 메말랐던 콩에서 작은 싹이 트기 시작한다. 작은 싹이 텄을 때 여전히 반복적, 규칙적, 지속적으로 물을 부어 주면 그

싹들이 무럭무럭 자라기 시작하여 금방 기다란 콩나물이 된다.[106]

콩나물 기르기에서 작은 싹이 나는 시기가 매우 중요한데, 영어공부도 반복적, 규칙적, 지속적으로 하면 이렇게 작은 싹이 나오기 시작하는 시기가 있다. 마른 콩에서 싹이 처음 나타나는 데까지 부어 주어야 할 물의 양을 계산할 수 있을 것이다. 콩이 싹을 틔우는 데 꼭 필요한 물의 양을 '역치'[107](閾値)라고 한다. 이 역치는 부어 주는 물이 콩에 반응이 일어나도록 작용하는 힘, 즉 결합강도(結合價: valency)의 최솟값을 가리킨다. 이 역치 단계를 넘어서야 콩에 변화가 생기는 것이다.

영어공부의 경우에도 마찬가지이다. 영어공부를 반복적, 규칙적으로 일정 기간 동안 지속하면, '아~ 뭐가 어떻게 되어 가는지 좀 알 것 같다'는 생각이 들 때가 온다. 영어공부에도 역치, 혹은 임계치(臨界値: threshold value)라는 것이 있다.

- 듣기의 역치는, 많은 반복적, 지속적 듣기 연습 끝에 '아 이제 좀 들리기 시작한다'라는 생각이 들고, 앞서 들은 것의 내용이 대략적으로 기억이 되는 때쯤이다.

---

106   모국어 학습도 마찬가지이다. 반복적, 규칙적, 지속적으로 모국어를 접한 결과 모국어를 습득한다. 아동은 엄청나게 많은 양의 모국어 입력을 받지만 대부분 그 의미도 모른 채 지나가 버린다. 또 모국어를 언어로 인식하지 않고 순전히 생활 목적으로 사용한다. 교실에서 외국어를 배우는 것은 이와는 확연히 다르다.

107   역치란, 생물체가 자극에 대한 반응을 일으키는 데 필요한 최소한도의 자극의 양이나 강도를 가리킨다. 보통 에너지로 나타낸다.

• 말하기의 역치는, '내 말이 완벽하진 않아도 상대방이 알아듣는다는 느낌이 들고, 하고 싶은 말을 거의 다 했다'는 느낌이 들 때쯤이다.

이런 역치의 순간이 온 이후로 반복적, 규칙적, 지속적으로 공부를 계속하면 먼저 자신감이 생기고 해내고 싶은 욕심이 생기고, 또 해낼 수 있는 지구력과 끈기가 생긴다. "할 만큼 해 봤는데 안 되더라!", "해도 해도 안 된다!"는 좌절감은 임계치를 넘어설 정도의 노력을 해 보지 않았기 때문에 생기는 것이다. 거기다가 효과적인 학습전략을 모르고 막무가내로 공부만 했다면 임계치에 이를 정도로 지속할 수가 없었을 것이다.

이렇게 반복적, 규칙적, 지속적으로 영어공부를 하는 것은 쉬운 일이 아니다. 그래서 중간에 포기하는 사람이 많다. 중간에 포기하고 싶은 생각이 들 때엔 다음과 같은 것들을 생각해 보면 도움이 될 것이다.

Duckworth(2013)는 "성공은 타고난 재능보다는 열정과 끈기에 달려 있다"라고 말하며, GRIT의 개념을 소개하였다(TED Talk 2013). Growth mindset(성장욕구), Resilience(회복탄력성), Intrinsic motivation(내적동기), Tenacity(집요성)의 첫 글자 조합어인 GRIT은 목표 달성을 위한 열정과 투지, 끈기 있는 노력을 가리킨다. 이것은 인간의 학습능력은 고정불변한 것이 아니라 노력에 의해 변할 수 있다는 믿음을 깔고 있다. 이 말은, "성공은 포기하지 않음에 있다"(功在不捨)는 말이나, "실패경험이 가장 정확한 교훈을 준다"(史玉柱)는 말과도 일맥상통한다. "심은 대로 거둔다"는 말은 심지 않으면 거두지 못한다는 것을 뜻한다. 영어공부에 성공하려면 중간에 포기하지 말고 끝까지 투지를 가지고 열정을 쏟아야 한다는 것을 의미한다.

말콤 글래드웰(2009)은 『아웃라이어』란 책에서 소위 '1만 시간의 법칙[108]'을 말하였다. 각 분야의 세계적인 스타, 전문가들의 공통된 특징은 자신의 영역에 최소한 1만 시간 이상의 노력을 반복적, 규칙적, 지속적으로 투입했다는 것이다. 1만 시간 정도의 투자 없이 세계적인 전문가가 되기는 어렵다는 것을 의미한다. 영어공부를 성공적으로 하려는 의지가 있는 사람은 적어도 1만 시간 정도는 투자하겠다는 생각을 가져야 하고, GRIT의 자세를 가져야 한다. 포기하지 않고 지속하면 그 과정에 분명히 역치에 도달하는 순간이 있고, 그 역치 도달 이후에는 공부의 효율성이 한층 더 높아질 것이다. 사실 어떤 분야의 일에 1만 시간을 투자한다는 것은 현실적으로 쉽지 않다. 처음에는 강렬한 투지와 마음가짐으로 시작하지만 중간에 흐지부지 중단해 버릴 공산이 크다. 중간에 그만두면 이루지 못한다. 그래서 '지속적'이 중요한 것이다. 그러므로 자신의 형편과 처지를 먼저 잘 분석해서, 실행가능한 범위를 정하고 차근차근 실행해 나가는 것이 최선이다. 이 과정에 어떻게 실행해 나가야 하는지에 대해 잘 알고 실천한다면 그 실행은 더욱 효과를 발휘할 것이다.

---

108 1만 시간은 매일 10시간씩 3년간 혹은, 매일 5시간씩 6년간 혹은, 매일 3시간씩 10년간 지속하는 시간량이다.

4. 잘 맞는 학습전략을 사용하자

공부 잘하는 방법을 알면 더없이 좋을 것이다. 공부 잘하는 방법을 흔히 '학습전략'이라고 한다. 영어를 '반복적, 규칙적, 지속적'으로 공부하는 것은 가장 중요한 학습전략이다. 시각자료를 잘 활용해 기억을 보다 선명하게 하고, 한 가지 공부만 지겹도록 계속하지 말고 중간에 다른 내용을 공부해 보고, 배웠던 것을 회상해 보고, 다른 사람에게 상세하게 설명해 보는 등의 방법을 반복적, 규칙적, 지속적으로 사용해 본다면 영어공부는 매우 효율적으로 진행될 것이다. 학생이 잘 배운다는 것, 교사가 잘 가르친다는 것은 결국 학생이 학습에 재미를 느끼고 학습을 지속할 수 있도록 하는 것을 가리킨다. 그래서 공부하는 시간, 수업시간 자체가 재미있어야 하는데, 그렇다고 해서 자극적 욕설이나 개그적 말장난으로 학습이 구성된다면 학습이 끝난 후에 남는 것이 없다. 재미 속에 진정 학습은 일어났는가(Where is learning in fun?)를 항상 생각해 보아야 한다. 지속가능한 학습의 진정한 재미는 학생에게 알아 가는 것의 재미를 주는 조용한 앎의 희열이다. 널리 쓰이는 학습전략을 몇 가지 살펴보기로 하자.

(1) 영어 문장 통째로 외우기

영어로 말할 때 겪는 가장 큰 어려움은 적합한 단어나 문장구조가 즉각 떠오르지 않는다는 것이다. 또 주의를 집중하여 생각하느라 상황(의사소통)이 흘러가는 속도를 맞출 수가 없어 말할 타이밍을 놓치고 만다는 것이다.

영어 단어나 문형, 영어다운 표현, 연어표현(collocation), 관용어구(idiom) 등을 외우는 것은 나중에 필요할 때 즉각 적용하겠다는 생각을 깔고 있다. 영어문장 통째로 외우기는 이를 위한 중요한 학습전략이다. 문장이나 표현 자체를 달달 외워서 자동화가 되도록 한다면, 이 자동화된 표현들은 상황에 맞게 즉각적으로 사용 가능하게 된다. 특히, 달 이름, 요일 이름, 숫자처럼 세트로 되어 있는 표현들, 중요한 단어나 중요한 문법요소가 들어 있는 예문들, 전형적인 영어식 표현방식을 담은 문장들은 그냥 통째로 외워 두는 것이 효과적이다. 한국인들에겐 영어 직관이 없기 때문에 영어 문장을 통째로 외워서 억지로라도 영어 직관에 접촉해 보는 것이 효과적이다. 통째로 외워 둔 영어 문장이 많으면 영어식 표현방법에 익숙해지고 길들여진다. 그래서 영어를 직관적으로 사용할 수 있는 능력에 근접하게 된다.

그렇다고 영어 문장들을 맹목적으로 그냥 외워둬야겠다고 생각한다면 그것은 잘못이다. 외워 둔 문장이나 표현이 수적으로 충분하지 않거나, 외워 둔 문장들을 충분히 자동화시키지 못해서 상황에 딱 맞는 표현들을 즉각 상기해 내지 못할 경우엔 자연스런 의사소통의 속도에 맞추어 나갈 수 없고, 결국 자연스러운 의사소통에 참여할 수 없게 될 것이다.

외우기의 방법도, 의미는 잘 모른 채 맹목적 달달 외우기보다는, 회상 혹은 인출하기 쉽게 어떤 단서나 연결 고리를 집어넣어서 외우는 것이 훨씬 더 효과적이다. 한번 외웠던 것을 얼마 후에 다시 반복해서 외우는 것(=간격 반복)이 꼭 필요하고 중요하다. 외우기는 기억과 직접 관련되기 때문에 외운 것을 어떻게 잘 기억할 것인가, 즉 자신만의 기억 방법을 꼭 개발해야 할 것이다.

(2) 영어로 설명해 주기

이것은 영어의 단어, 문법, 표현 등을 외우는 것이 아니라, 어떤 결과가 나타나야 하는 과제를 실제로 해결해 나가는 과정 속에서 영어를 사용하도록 하는 방식이다. 주어진 과제를 해결하는 과정에 영어를 사용해서 그 결과를 도출해 내는 일을 반복적, 규칙적, 지속적으로 하면 영어를 자동으로 배울 수 있다는 원리이다. 이태원의 하우스보이들이 영어를 유창하게 쓰는 것은 자신이 해야 할 일을 영어로 한 결과이다. 결국 과제해결형 영어 배우기인데, 영어를 의도적으로 분리하지 않고 통합적으로 사용하는 경험을 축적함으로써 보다 자연스러운 영어사용의 방법을 익히게 되는 것이다. 모국어를 배우는 방식과 비슷하게 처음에는 한마디도 못 알아듣고 한마디 말도 못 하고 듣기만 하다가, 점점 영어 입력이 많아지고 늘어남에 따라 알아듣기 시작하고, 말하기 시작하는 것이다. 초반 단계에서는 이해와 표현에 많은 실수와 부자연스러움을 포함하지만 시간이 지나면서 이러한 실수와 부자연스러움이 점차 줄어들게 된다.

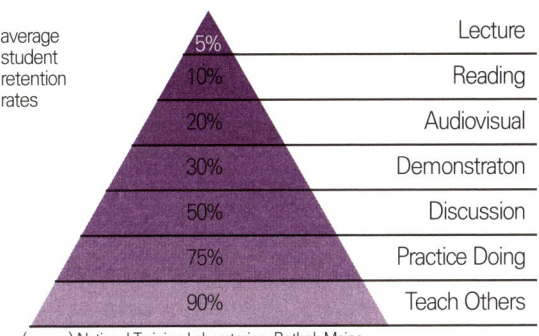

Learning Pyramid

average
student
retention
rates

5%	Lecture
10%	Reading
20%	Audiovisual
30%	Demonstraton
50%	Discussion
75%	Practice Doing
90%	Teach Others

(source) National Training Laboratories, Bethel, Maine

1947년 창립된 미국의 국립행동과학연구소는 학습피라미드(learning pyramid)를 발표하였는데, 학습내용 평균 기억률은, 강의 들을 때(5%) → 읽을 때(10%) → 시청각자료 사용할 때(20%) → 시범을 모일 때(30%) → 다른 사람과 토론할 때(50%) → 실제로 몸으로 행할 때(75%) → 다른 사람에게 가르칠 때(90%)의 순으로 높게 나타난다고 하였다.

사실 우리가 공부할 때 혼자서 책을 보고 이해하고 외우고 하는 방식보다는 자신이 공부한 내용을 다른 사람이 이해할 수 있도록 잘 설명해 가르쳐 주는 것이 효과적이다. 가르치는 사람 자신이 보다 명료하고 확실하게 그 내용을 이해하게 되며 기억에도 더 오래 남는다.

"쉽게 설명할 수 없다면 자신이 그 내용을 잘 모르기 때문[109]"이라고 한 아인슈타인의 말은 이 경우에 잘 맞는 것 같다. 영어공부의 효과적인 전략으로 어떤 내용이나 문제를 다른 사람에게 가르치듯 설명해 보는 활동

---

109 If you can't explain it simply, you don't understand it well enough(Einstein).

을 주기적으로 계속하면, 자신이 공부한 내용을 보다 확실히 학습할 수 있을 것이다.

(3) 영어책 읽기

한국은 영어를 잘하기에 태생적으로 불리한 환경이다. 이런 환경에서도 영어를 잘할 수 있는 방법은 있지 않을까?

영어에 어느 정도 기초가 잡혀 있지 않은 채 바로 영어책 읽기를 하기는 어렵다. 단어, 문장 등의 순으로 읽고 뜻을 아는 정도의 수준에 들어서면, 쉽고 간단한 영어책이나 스토리북을 읽어 나가는 것이 여러 가지 면에서 효과적이다. 영어책을 읽으면 모르는 단어들이 부지기수로 나온다. 모르는 단어가 너무 많으면 읽기 자체가 어렵지만, 성인용 영어 소설책 한 페이지에 5~6개 정도가 나온다면 도전해 볼 만한 가치가 있다. 이야기의 줄기를 놓치지 않고 따라가면서 이해하면 우선 재미와 호기심을 주고, 영어다운 표현들을 많이 접하게 된다. 한국적 환경에서 영어 입력을 이보다 더 많이 할 수 있는 방법은 사실 없다. 영어 입력량이 많아짐에 따라서 어휘력과 표현력이 늘어나고 나중에 표현을 할 수 있는 준비 태세를 갖추게 된다. 글을 읽는 중에 영어 원어민의 언어적 직관을 자주 접하게 된다. 자신에게 맞는 속도로 읽어 가고, 또 이해가 안 되는 부분은 되돌아가서 확인해 볼 수도 있다.

영어 단어나 표현들이 충분히 준비되어 있지 않으면 영어로 말을 하거나 글을 쓸 수가 없다. 읽기는 듣기, 말하기, 쓰기 등에 긍정적 상승작용을 일으키는 전이력이 매우 큰 영역이다. 영어책 한 권을 다 읽었을 때 갖게 되는 기쁨은 이루 말할 수가 없다. 시험을 위한 영어공부를 하면서도 추가로 영어책 읽기를 지속해 나간다면 일거양득이 될 것이다. 사람들은 대부분 보아서 알고, 들어서 알고, 읽어서 안다. 보고, 듣고, 읽는 것이 많아지면 '깨달아서' 알기도 한다. 깨달아 알게 되는 것은 추론 능력이 생기는 것을 말한다. 이 중에서 읽기는 보다 근원적이고 지속가능한, 적은 비용으로 할 수 있는 효과적인 영어공부를 하는 방법이다. 영어책 읽기는 가장 확실한 영어공부의 방법이다.

결국, 영어 말하기를 잘 하려면, 어린아이가 말하기를 시작하기 전에 아무말 하지 않고 듣기만 하여 말하기의 기저 능력과 자원을 축적해 나가는 것처럼, 평소에 영어를 많이 듣고 많이 읽어야 한다. 이것이 기본이고 기초이다.

[참고 자료] 알아 두면 말하기에 큰 도움이 되는 단어들

어떤 형태의 영어 말하기 시험이든 묘사하기는 매우 중요한 시험 내용에 속한다. 묘사하기에 필요한 단어들을 어느 정도 알고 있으면 묘사하기가 매우 편하고, 자신감을 가지고 영어 말하기 시험에 응시할 수 있다. 이를테면 아래와 같은 도형의 위치 묘사하기는 삼각형, 사각형, 원 등의 용어를 좀 더 자세히 알고 있으면 묘사하기가 훨씬 쉽고 매우 효과적이다.

(예 1) 도형 묘사하기

다음과 같은 도형의 이름을 영어로 알고 있으면 훨씬 쉽게 훨씬 더 정확하게 묘사하기를 할 수 있다.

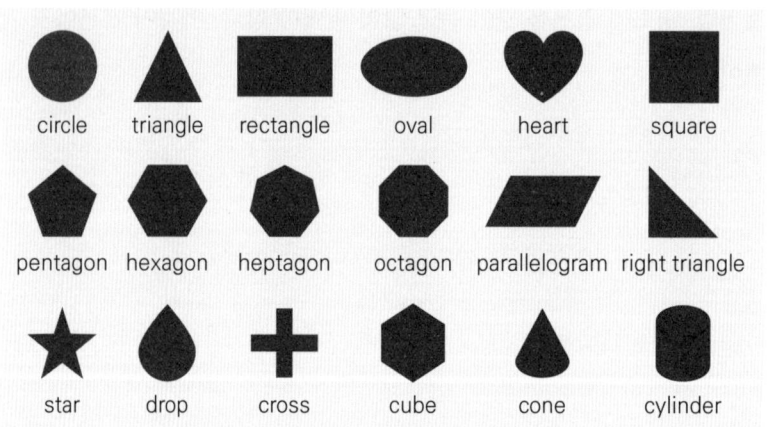

변 – side, 밑변 – base, 꼭지점 – vertex

(예 2) 인물 묘사하기

특히, 사진(인물) 묘사하기는 매우 어렵다. 그림이나 스케치에 비해 세부사항이 너무 많이, 상세하게 들어 있기 때문이다. 인물 묘사하기는 매우 자주 등장하는 말하기 시험과제에 속하기 때문에, 인물묘사에 필요한 단어들을 미리 알아 두면 시험 준비에 큰 도움이 된다. 인물의 묘사 위치에 따라 사용되는 단어들이 거의 정해져 있는데, 이것들을 전체적으로 익혀 두면 말하기 시험에서뿐만 아니라, 실생활에서도 효과적으로 사용할 수 있기 때문에 관련 단어들을 익혀 두는 것이 매우 중요하고 필요하다. 인물을 신체 부위별로 구분하여 묘사하고, 사진에 보이지 않는 부분에 대해서도 자신의 추측이나 상상을 추가하여 말의 양을 늘리고, 더 풍부하게 말하는 것이 도움이 될 것이다. 마지막으로 전체적인 평이나 자신의 의견 등을 첨가하면 묘사하기를 아주 잘하는 편에 속하게 될 것이다.

묘사 위치 (대상)	인물 묘사 관련 단어들
Age	around 25, in his 30s, in her fifties
Height	short, average height, tall
Clothes	shirt, jeans, blouse, suit, blazer, jacket, jumper, shoes, sleeveless T-shirt, tanktop
Build	small, average build, skinny, slim, muscular, overweight, obese, corpulent, plump, sturdy, pot-bellied, leggy, stocky * a man of small build/ of heavy build/ of sturdy build/ of average build
Hair	short, long straight, wavy, curly, a ponytail, white, grey, blond, light brown, dark brown, red, black, bald, medium length, shoulder length, long sideburns, updo(= upswept hairdo), dreadlocks, crew cut, central/side parting, frizzy * brunette = a woman of fair skinned race with dark hair.
Face	square, round, plain, wide, a moustache, a beard, freckles nose, nostril, gum, tongue, eyebrow, eyelid * philtrum(인중), middle of the forehead(미간), cheekbone, bridge of the nose, ear lobe
Complexion	light, white, olive-skinned, pale, fair, dark, swarthy
Eyes	green, blue, brown, black, beautiful, big
General Comment or Opinion	beautiful, pretty, handsome, sexy, cute, good looking, wears glasses
	He's/She' good at⋯ He's/She's at⋯ I like him/her because⋯

본 7장에서는 한국인이 영어 말하기 시험을 준비할 때 꼭 유념하고 실천해야 할 사항들을 제시하였다. 시험 응시 준비자들에게 실질적인 도움이 되기를 희망한다. 좀 더 나은 미래를 얻기 위해서는 현재의 일정 부분을 희생해야 하고, 또 투자해야 한다. 자기 삶의 일정 부분을 영어 말하기 시험 준비에 집중 투자해 보기 바란다.

참고 문헌

- 이완기(2015). 영어평가 방법론. 경기: 제이와이북스.

- 이완기(2021a). *시험을 위한 영어공부 사용을 위한 영어공부*. 서울: 지식과감성#.

- 이완기(2021b). 2021 AFELTA 학술대회 환영사(by Zoom). Seoul.

- Bachman, L. F.(1990). *Fundamental Considerations in Language Testing*. Oxford: Oxford University Press.

- Bachman, L. F.(2006). Generalizability: A journey into the nature of empirical research in applied linguistics, in M. Cahlhoub-Deville, C. Chapelle & O. Duff(eds.). *Inference and generalizability in applied linguistics: Multiple perspectives*. Dordrecht: John Benjamins.

- Bachman, L. F. & A. S. Palmer.(1996). *Language Testing in Practice*. Oxford: Oxford University Press.

- Brown, H. D.(2000). *Teaching by Principles: An interactive approach to language pedagogy*. Longman. NY: New York

- Brown, G. & G. Yule.(1983). *Teaching the Spoken Language*. Cambridge: Cambridge University Press.

- Canale, M. & M. Swain.(1980). The Theoretical Bases of Communicative Approaches to Second Language Teaching and Testing. *Applied Linguistics* 1-1

- Carroll, J. B.(1968). The Psychology of Language Testing, in Alan Davies (ed.). *Language Testing Symposium: A psycholinguistic approach*. Oxford: Oxford University Press.

- Carroll, B. J. & R. West.(1989). *ESU(English Speaking Union) Framework*. London: Longman.

- Chomsky, N.(1957). *Syntactic structures*. Janua Linguarum 4. The Hague: Mouton.

- Chomsky, N.(1965). *Aspects of the Theory of Syntax*. Cambridge MA: The MIT Press.

- Clark, J. L. D.(1975). Theoretical and Technical Considerations in Oral Proficiency Testing, in R.L. Jones & B. Spolsky(eds.). *Testing Language Proficiency*. Washington DC: Center for Applied Linguistics Arlington.

- Clark, J. L. D.(1979). Direct and Semi-direct Tests of Speaking Ability, in J. Briere & F. B. Hinofotis(eds.). *Concepts in Language Testing: Some recent studies*. Washington DC: TESOL

- Council of Europe.(2001). *Common European Framework of Reference for Language*. Cambridge: Cambridge University Press.

- Cummins, J. P.(1979). Cognitive/Academic Language Proficiency, Linguistic Interdependence, the Optimal Age Question and Some Other Matters. *Working Papers in Bilingualism* 19.

- Davies, A.(1988). Operationalising uncertainty in language testing: An argument in favor of content validity. *Language Testing* 5.

- ETS.(1992). Reliability of the Test of Spoken English Revisited. a report done by Boldt R. F.

- Fabian, P. A.(1982). Examinations—Why Tolerate Their Paternalism?, in B. Heaton(ed.). *Language Testing*. Modern English Publications.

- Fulcher, G.(2003). *Testing Second Language Speaking*. London: Pearson Education.

- Hymes, D.(1972). On communicative competence, in C. J. Brumfit and K. Johnson(eds.).(1979). *The Commuicative Approach to Language Teaching*. Oxford: Oxford University Press.

- Jakobovits, L. A.(1970). *Foreign Language Learning: A psycholinguistic analysis of the issues*. Rowley, MA.: Newbury House Publishers.

- Kahney, H. (1986). Problem Solving: A Cognitive Approach. Milton Keynes: Open University Press.

- Lee, W. K.(1991). *A Task-based Approach to Oral Communication Testing of English as a Foreign Language*. A PhD thesis. The Victoria University of Manchester. UK.

- Levelt, W. J. M.(1989). *Speaking: From intention to articulation*. Cambridge MA: The MIT Press.

- McNamara T. E.(1996). Measuring Second Language Performance. London: Longman.

- Morrow K.(1986). The Evaluation of Tests of Communicative Peformance, in M. Portal(ed.). *Innovations in Language Testing*, 1-13. Berkshire, England: NFER-Nelson.

- Nathan T. C.(2011). Designing and Analyzing Language Tests. Oxford: Oxford University Press.

- Nolasco, R. & L. Arthur.(1987). *Conversation: Resource Book for Language Teachers*. Oxford: Oxford University Press.

- Ockey, G. J.(2009). The effects of a test taker's group members' personalities on the test taker's second language group oral discussion test scores. *Language Testing* 26-2.

- Prabhu, N. S.(1987). *Second Language Pedagogy*. Oxford: Oxford University Press.

- Richards J. C.(1983). Listening Comprehension: Approach, design, procedure. *TESOL Quarterly* 17-2.

- Saville, N. & P. Hargreaves.(1999). Assessing speaking in the revised FCE. *ELT Journal*, Volume 53, Issue 1.

- Shohamy, E. & C. W. Stansfield.(1990). The Hebrew Speaking Test: An example of international cooperation in test development and validation. *AILA Review 7. Standardization in Language Testing*.

- Underhill, N.(1987). *Testing Spoken Language: A Handbook of Oral Testing Techniques.* Cambridge: Cambridge University Press.

- Ur, P.(1984). *Teaching Listening Comprehension.* Cambridge: Cambridge University Press.

- Vygotsky, L. S.(1962). Thought and Language. New York: Wiley.

- West, R.(1990). Unit 6: Testing Speaking Skills. University of Manchester(MEd TESOL distant module course booklet).

(시험 이름)

FCE = First Certificate in English (Cambridge Test)

CAE = Certificate in Advanced English (Cambridge Test)

CPE = Certificate of Proficiency in English (Cambridge Test)

IELTS = International English Language Testing System

ASLPR = Australian Second Language Proficiency Ratings